Originalausgabe
Ein Band in der Reihe
»Informationen zur Zeit«

Über dieses Buch

Lateinamerika steht heute im Brennpunkt des allgemeinen Interesses. Einbezogen in das Spannungsfeld des Ost-West-Konfliktes, nimmt die Region auch eine Grenzstellung in der Auseinandersetzung zwischen Industrie- und Entwicklungsländern ein: Unterentwicklung, bedrükkendste Armut auf der einen Seite und Modernisierung, Reichtum, ungestümes Wachstum auf der anderen Seite.
Die wirtschaftlichen und politischen Ereignisse sind wie die kulturellen und sozialen Strukturen nur sehr schwer von außen zu verstehen. Vorurteile und Mißverständnisse verstellen den Blick. In diesem Band werden daher Informationen zusammengetragen, die die Verhältnisse dieses vielschichtigen Subkontinents anschaulich machen. Sie zeigen auch, warum sich die politischen Systeme der Länder in dieser Region durch Instabilität auszeichnen.
Dieser Band versteht sich als Einführung. Ein international zusammengesetztes Team von Ökonomen, Soziologen, Ethnologen, Historikern, Juristen, Politik- und Sprachwissenschaftlern trägt Analysen vor, die nicht nur aus dem Studium der Quellen, sondern aus vielfältig gewonnener Erfahrung vor Ort abgeleitet wurden.

Die Herausgeber

Theo Ginsburg, Dr., geboren 1926; bis 1973 Forschungsdirektor der Meterologischen Zentralanstalt der Schweiz; lehrt Statistik und Ökologie an der Eidgenössischen Technischen Hochschule Zürich. Mitautor von: Jenseits der Sachzwänge (alternatives Energiekonzept) (1978); Der NAWU-Report: Wege aus der Wohlstandsfalle (fischer alternativ, Frankfurt [4]1983). Mitherausgeber von: Lateinamerika – Kontinent am Scheideweg (Zürich 1984).

Monika Ostheider, Dr., geboren 1944; lehrt Humangeographie an der Eidgenössischen Technischen Hochschule Zürich. Veröffentlichungen im Bereich Bevölkerungsgeographie und zur quantitativen Methodik in der Geographie. Zahlreiche Aufenthalte in Lateinamerika. Mitherausgeberin von: Lateinamerika – Kontinent am Scheideweg (Zürich 1984).

Theo Ginsburg / Monika Ostheider (Hrsg.)

Lateinamerika vor der Entscheidung

Ein Kontinent sucht seinen Weg

Mit Beiträgen von
Dres Balmer, Jean-Max Baumer, Roman Berger,
Ute Birkenbeil-Studer, Lucius Caflisch,
Hartmut Elsenhans, Mario Erdheim, Harald Fuhr,
Urs Haymoz, Peter Leumann, Mark Münzel,
Dieter Nohlen, Horst Pietschmann, Gustav Siebenmann,
Hans Werner Tobler und Peter Waldmann

Fischer
Taschenbuch
Verlag

Lektorat: Walter H. Pehle

Originalausgabe
Veröffentlicht im Fischer Taschenbuch Verlag GmbH,
Frankfurt am Main, August 1984

Umschlagentwurf: Jan Buchholz/Reni Hinsch
Foto: dpa / UPI
Gesamtherstellung: Clausen & Bosse, Leck
Printed in Germany
1280-ISBN-3-596-24260-6

Inhalt

Vorwort

Lateinamerika steht heute im Brennpunkt des allgemeinen Interesses. Es ist nicht nur in das Spannungsfeld des Ost-West-Konflikts miteinbezogen, es nimmt auch eine Grenzstellung in der Auseinandersetzung zwischen Industrie- und Entwicklungsländern ein. Kraß werden die Gegensätze zwischen Arm und Reich sichtbar: Unterentwicklung auf der einen Seite, Modernisierung und ungestümes Wirtschaftswachstum auf der anderen Seite.

Die wirtschaftlichen und politischen Ereignisse in Lateinamerika, wie sie uns tagtäglich in den Medien berichtet werden, sind äußerst schwierig zu beurteilen. Sie können nur verständlich gemacht werden vor dem Hintergrund der geschichtlichen und kulturellen Entwicklung dieser vielschichtigen Region.

Die beiden Herausgeber organisierten und leiteten im Wintersemester 1982/83 und im Sommersemester 1983 an der Eidgenössischen Technischen Hochschule in Zürich eine interdisziplinäre Vortragsreihe »Lateinamerika« mit dem Ziel, Hintergrundinformation zu liefern für die Verhältnisse und Vorgänge in den Ländern dieses Subkontinents, die sich sowohl durch ihre Vielfalt als auch durch die Instabilität ihrer politischen Systeme auszeichnen.

In kritischer und vielfältiger Weise setzte sich diese reichbefrachtete Veranstaltung mit allem auseinander, was irgendwie mit Lateinamerika zu tun hat: von der Ökologie und den Naturgrundlagen über historische, soziale, wirtschaftliche, politische Aspekte bis zu Musik und Literatur. Mit diesem Buch wird nun eine Auswahl der insgesamt 27 Vorträge vorgelegt, die von den Referenten für diese Publikation überarbeitet wurden. Ein weiterer Teil der Vorträge erscheint unter dem Titel »Lateinamerika – Kontinent am Scheideweg« in einer Veröffentlichung der ETH (Zürcher Geographische Schriften, H. 11, 1984).

Horst Pietschmann beschäftigt sich in seinem Beitrag mit den Charakteristiken der iberischen Landnahme, der Entstehung der strukturellen Grundlagen des spanischen Kolonialreichs in ihrer regionalen Vielfalt und den Voraussetzungen und Ursachen für die Unabhängigkeitsbewegung. Er stellt die Frage, ob und gegebenenfalls inwieweit die politischen und sozioökonomischen Strukturen unmittelbar für die aktuelle Unterentwicklung des Subkontinents verantwortlich zu machen sind.
Hans Werner Tobler betrachtet das koloniale Erbe als Ausgangspunkt für die Entwicklung im 19. und 20. Jahrhundert und seinen fortwirkenden Einfluß sowohl im Bereich der Agrarverhältnisse als auch der wirtschaftlichen Entwicklung und der Bildung des modernen Staates. Vor diesem Hintergrund erörtert er einige Fragen der lateinamerikanischen Entwicklung seit den 30er Jahren, insbesondere die Probleme wirtschaftlichen Wachstums, gesellschaftlicher Polarisierung und zunehmend autoritärer politischer Tendenzen.
Peter Leumann untersucht die Entwicklung und Situation der katholischen Kirche zwischen korrumpierendem Bündnis mit der konservativen Oligarchie und sozialer Sensibilisierung sowie die Bischofskonferenz von Medellin 1968 als Wendepunkt, die Theologie der Befreiung und die Basisgemeinschaften. Gegenwärtig stellt die katholische Kirche oft die einzige wirksame Opposition zu totalitären Militärregimes dar.
Der Beitrag von *Mark Münzel* befaßt sich mit der Problematik des indianischen Widerstands im heutigen Lateinamerika und versucht eine Typologie. Er gibt Beispiele für die offizielle Indianerpolitik und indianische Organisationen und Kongresse in verschiedenen Staaten und geht auf die Mobilisierung der Waldindianer seit den 60er Jahren ein. Dabei spielen sowohl die Kirche als auch Anthropologen als Bündnispartner der Indianer eine wichtige Rolle.
Mario Erdheim beschreibt die im Bildungsprozeß begriffene lateinamerikanische Identität und weist auf die verschiedenen kulturellen Kräfte, die mit all ihren Widersprüchen daran beteiligt sind: Sozialismus, Ethnizität, Hispanizität, etc.
Gustav Siebenmann schildert die Merkmale und Höhepunkte der kolonialen Literatur: den Modernismo als erste Emanzipation, die Selbstentdeckung durch den Regionalro-

man, die Schriftsteller als Gegner der Zustände, die Lyrik als andauernde Avantgarde und das Theater im Sog der Politik. Es folgt als zweite Emanzipation der Boom des Romans. Zum Schluß wirft der Autor noch ein Streiflicht auf die Rezeption dieser neuesten Weltliteratur in Europa.
Jean-Max Baumer analysiert die Aussagen der lateinamerikanischen »Dependencia«-Theorien und stellt Probleme ihrer Konkretisierung sowie Zusammenhänge mit verschiedenen Typen von Entwicklungsstrategien dar. Er entwickelt ein Konzept zur Qualifizierung der Dependenz und zeigt dessen Anwendung auf einzelne Länder. Abhängig sind alle, aber mit unterschiedlichem Diversifikationsgrad; vielseitige Dependenz ist Interdependenz.
Seit 1945 fordert die Dritte Welt eine Veränderung der Weltwirtschaftsordnung. Hiermit beschäftigt sich der Beitrag von *Hartmut Elsenhans* und *Harald Fuhr*, der besonders die exportorientierte Industrialisierung in Lateinamerika und deren wirtschaftliche Konsequenzen untersucht und auf die ambivalente Rolle des Staates eingeht.
Urs Haymoz betrachtet die hohe Verschuldung einiger lateinamerikanischer Länder wie Brasilien, Mexiko, Argentinien und Venezuela. Die Verschuldung dieser Länder hat zu Krisenerscheinungen auf den internationalen Kapitalmärkten geführt, welche die Gefährdung des internationalen Bankensystems in sich tragen. Auch die Entwicklungsmöglichkeiten Lateinamerikas sind in die Krise geraten. Der Autor fragt, was beides für die nähere Zukunft bedeutet.
An Chile scheiden sich immer noch die Geister. Weshalb ließ sich die Freische »Revolution in Freiheit« nicht fortsetzen? Woran scheiterte Allende? Hat die Militärdiktatur dem Land Wachstum und Stabilität gebracht? Diese Fragen werden unverändert kontrovers beantwortet. *Dieter Nohlen* analysiert die drei Modelle sozioökonomischer und politischer Veränderung und gibt eine schlüssige Interpretation der letzten beiden Jahrzehnte chilenischer Geschichte, wobei er zugleich mit der individuellen Besonderheit der politischen Entwicklung der Andenrepublik die für Lateinamerika verallgemeinerungsfähigen Elemente abhängiger Entwicklung betont.
Die unmittelbaren Ursachen des Falkland-Konflikts scheinen bekannt: die innenpolitische Lage Argentiniens, Faktoren der britischen Außen- und Innenpolitik, Großbritanniens Verhandlungstaktik in der Falkland-Frage, falsche

gegenseitige Einschätzung des Gegners. Mittelbare Hintergründe, denen der Beitrag von *Lucius Caflisch* gewidmet ist, sind der Konflikt mit Chile um den Beagle Channel, die Neuordnung des internationalen Seerechts und deren Folgen sowie die Gebietsansprüche Argentiniens, Großbritanniens und Chiles in der Antarktis.
Der Beitrag von *Peter Waldmann* gliedert sich in drei Abschnitte. Im ersten wird ein Überblick über die Ursachen des Sturzes der Somoza-Diktatur gegeben. Der breite Fächer dieser Ursachen wird im zweiten Abschnitt durch die kritische Diskussion von gescheiterten Guerillabewegungen auf einige Schlüsselvariablen reduziert. Der dritte Abschnitt geht auf die neue Situation in Zentralamerika seit dem Sieg der Sandinisten (Juli 1979) ein.
Ute Birkenbeil-Studer zeigt, daß Frauenwiderstand in Lateinamerika nicht neu ist, und belegt dies an historischen Begebenheiten. Sie gibt einige aktuelle Beispiele für den Gegensatz von Machismo und weiblichem Widerstand, beschreibt weiblichen Widerstand in der Reproduktion und im außerhäuslichen Bereich und schließt mit einigen analytischen Bemerkungen zu Rassismus, Sexismus und Klassenkampf.
Roman Berger beleuchtet die Hintergründe der jüngeren Zentralamerika-Politik der USA. Auf Carters Strategie der Anpassung folgte Reagans Politik der Wiederbehauptung. Welche US-Interessen stehen hinter der Invasion Grenadas, hinter der Politik gegenüber Nicaragua und El Salvador? Die wiedererstandene Domino-Theorie und das eingeengte Demokratieverständnis führen die USA immer tiefer in ihre selbstgebaute zentralamerikanische Falle.
Dres Balmer berichtet über seine in Kuba gewonnenen Eindrücke. Für die dringendsten sozialen Probleme eines Entwicklungslandes probiert die kubanische Revolution Lösungsmöglichkeiten aus, die bedenkenswert sind. Daß die Kubaner für diese Lösungsversuche ihren Preis zahlen, wissen sie selber am besten. Es hat wenig Sinn, Kuba mit Mitteleuropa vergleichen zu wollen. Stellt man es jedoch in den mittelamerikanischen Zusammenhang, fällt einem auf, daß es vielleicht Skizzen eines möglichen Weges anbieten kann.
Die Herausgeber hoffen, mit diesem Band den interessierten Leser anzusprechen, der sich in rascher und umfassender Weise über Lateinamerika informieren möchte. Den

Autoren sei für die gute Zusammenarbeit und ihre kompetenten Beiträge herzlich gedankt. Herrn Dr. Pehle vom Fischer Taschenbuch Verlag sei aufrichtig Dank gesagt für seine unermüdliche Geduld und Mühe.

Zürich, März 1984

Theo Ginsburg
Monika Ostheider

HORST PIETSCHMANN

Kolonialgeschichte und die Ursachen der Unterentwicklung Lateinamerikas

Eines der zentralen Themen der modernen sozialwissenschaftlichen Forschung über Lateinamerika im engeren Sinne, d. h. vor allem der mit Lateinamerika befaßten Soziologie und Politologie, ist die Frage nach den Ursachen der Unterentwicklung des Subkontinents. In diesem Zusammenhang wird immer wieder auf das Fortleben der kolonialen Strukturen im 19. und 20. Jahrhundert verwiesen und darin eine der Ursachen für das – nebenbei gesagt meist unzutreffend oder ungenügend definierte – Phänomen der Unterentwicklung gesehen. Dies bedeutet aber, daß diese Forschungsrichtung implizit unterstellt, daß Lateinamerika oder zumindest Hispanoamerika einheitliche und gemeinsame Strukturen im Verlauf der Abhängigkeit von Spanien entwickelt hatte. Die kolonialgeschichtliche Forschung hat jedoch seit dem Ausgang der 60er Jahre unseres Jahrhunderts durch zahlreiche Einzelstudien deutlich gemacht, daß die wirtschaftlichen, sozialen und selbst die politischen Strukturen dieses ausgedehnten Raumes äußerst vielfältig, komplex und regional verschieden waren. Es muß daher aus der Perspektive der neuesten Forschung als vermessen erscheinen, für das enorm ausgedehnte, durch gänzlich verschiedenartige naturgeographische Bedingungen geprägte, unterschiedlich dicht besiedelte und von sehr verschiedenartigen Bevölkerungsgruppen bewohnte Gebiet des kolonialen Hispanoamerika gleichartige oder zumindest sehr ähnliche Strukturen postulieren zu wollen. Angesichts einer kaum noch zu überschauenden Detailforschung und einer sehr vielfältigen und komplexen historischen Realität kann es sich im Rahmen eines kurzen Aufsatzes nur darum handeln, ein sehr allgemeines Schema von einzelnen Strukturmerkmalen aufzuzeigen und daran anschließend die Frage zu stellen, inwieweit diese Merkmale eine der Ursachen für die gegenwärtigen strukturellen Probleme des Subkontinents darstellen. Für den professionellen Historiker mag

diese Fragestellung müßig erscheinen, gehört doch die Erkenntnis zum beruflichen Rüstzeug, daß jede beobachtete Gegenwart geschichtlich bedingt ist und auch lange Zeit zurückliegende Vorgänge gestaltend auf die spätere Zeit einwirken, so daß jeder historische Prozeß einen mittelbaren oder unmittelbaren Gegenwartsbezug hat. Aus dieser Perspektive lohnt sich allenfalls die Frage danach, welcher Aspekt einer bestimmten Realität durch welche historischen Entwicklungen bedingt ist, d.h. aber, daß eine differenzierende Betrachtung gefordert ist und nicht eine so pauschale und verallgemeinernde Beobachtungsweise, wie sie die generalisierende Charakteristik »Unterentwicklung« in der – vorgegebenen – Themenstellung impliziert. Verstärkt wird dieses methodische Dilemma vor allem durch die Problematik des Begriffs »Unterentwicklung«, ein zwar vielgebrauchter, jedoch sehr umstrittener und nur selten definierter Begriff, der zumindest aus der Perspektive der Geschichtswissenschaft noch keine Kategorie historischen Denkens darstellt, die allgemein anerkannt wäre. Dessenungeachtet ist jedoch gerade der sich mit der Geschichte der Länder der sog. Dritten Welt beschäftigende Historiker gezwungen, sich diesen Problemen zu stellen, da vor allem in der aktuellen Politik und den mit ihr befaßten Wissenschaftsdisziplinen häufig pauschal und in denunziatorischer Absicht die koloniale Vergangenheit als alleinige Ursache der strukturellen Abhängigkeit und der aus dem Vergleich mit den Industrieländern abgeleiteten Unterentwicklung bezeichnet wird mit dem implizit verfolgten Ziel, Schuldzuweisungen für die Probleme der Gegenwart vorzunehmen. In dem vorliegenden Rahmen kann jedoch lediglich eine kurze Charakteristik der kolonialzeitlichen Entwicklungen und Strukturmerkmale vorgenommen werden, um anschließend zu fragen, inwieweit und warum ggf. diese Phänomene bis in die neueste Zeit hinein fortgewirkt haben.
Während des 14. und 15. Jahrhunderts drang das mediterrane, vorwiegend italienische Unternehmertum und Handelskapital in den atlantischen Raum vor, wo es sich mit der seefahrerischen Tradition der Iberischen Halbinsel und deren aus dem jahrhundertelangen Kampf gegen die Mauren entstandenen Expansivkräften verband. Kriegerischer Adel, italienisch-iberisches bürgerliches Handelskapital und die durch Hochseefischfang und Handelsfahrten nach Mittel- und Nordeuropa geschulten Seefahrer der iberi-

schen Atlantikküsten gingen eine Verbindung ein, die zu dem ersten großen Aufbruch Europas in neue außereuropäische Räume führte. Es erfolgte im 15. Jahrhundert die Entdeckung und Besiedlung der atlantischen Inselgruppen, und zugleich begann der Wettlauf zwischen Kastiliern und Portugiesen um die Erkundung und die Erschließung für den Handel der afrikanischen Westküste. In diesem nautisch-merkantilen Milieu konnte der Genuese Christoph Kolumbus den Plan fassen, auf westlichem Wege schneller zu den Gewürzreichtümern Asiens zu gelangen als durch den von den Portugiesen verfolgten Plan der Umschiffung Afrikas. Nach langen Jahren vergeblichen Bemühens – die wissenschaftlichen Prämissen von Kolumbus waren von den Zeitgenossen als nachweislich falsch erkannt worden – akzeptierten die katholischen Könige Ferdinand und Isabella den Plan des Kolumbus, als einmal die kastilischen Kräfte nach dem Sieg gegen die Mauren von Granada frei wurden und als zum anderen Kastilien den Wettlauf mit Portugal an der afrikanischen Westküste verloren zu haben schien. Die vertraglichen Abmachungen mit Kolumbus wurden am 17. April 1492 unterzeichnet, die den Entdecker beauftragten, den westlichen Seeweg nach Indien zu suchen und als Gegenleistung wirtschaftliche Präferenzen in den erwarteten Handelsgeschäften und verschiedene Ämter und Würden erteilten. Der Staat verband sich hier mit einem privaten Unternehmer mit dem Ziel, fremde Länder zu entdecken und in Besitz zu nehmen, Handelsstützpunkte zu errichten und durch Tauschhandel mit der angetroffenen Bevölkerung Handelsüberschüsse zu erzielen, die dem aus Kolumbus und den Königen gebildeten Monopol zustehen sollten. Spanien handelte mit dieser Betonung der handelspolitischen Zielsetzungen damit zunächst noch genau nach dem Vorbild der Portugiesen, das diese an der afrikanischen Westküste erfolgreich erprobt hatten.
Unmittelbar nach dem erfolgreichen Entdeckungsunternehmen ließen sich die katholischen Könige in geschickter Aufnahme eines zuvor mehrfach von den Portugiesen praktizierten Verfahrens die neu entdeckten und noch zu entdeckenden Gebiete vom Papst als Besitz zusprechen, ohne zunächst viel nach den Rechtstiteln des Papsttums zu einem solchen Verleihungsakt zu fragen. Die päpstlichen Verleihungsurkunden sahen unter anderem eine in nord-südlicher Richtung im Atlantik verlaufende imaginäre Trennungslinie

zwischen den Interessensphären Portugals und Kastiliens vor, die schließlich in dem von beiden Mächten geschlossenen Vertrag von Tordesillas definitiv 370 Seemeilen westlich der Kapverdischen Inseln verlaufen sollte. Dieser Demarkationslinie zufolge fiel der Ostzipfel des südlichen Amerika in den portugiesischen Machtbereich, ein Umstand, dem das portugiesische Brasilien seine Entstehung verdankt. Diese zu Unrecht als Teilung der Welt interpretierte Linie ist von den übrigen europäischen Mächten freilich nicht anerkannt worden, wenn auch die übrigen Europäer sich erst später im Verlauf des 16. Jahrhunderts für die überseeischen Entdeckungen zu interessieren begannen.
Nachdem das zwischen Kolumbus und den Königen geschlossene Handelsmonopol wirtschaftlich wenig erfolgreich war und die Krone sich zu einer staatlich finanzierten Weiterführung der Entdeckungen nicht in der Lage sah, öffneten Ferdinand und Isabella bereits ausgangs des 15. Jahrhunderts die überseeischen Aktivitäten privater Initiative und gingen zu einer Politik der Siedlungskolonisation über. Spanien, bzw. Kastilien im engeren Sinne, dem die neuen Gebiete zugeschrieben worden waren, war damit das erste neuzeitliche europäische Land, das eine planmäßige Siedlungskolonisation in Übersee in Angriff nahm. Diese Kolonisationsversuche beschränkten sich zunächst auf die Großen Antillen, deren Besiedlung zunächst nur langsame Fortschritte machte, da Spanien als unterbevölkertes Land keine auswanderungswillige Bevölkerung besaß, die unter den Bedingungen eigener körperlicher Arbeit den Sprung in eine ungewisse Zukunft zu wagen bereit oder genötigt war. Erst als in Übersee Gold gefunden wurde, erlangten die neu entdeckten amerikanischen Gebiete größere Attraktivität, und der Kolonisationsprozeß begann, Fortschritte zu machen. Das weitere Vordringen Kastiliens in Amerika vollzog sich jedoch zunächst sehr langsam, da die Entdeckungs- und Eroberungsunternehmen zu einem großen Teil aus den Überschüssen finanziert werden mußten, die die bereits kolonisierten Gebiete abwarfen. So setzten sich die Spanier beispielsweise erst 1512 auf der Landenge von Panamá fest, und erst 1519 begann mit dem Zug von Hernán Cortés das erste spektakuläre Ausgreifen auf das amerikanische Festland, wo man auf reiche und hoch entwickelte indianische Kulturen stieß. Aus der Kriegsbeute konnten weitere Eroberungsunternehmen bezahlt werden, so daß innerhalb

von knapp 30 Jahren bis etwa zur Mitte des 16. Jahrhunderts nahezu ganz Mittelamerika und große Teile des südamerikanischen Halbkontinents erobert werden konnten. Hatte in der Anfangsphase der Entdeckungen der Typ des seefahrenden Händlers dominiert, so beherrschte in dieser zweiten Phase der kriegerische und beutegierige Conquistador das Aktionsfeld. Beide Typen sind jedoch nicht streng voneinander zu scheiden, da der seefahrende Händler sich häufig in einen siedelnden Kolonisten oder in einen kämpfenden Conquistador verwandelte, ebenso wie auch der Conquistador zum handelskapitalistischen Unternehmer oder zum siedelnden Kolonisten werden konnte. Ausschlaggebend für die Dominanz unterschiedlicher Unternehmenstypen im Prozeß der spanischen Landnahme waren vielmehr der allmähliche Übergang vom rein kommerziellen Interesse zum Streben nach Beherrschung des Landes und seiner Bewohner und die veränderten Erfordernisse der Landnahme angesichts hochorganisierter indianischer Gemeinwesen auf dem amerikanischen Festland. Entscheidend für den Prozeß der Landnahme Spaniens in Amerika war aber der Umstand, daß die an dem Prozeß beteiligten Spanier in der Lage waren, die Rollen des Kriegers, des Unternehmers und des Kolonisten gleichzeitig zu übernehmen, wozu die Spanier durch den bäuerlichen Hintergrund Kastiliens, das Vordringen des Handelskapitalismus auf der Iberischen Halbinsel im Spätmittelalter und durch den beständige militärische Bereitschaft erfordernden Kampf gegen die Mauren vorbereitet waren. Dazu kam die Gewöhnung an Strapazen aller Art durch die klimatischen und geographischen Verhältnisse auf der Iberischen Halbinsel und durch die Austerität der Lebensumstände in Spanien.

An den Entdeckungs- und Eroberungsunternehmen der Spanier nahmen Angehörige fast aller sozialen Schichten, Berufsgruppen und Landesteile teil. Lediglich der hohe Adel war ebensowenig vertreten wie der hohe Klerus. Die große Mehrheit der Conquistadores stammte jedoch aus Kastilien, insbesondere aus Andalusien und Extremadura, d. h. aus Gebieten, die noch stark durch die strukturellen Bedingungen der Reconquista, d. h. der Rückeroberung von der Herrschaft der Mauren, geprägt waren. Morisken, getauften Mauren, Conversos, ehemals jüdischen Neuchristen und Kriminellen war jedoch die Ausreise nach Amerika verboten, ein Verbot, über dessen Einhaltung die 1503 ge-

gründete Casa de la Contratación in Sevilla zu wachen hatte. Diese Institution kontrollierte den gesamten Schiffs-, Waren- und Personenverkehr mit den neu entdeckten Gebieten und machte dadurch, daß ihr Sitz in Sevilla war, diese Stadt zum alleinigen Ausgangs- und Zielhafen für den gesamten Überseeverkehr, ein Monopol, welches in späterer Zeit den Handel mit Amerika sehr erschwerte.
Wie schon erwähnt, verfügte Kastilien nicht über ein großes Auswandererpotential, das zur Niederlassung in neu entdeckten Gebieten unter den Bedingungen eigener körperlicher Arbeit bereit gewesen wäre. Nach Amerika strömten deshalb vor allem Bevölkerungselemente, die von Abenteuerlust und dem Streben nach rasch erworbenem Reichtum getrieben waren. Kriegsbeute und Tauschhandel mit den Ureinwohnern der Neuen Welt waren die Hauptinstrumente, von denen man sich den neuen Reichtum erwartete. Dieses verbreitete Streben nach Reichtum erklärt sich vor allem daraus, daß Reichtum im Kastilien des ausgehenden Mittelalters und der beginnenden Neuzeit verhältnismäßig leicht sozialen Aufstieg ermöglichte bis hin zur Aufnahme in den Adel. Der aufblühende Handelskapitalismus des Spätmittelalters und die Urbanisierungsvorgänge, die ihn begleiteten, hatten die traditionelle ständische Gliederung der Gesellschaft soweit gelockert, daß ein hoher Grad an sozialer Mobilität möglich war. Reichtum, häufig in Verbindung mit militärischen Leistungen, ermöglichte daher selbst den Angehörigen niederer sozialer Schichten sozialen Aufstieg bis hin zum Erwerb eines Adelsprädikats bzw. dem Erwerb von Herrenrechten, sogenannten Señoríos oder Grundherrschaften.
Die Geschwindigkeit des spanischen Vordringens in Amerika ebenso wie die Form der Kolonisation und die Besiedlung wurden sehr durch naturgeographische Bedingungen, die kulturelle Entwicklung der Ureinwohner und durch die Besiedlungsdichte der von den Indianern besetzten Gebiete beeinflußt. In den dünn besiedelten Pampa- bzw. Urwaldregionen Mittel- und Südamerikas wie auch in den Savannenzonen des nördlichen Mittelamerika ging die spanische Landnahme nur sehr zögernd vonstatten. Meist blieben diese Gebiete nur von einigen wenigen Außenposten besetzte Randgebiete des spanischen Kolonialreichs, in denen eine kolonisatorische Durchdringung erst spät im 18. und 19. Jahrhundert unter Ausrottung oder Verdrängung der in-

dianischen Ureinwohner erfolgte. Die von Indianern mit hohem kulturellem Niveau und gelegentlich auch hoher staatlicher Organisation in den mittel- und südamerikanischen Küstenzonen und Hochlandgebieten meist dicht besiedelten Gebiete wurden dagegen durch erfolgreiche, handstreichartige Eroberungszüge unterworfen. Gerade die straff organisierten Hochkulturen Mittel- und Südamerikas fielen den spanischen Eroberern ziemlich rasch durch Elimination der indianischen Führung und durch die Unterstützung von indianischen Bundesgenossen, die gegen ihre indianischen Unterdrücker rebellierten, in die Hände.

Die wichtigsten Instrumente, mit deren Hilfe die Spanier den Übergang von der Eroberung zur dauerhaften Besiedlung und Kolonisation einleiteten, waren die Gründung von Städten, in denen die Conquistadores und die nachrückenden Siedler wohnhaft werden sollten, und, eng damit verknüpft, die Institution der Encomienda. Diese Einrichtung, die bereits auf den Großen Antillen in Anknüpfung an mittelalterliche spanische Vorbilder entwickelt worden war, bestand in der Abtretung der vom Staat reklamierten Tributleistungen der Unterworfenen an einzelne Eroberer und Siedler, die als Gegenleistung für die religiöse Bekehrung und die seelsorgerische Betreuung der Indianer zu sorgen hatten. Diese an einzelne Eroberer abgetretenen Tributleistungen einer genau festgesetzten Zahl von Indianern bestanden zunächst in Arbeitsleistungen der Eingeborenen und wurden im Verlauf des 16. Jahrhunderts zunächst auf genau festgesetzte Naturallieferungen indianischer Produkte und später auf Geldzahlungen reduziert. Mit Hilfe der Encomienda gelang es, die militärische Bereitschaft der Eroberer und Siedler in den neu gegründeten Städten aufrechtzuerhalten und gleichzeitig deren Unterhalt sicherzustellen, so daß sie zur Sicherung der spanischen Herrschaft zur Verfügung standen. Gleichzeitig bot die Institution den Eroberern und ersten Siedlern die Möglichkeit zur de facto-Kontrolle über eine bestimmte Anzahl von Eingeborenen und zur Kommerzialisierung eines Teils der indianischen Produkte, bzw. zur ökonomischen Nutzung der indianischen Arbeitskraft, womit wiederum allmählich die Entstehung eines kolonialspanischen Wirtschaftssystems ermöglicht wurde. Im Gegensatz zu einer oft anzutreffenden Meinung war mit der Encomienda keinerlei jurisdiktionelle Befugnis über die Indianer und ebensowenig die Vergabe von Land verbunden. Ergänzt wurde dieses System zur Einleitung der Kolonisation durch die Anerkennung des lokalen und regionalen indianischen Adels in seiner Stellung und durch die Zuerkennung des Hidalgo-Status an diese Personengruppe, wodurch die Kollaboration der mittleren indianischen Führungselite gesichert wurde. Die Söhne dieser Elite wurden gleichzeitig in die neu gegründeten Städte zur Erziehung im christlichen Glauben beordert, wodurch die Spanier auch über – de facto – Geiseln verfügten, die sie vor indianischen Aufständen schützten.

Bereits sehr früh wurde die Einflußnahme des Staates auf den Gang der überseeischen Landnahme deutlich. Bereits mit dem Übergang zur Siedlungskolonisation zu Beginn des 16. Jahrhunderts entwickelte der Staat eine eigene Kolonialpolitik, die darauf abzielte, die unterworfenen Eingeborenen zu christianisieren und im weitesten Sinne des Wortes auch zu europäisieren, da den Königen nicht daran gelegen war, getreu der Religionspolitik der katholischen Könige, die auf die Schaffung eines religiös homogenen Staatsvolkes abzielte, als Herrscher über Nichtchristen zu gelten. Die Christianisierung und damit die Akkulturation der Indianer war daher nicht nur ein päpstlicher Auftrag, sondern auch eine der zentralen Staatsmaximen. Unter Ausnutzung der zuvor bei der Kolonisation der Kanarischen Inseln gemachten Erfahrungen entwickelte die Krone eine Politik, die die Christianisierung der Indianer ermöglichen sollte. Dazu gehörte zunächst die Einschränkung der anfangs weithin praktizierten Versklavung der amerikanischen Ureinwohner und der Schutz der Indianer vor übermäßiger Ausbeutung und Mißhandlung durch die Kolonisten. Diese Bestrebungen mußten freilich vorsichtig dosiert werden, um die die spanische Landnahme tragenden Kräfte des privaten Unternehmertums nicht zu entmutigen. Hier offenbart sich bereits ein Interessengegensatz zwischen der Krone und der Gruppe der Eroberer und frühen Kolonisten. Letztere wollten durch ökonomische Nutzung der Eingeborenen zu Reichtum gelangen und waren darum bemüht, als Anerkennung für ihre Verdienste um die Krone Ämter und Würden als erblichen Besitz, vor allem aber den Ausbau der Encomienda zu einer voll entwickelten Grundherrschaft nach spanischem Vorbild zu erlangen, um so ihren sozialen Aufstieg durch das äußerlich sichtbare Zeichen des Erwerbs von Herrschaft abzurunden und zu konsolidieren. Die Krone wiederum war daran

interessiert, die Indianer zu christianisieren und als nützliche, d. h. steuerzahlende Untertanen zu gewinnen, die neu erworbenen Gebiete im Sinne einer allgemeinen Mise en Valeur nach europäischem Vorbild zu entwickeln und vor allem – im Zeichen des aufkommenden monarchischen Absolutismus – keine unabhängigen Gewalten, etwa durch das Aufkommen eines überseeischen Feudalsystems, entstehen zu lassen. In diesem Konflikt erwuchs der Krone ein wichtiger Verbündeter in den in der Indianermission tätigen Mönchsorden, insbesondere den Dominikanern. Diese setzten sich sehr für den Schutz der Indianer ein und zogen grundsätzlich die Berechtigung Spaniens zur Besitznahme der neu entdeckten Gebiete und zur Unterwerfung der Indianer in Zweifel. Damit übten sie Druck auf die Krone aus und schufen ein den Conquistadores feindliches Klima, das der Staat nutzte, um den Einfluß der Eroberer zurückzudrängen. In den bereits konsolidierten Überseeprovinzen wurden zunächst die Anführer der Conquista-Trupps ihrer Ämter enthoben und durch eine königsunmittelbare bürokratisch organisierte Verwaltung ersetzt. Mit Hilfe dieser neuen administrativen Organisation ging die Krone dann gegen die Schicht der Encomenderos vor, schränkte deren meist angemaßte Kontrollbefugnisse über die Indianer ein und reduzierte die Encomienda schrittweise zu einem bloßen Renteneinkommen. Lediglich in Grenzregionen und in neu in Besitz zu nehmenden Gebieten blieb die Encomienda in ihrer alten Form noch für längere Zeit bestehen.
Mit ihrer gegen die Conquistadores gerichteten Politik war die Krone ziemlich erfolgreich, vermochte sie doch die Entstehung eines kolonialen Feudalsystems zu verhindern, das Aufkommen von Formen ständischer Repräsentation zu vermeiden und vermittelst des Patronats über die Kirche auch diese für die Erhaltung der spanischen Macht wichtige Institution staatlicher Kontrolle zu unterwerfen. Dreh- und Angelpunkt der staatlichen Kontrollmechanismen war das straff durchorganisierte und auf allen Ebenen staatlich kontrollierte Verwaltungssystem bürokratischer Funktionsweise, das man als das erste durchgängig nach absolutistischen Prinzipien organisierte bürokratische System frühneuzeitlich europäischer Prägung überhaupt bezeichnen kann. Eine Mitwirkung der spanischen Bevölkerung an der Regierung und Administration jener Gebiete war praktisch ausgeschlossen, und alle wichtigen Entscheidungen wurden –

zumindest in letzter Instanz – von der Krone bzw. dem für die Verwaltung der amerikanischen Gebiete eingesetzten zentralen Indienrat (»Consejo Supremo de las Indias«) im Mutterland getroffen. Zwar hatten die spanischen Kolonisten über die Stadträte ein Mitspracherecht in lokalen Angelegenheiten, doch machte die Krone die Mitgliedschaften in den Stadträten (»Cabildos«) bald erblich und konzentrierte auf diese Weise das Stadtregiment in den Händen einer dünnen städtischen Oligarchie, die zudem der unmittelbaren Kontrolle eines königlichen Beamten, des »Corregidor«, unterworfen wurde. Ein gesetzlich verankertes System zur administrativen Selbstbestimmung degenerierte somit zu einem staatlich überwachten System oligarchischer Pfründenwirtschaft. Gegen diese Vorherrschaft des Staates und gegen dessen Politik zur Zurückdrängung der Interessen der Eroberer und ersten Siedler kam es zwar zu verschiedenen Aufständen bzw. Rebellionsversuchen, so vor allem in den 40er Jahren des 16. Jahrhunderts unter Führung von Gonzalo Pizarro, dem Bruder des Eroberers, doch gelang es der Krone, diese Widerstände zu überwinden.

Für die indianischen Ureinwohner hatte die spanische Landnahme geradezu katastrophale Konsequenzen, denn mit der Eroberung durch die Europäer setzte ein bis um die Mitte des 17. Jahrhunderts anhaltender Bevölkerungsrückgang ein, in dessen Verlauf die Zahl der Indianer von einigen – geschätzten – 50 Millionen auf weniger als ein Zehntel schrumpfte. In manchen Gebieten, wie etwa auf den Karibischen Inseln, wurde die Indianerbevölkerung nahezu völlig ausgerottet. Eine erste Ursache für den Bevölkerungsrückgang stellten die Kämpfe der Eroberer mit ihren stellenweise brutalen Massakern unter den Eingeborenen dar. Sklaverei und Zwangsarbeit bildeten durch die damit verbundene physische Überbelastung einen weiteren Grund für die Dezimierung der autochthonen Bevölkerung. Auch die Änderung der Lebensumstände, etwa im Gefolge von Umsiedlungsmaßnahmen und dem allgemeinen Akkulturationsdruck, trug durch massenpsychologische Phänomene zum Bevölkerungsrückgang bei, indem manche Indianergruppen ihren biologischen Lebensrhythmus verloren, wodurch beispielsweise die Zahl der Geburten zurückging. Auch die Rassenmischung durch meist außereheliche Verbindungen zwischen Europäern und Indianern bildet einen Grund für den Bevölkerungsschwund der amerikanischen

Ureinwohner. Die Hauptursachen für den Bevölkerungsrückgang waren jedoch von den Spaniern eingeschleppte Krankheiten, gegen die die Indianer keine natürlichen Abwehrkräfte besaßen und die deshalb periodisch zu wahren Epidemien führten, so z.B. Erkrankungen der Atemwege, Pocken, durch die Einführung europäischen Nutzviehs verursachter Parasitenbefall, Pest usw. Am leichtesten überwanden offenbar die indianischen Eliten den Schock der spanischen Eroberung, denn schon um die Mitte des 16. Jahrhunderts finden sich zahlreiche indianische Adelige, die europäische Sprachen – Spanisch und Latein –, europäische Lebens- und Wirtschaftsformen wie etwa die Geldwirtschaft, die Schrift usw. beherrschten und sich als handelskapitalistische Unternehmer betätigten. Europäisches Nutzvieh und importierte Nutzpflanzen verbreiteten sich ebenfalls rasch unter den Eingeborenen, vor allem in den Regionen der früheren indianischen Hochkulturen. In anderen Bereichen des Alltagslebens bestanden dagegen vorspanische kulturelle Traditionen hartnäckig weiter fort und vermischten sich mit spanischen Kulturelementen zu einer neuartigen Volkskultur eigenständiger Prägung. Lediglich in unzugänglichen Gebirgs- oder Urwaldregionen vermochten die Eingeborenen ihre vorspanischen Lebensgewohnheiten und kulturellen Traditionen relativ unbeeinflußt bis in spätere Zeiten zu bewahren.
Wie schon erwähnt, hatte die spanische Krone sehr früh eine Indianerschutzpolitik entwickelt, die auf Schutz vor Ausbeutung bei gleichzeitiger Missionierung und Akkulturation abzielte. Höhepunkte dieser gesetzgeberischen Aktivitäten waren die sog. »Gesetze von Burgos« aus dem Jahre 1512 und die sog. »Neuen Gesetze« von 1542/43. Beide Gesetzgebungsakte sind um den Schutz der Eingeborenen vor übermäßiger Ausbeutung bemüht gewesen. Während aber die Gesetze von Burgos hinsichtlich der erwünschten Bekehrung zum Christentum und der Europäisierung der Lebensgewohnheiten davon ausgingen, daß diese Ziele am leichtesten durch intensiven Kontakt zwischen Indianern und Spaniern zu erreichen seien, indem die Spanier durch ihr Vorbild dazu beitragen sollten, die Eingeborenen zur Assimilation durch Nachahmung anzuregen, kommt in den Neuen Gesetzen dagegen schon die Überzeugung zum Ausdruck, daß der enge Kontakt mit Spaniern den Eingeborenen eher zum Nachteil gereicht. Konsequenterweise leitete

die Krone wenig später auch eine Politik der räumlichen Rassentrennung ein, indem sie allen Nichtindianern verbot, sich länger als unbedingt nötig in den Siedlungen der Eingeborenen aufzuhalten oder gar unter ihnen zu wohnen. Die Bekehrungs- und Zivilisierungsaufgabe sollte fortan ausschließlich von den damit beauftragten Missionaren durchgeführt werden. Parallel dazu wurde auf Anweisung der Krone das kastilische Munizipalverwaltungssystem eingeführt und den Eingeborenen die lokale Selbstverwaltung, allerdings unter der Aufsicht eines spanischen Corregidor oder Alcalde Mayor, eingeräumt. Vorhandener Gemeindebesitz wurde den indianischen Dörfern belassen und darüber hinaus angeordnet, daß jedes Indianerdorf ein unveräußerliches Gemeindeland von knapp 100 Hektar haben sollte.

Die Auswirkungen dieser Indianerschutzpolitik sind bislang nur schwer abzuschätzen. Sicher ist, daß es dieser Politik nicht gelang, die Indianer tatsächlich vor Ausbeutung und Unterdrückung durch die Kolonisten zu bewahren. Andererseits sicherte die Gesetzgebung über die lokale Autonomie und den Gemeindebesitz den Indianern den Bestand einer lokalen administrativen, politischen, wirtschaftlichen, sozialen und kulturellen Organisationseinheit, die die genossenschaftlichen Elemente der indianischen Lebensform zu sichern vermochte und den Eingeborenen als ein Instrument zur Wahrung ihrer Identität diente. Die rechtlich geschützte Indianergemeinde trug sicherlich in großem Maße zum Überleben des indianischen Bevölkerungselements in der kolonialen Gesellschaft und zur Bewahrung indianischer kultureller Traditionen bei. Außerdem war sie ein Instrument des Selbstschutzes und der Selbstverteidigung gegen die vielfältigen Assimilationszwänge, die von der sich zunehmend festigenden kolonialen Gesellschaft ausgingen. Andererseits führte dies wiederum zu der von modernen Sozialwissenschaftlern heute so beklagten Marginalisierung der Indianerbevölkerung im Rahmen der Gesamtgesellschaft. Diese Marginalisierung ist in vieler Hinsicht paradoxerweise eine Folge der kolonialen Schutzpolitik gegenüber der autochthonen Bevölkerung, die die Anwendung einer vielfach geforderten sozialdarwinistischen Assimilierungspolitik verhinderte und den Indianern über alle demographischen Krisen hinweg ermöglichte, sich in der neuen Ordnung – wenn auch an unterster Stelle der sozialen Pyramide –

einzurichten und sich langfristig eine Existenzgrundlage zu erhalten.
Hervorgehoben zu werden verdient auch, daß ungeachtet der die Anfänge charakterisierenden handelspolitischen Interessen der Krone der Staat nach dem Übergang zur Siedlungspolitik keine merkantilistische Kolonialpolitik betrieb. Die königliche Gesetzgebung des 16. Jahrhunderts suchte vielmehr die neu erworbenen Gebiete nach dem Vorbild des Mutterlandes zu entwickeln, indem sie die verschiedenen landwirtschaftlichen und gewerblichen Berufsfelder nachdrücklich förderte. Eine protektionistische Politik zugunsten der Wirtschaft des Mutterlandes ist erst gegen Ende des 16. Jahrhunderts unter Philipp II. im Hinblick auf einzelne Gewerbezweige, wie etwa den Weinbau oder die Seidenraupenzucht, zu beobachten. Freilich suchte die Krone Vorteile aus den überseeischen Gebieten zu ziehen, sie versuchte dies jedoch mit denselben Methoden, mit denen sie sich auch der Wirtschaftskraft des Mutterlandes zur Finanzierung ihrer Politik zu bedienen suchte, nämlich durch die Förderung der Gewinnung von Bodenschätzen, insbesondere des Edelmetalls, und durch schrittweise im Verlauf des 16. Jahrhunderts erhöhte Besteuerung. Diese Besteuerung erreichte freilich erst im Verlauf des 17. Jahrhunderts die im Mutterland zu beobachtende Höhe. Eine wirklich planvolle merkantilistische Kolonialpolitik hat Spanien gegenüber Amerika allenfalls im 18. Jahrhundert betrieben. Dies schließt freilich nicht aus, daß die Krone den Handel mit Amerika ihren kastilischen Untertanen reservieren wollte und Ausländer vom Amerikahandel fernzuhalten suchte. Alle nur denkbaren Formen der Umgehung dieser Restriktionen waren die Folge, so daß der Schmuggelhandel, sei es durch Einschleichen in den legalen Handel zwischen Sevilla und Übersee, sei es durch direkte Handelsfahrten anderer europäischer Kaufleute, zu einer festen Praxis im kolonialen Hispanoamerika wurde. Bereits in der zweiten Hälfte des 16. Jahrhunderts hatten somit die Ausländer den Handel mit Amerika zu weit mehr als 50% in der Hand.
Während auf den Großen Antillen die spanischen Kolonisten schon sehr früh mit dem Erwerb von Grund und Boden und der Entwicklung einer eigenen Landwirtschaft begonnen hatten, setzte auf dem amerikanischen Festland der Landerwerb durch die Europäer erst relativ spät, etwa um die Mitte des 16. Jahrhunderts, ein. Nachdem die Bemühun-

gen der Kolonisten zur Umwandlung der Encomienda in ein grundherrschaftliches System am Widerstand der Krone gescheitert waren und nachdem durch den immer offenkundiger werdenden Rückgang der Indianerbevölkerung und die gleichzeitig erfolgende restriktive Gesetzgebung der Krone die Erträge des Encomiendasystems zurückgingen, zugleich aber immer mehr Neueinwanderer in das Land strömten, begann der Landerwerb der Spanier in großem Stil. Herrenloses Land konnten sich die Kolonisten durch die staatlichen Behörden in Form von sog. »Mercedes de Tierra« zuweisen lassen. Es entwickelte sich eine hektische Bodenspekulation, an deren Mechanismen die Bemühungen der staatlichen Autoritäten zur Vermeidung übermäßiger Landakkumulation in wenigen Händen scheiterten. Es entstanden die beiden lange Zeit als charakteristisch angesehenen landwirtschaftlichen Betriebsformen des kolonialen Lateinamerika: die »Hacienda« und die »Estancia« als landwirtschaftliche bzw. viehwirtschaftliche Großbetriebe mit ihrer binnenwirtschaftlichen Orientierung einerseits und die Plantage als exportorientierter landwirtschaftlicher Großbetrieb andererseits. Mit diesem Prozeß der Entstehung einer kolonialen Landwirtschaft stieg auch der Bedarf an Arbeitskräften. Um dieser Nachfrage nach Arbeitskräften zu begegnen, installierte die Krone etwa um die Mitte des 16. Jahrhunderts ein staatlich gesteuertes System indianischer Zwangsarbeit, das jeweils einen gewissen Prozentsatz der Bevölkerung eines Indianerdorfes zur entlohnten Arbeit in der Landwirtschaft, dem Bergbau oder den Gewerbebetrieben der Städte verpflichtete. In den Gebieten der Antilleninseln und der tropischen Tiefländer, wo die Indianerbevölkerung schon früh ausgestorben war, besorgte man sich die benötigten Arbeitskräfte durch den massierten Import afrikanischer Sklaven. Während die Plantagen überwiegend mit Negersklaven arbeiteten, bedienten sich Hacienda und Estancia vornehmlich indianischer Arbeitskraft. Da das staatliche System der Arbeitskräftezuteilung wenig effektiv war und die Nachfrage oftmals nicht befriedigen konnte, gingen die landwirtschaftlichen Unternehmer dazu über, zunächst auf freie Lohnarbeiter zu rekurrieren und diese dann finanziell von sich abhängig zu machen, wodurch im Verlaufe des 17. Jahrhunderts verschiedene Formen der Schuldknechtschaft entstanden.

Man hat in dem mit abhängiger Arbeitskraft operierenden

Großgrundbesitz Lateinamerikas lange Zeit ein Element feudaler Kultur sehen wollen, da die soziale Schicht der Landbesitzer eine nahezu unumschränkte Kontrolle über das Land und die auf ihm arbeitenden Menschen ausübte und die Betriebe nicht nach marktabhängigen Mechanismen arbeiteten, sondern in erster Linie als soziales Statussymbol dienten. Diese Auffassung ist durch die im letzten Jahrzehnt stark intensivierte Agrargeschichtsforschung revidiert worden. Die neueren Forschungen haben einmal zutage gefördert, daß Hacienda und Estancia vom Markt abhängig waren, jedoch unter zu geringer Kapitalausstattung und der Enge des Marktes für Agrarprodukte litten, wozu häufig noch eine dauerhafte Verschuldung gegenüber kirchlichen Fonds trat. Die klassische Hacienda – man muß bezüglich der Begrifflichkeit berücksichtigen, daß die Bezeichnung »Hacienda« im spanischen Sprachbereich vielfach auch auf Plantagen angewandt wurde, so daß im Einzelfall die Betriebsstruktur beachtet werden muß – und die Estancia waren somit ökonomisch relativ prekäre Unternehmen, die stark schwankende Erträge abwarfen und sehr häufig ihre Form und ihren Besitzer wechselten. Ebenso wurde deutlich, daß beide Unternehmensformen nicht ausschließlich mit abhängiger Arbeitskraft operierten, sondern überwiegend auf billigere saisonale Lohnarbeit zurückgriffen, der gegenüber die fest auf der Hacienda ansässigen und abhängigen Arbeiter zumindest im Verlauf der Kolonialzeit häufig eine privilegierte Gruppe darstellten, die nicht selten sogar gegenüber dem Betrieb Lohnguthaben besaß. Außerdem hat die Forschung den Beweis erbracht, daß neben den verschiedenartigen Großbetrieben zahlreiche kleinere Betriebsformen existierten, die zusammen mit der indianischen Landwirtschaft ein regional sehr differenziertes Bild von den kolonialen Agrarstrukturen ergeben. Es muß daher betont werden, daß es aus der Sicht der neueren Forschung unmöglich ist, von »der kolonialen Agrarstruktur« im Singular zu sprechen.

Etwa zeitgleich mit den Anfängen der kolonialen Landwirtschaft begann auch der spektakuläre Aufschwung des Bergbaus in Mexiko und Hochperu, dem heutigen Bolivien. Ungeachtet bekannter Vorkommen von Eisen, Kupfer, Zinn etc. beschränkte sich der koloniale Bergbau jedoch auf die Gewinnung von Edelmetallen, insbesondere Silber und Gold. Andersartige Erzvorkommen wurden noch nicht einmal für den eigenen Gebrauch abgebaut, so daß die iberischen Kolonien stets von europäischen Eisen- und Stahlwarenimporten abhängig blieben. Der Edelmetallbergbau nahm jedoch insbesondere seit der Entdeckung des Amalgamationsverfahrens um die Mitte des 16. Jahrhunderts einen spektakulären Aufschwung, der die Kolonien in die Lage versetzte, die steigende Nachfrage nach europäischen Importgütern mit Bargeld zu bezahlen. Die für den Bergbau benötigten Kapitalien kamen anscheinend nur in selteneren Fällen aus landwirtschaftlichen Gewinnen, sondern von den in den kolonialen Metropolen ansässigen Großkaufleuten, die durch die hohen Gewinnspannen im Handel mit importierten Gütern Kapital angehäuft hatten. Auch der Bergbau operierte zunächst weitgehend mit abhängiger, meist indianischer Arbeitskraft. Während sich jedoch im mexikanischen Bergbau bereits im 17. Jahrhundert die freie Lohnarbeit durchsetzte, blieb der peruanische Bergbau bis zum Ausgang der Kolonialzeit in hohem Maße von indianischer Zwangsarbeit abhängig. Eine weitere Abhängigkeit des kolonialen Bergbaus ergab sich bezüglich der europäischen Quecksilberimporte, da weit mehr als die Hälfte der gesamten Edelmetallproduktion vermittels des Amalgamationsverfahrens gewonnen wurde und nur Peru über nennenswerte eigene Quecksilbervorkommen verfügte. Die Bedeutung des Bergbaus für die koloniale Wirtschaft wird erst in jüngster Zeit durch die historische Forschung umrißhaft aufgedeckt. So wurde deutlich, daß die Bergbaugebiete als Nachfragezentren wirtschaftlich weit in benachbarte Regionen ausstrahlten und die landwirtschaftliche und die gewerbliche Produktion förderten. Man kann die Bergbauzentren durchaus im modernen Sinne als Entwicklungspole bezeichnen, die die Produktionsverhältnisse in weiter entfernten Regionen stimulierend beeinflußten und weitreichende Rückwirkungen auf die Sozialstruktur im Sinne einer Betonung ökonomischer Stratifikationskriterien besaßen. In Mexiko war diese Entwicklung wohl stärker akzentuiert als in Peru, wo die naturgeographischen Verhältnisse – die peruanischen Bergbauzentren lagen durchweg in großen Höhen in wenig zur Ansiedlung und zur landwirtschaftlichen Nutzung geeigneten Regionen – solche Prozesse erschwerten. Generell wird man jedoch behaupten dürfen, daß die Wirtschaftskonjunktur weiter Gebiete des kolonialen Lateinamerika von der Bergbaukonjunktur abhing.

Bezüglich der Edelmetallproduktion stellt sich die Frage, wieviel von dem erzeugten Gold und Silber nach Europa abfloß und wieviel davon in Lateinamerika als Zahlungsmittel in Umlauf gelangte. Einschlägige Berechnungen, die auf Steuerakten und Import- und Exportregistern basieren, sind ziemlich unzuverlässig und können nur Entwicklungstrends erfassen, da die Steuerhinterziehung weit verbreitet war und der umfangreiche Schmuggelhandel sich ebenfalls in den Akten nicht niederschlug. Aufgrund statistischer Berechnungen aus jüngster Zeit hat es jedoch den Anschein, daß zwar ein hoher Prozentsatz des produzierten Edelmetalls – 75 % und mehr – nach Europa floß, daß aber im Verlauf der Kolonialzeit kontinuierlich ein gewisser Zahlungsmittelüberschuß in Lateinamerika verblieb und zur Ausweitung der einheimischen Geldmenge beitrug. Erst kurz vor der Unabhängigkeit – beginnend etwa um 1800 – scheint der Zahlungsmittelabfluß regelmäßig die Edelmetallproduktion überstiegen zu haben. Vor diesem Hintergrund ist es verständlich, daß sich – von einzelnen abseits gelegenen Regionen abgesehen – die Geldwirtschaft in Hispanoamerika (für Brasilien liegen keine Zahlen vor) kontinuierlich ausbreitete und auch weite Teile der Indianerbevölkerung von ihr erfaßt wurden. Zumindest läßt sich für einzelne zentrale Gebiete des hispanoamerikanischen Kolonialreichs im 18. Jahrhundert ein hoher Monetarisierungsgrad der ländlichen indianischen Wirtschaft beobachten. Auch die Fähigkeit der spanischen Krone zur Extraktion von Geldmitteln aus Hispanoamerika war starken Schwankungen unterworfen. Im 17. Jahrhundert scheint sie konstant zurückgegangen zu sein, um im 18. Jahrhundert wieder anzusteigen und gegen Ende der Kolonialzeit zu einem absoluten Höhepunkt zu gelangen. Die Erforschung dieser finanzgeschichtlichen Zusammenhänge und ihre Auswirkungen auf die koloniale Wirtschaft steckt freilich noch zu sehr in den Anfängen, als daß sich schon jetzt weitergehende Schlußfolgerungen ziehen ließen.

Auch über die Entwicklung des kolonialen Gewerbes ist bislang relativ wenig bekannt. Nach dem Vorbild des Mutterlandes in Zünften organisiert, nahm das Gewerbe in der zweiten Hälfte des 16. Jahrhunderts einen raschen Aufschwung, gefördert vor allem durch die Konjunktur des Städte- und Kirchenbaus. Konkurrenz entstand dem zunftmäßig organisierten städtischen Gewerbe jedoch schon früh

durch eine freie Handwerkerschaft indianischen oder gemischtrassigen Ursprungs. Die Zünfte vermochten daher nicht die städtischen Gewerbe zu monopolisieren und zu kontrollieren. Im Bereich des Textilgewerbes entstand schon im 17. Jahrhundert ein koloniales Manufakturwesen in den sog. »Obrajes«. Das koloniale Textilgewerbe produzierte jedoch vorwiegend für den billigen Massenkonsum und konnte nicht mit den qualitativ hochwertigen europäischen Textilimporten konkurrieren, so daß die Nachfrage nach höherwertigen Textilien stets aus europäischer Produktion befriedigt werden mußte. Im späten 18. Jahrhundert begann im Gefolge der Ausweitung des europäischen Schmuggelhandels und regelmäßiger Schiffsverbindungen mit Europa auch der Import von Textilien für den einfachen Bedarf, da die einheimischen Obrajes teurer produzierten als die europäischen, im Übergang zur industriellen Fertigung befindlichen Manufakturen. Die massierten Importe des späten 18. Jahrhunderts haben daher in großem Ausmaß dazu beigetragen, das einheimische Gewerbe in Lateinamerika zu ruinieren bzw. an seiner weiteren Entwicklung zu hindern. Die sich daraus ergebende zentrale Frage, wieso bereits unmittelbar vor der Industrialisierung Europas das Gewerbe in Übersee teurer produzierte als in Europa, ist bislang von der Forschung nicht befriedigend beantwortet worden. Lohn- und Produktionskostenvergleiche zwischen Lateinamerika und Europa für die Zeit der frühen Neuzeit fehlen bislang, desgleichen systematische Preisvergleiche. Die Beantwortung der damit zusammenhängenden Fragen ist jedoch eine wichtige Voraussetzung für die Klärung des Problems der Ursachen für die Unterentwicklung des mittel- und südamerikanischen Subkontinents, ein Postulat, das generell für sektorale Strukturvergleiche zwischen Europa und Übersee gilt. Diese Fragenkomplexe bilden ein Desiderat der Forschung.
In kultureller Hinsicht besaß das koloniale Hispanoamerika einen Entwicklungsvorsprung gegenüber dem portugiesischen Brasilien, da die spanische Krone bestrebt war, in Übersee das Bildungswesen nach dem Vorbild des Mutterlandes zu entwickeln. So entstanden schon im 16. Jahrhundert in den Hauptstädten der kolonialen Verwaltungseinheiten Institutionen höherer Schulbildung, ja sogar eine ganze Reihe von Universitäten. Der Zugang zu den Hochschulen war allerdings Weißen und reinblütigen Indianern vorbehal-

ten, während Schwarzafrikanern und Mischlingen aller Art der Zugang zum Universitätsstudium rechtlich verwehrt blieb. Die Zahl der Indianer, die Universitätsabschlüsse erreichten, blieb jedoch gering und vorwiegend auf den indianischen Adel beschränkt. Die geistige Elite des kolonialen Hispanoamerika rekrutierte sich somit überwiegend aus europäischen Neueinwanderern und spanischstämmigen Einheimischen. Diese Elite brachte zwar durchaus eigenständige kulturelle Leistungen auf den Gebieten der Dichtung, der bildenden Künste, der Theologie und der Jurisprudenz hervor, blieb aber geistig weitgehend auf Europa, insbesondere auf Spanien fixiert und rezipierte neue geistige Strömungen immer mit einer Verzögerung von einigen Jahrzehnten.
Der politische Druck, den die Krone im 16. Jahrhundert auf die Eroberer und Kolonisten zur Vereitelung von deren politischen und sozialen Ambitionen ausgeübt hatte, führte folglich dazu, daß die Siedler sich eigenen wirtschaftlichen, geistigen und kirchlichen Aktivitäten zuwandten, die ganz entscheidend zur Ausbildung der kolonialen Wirtschaft, des Städtewesens und eines eigenen kulturellen und kirchlichen Lebens führten, wobei zwar grundsätzlich die institutionellen Gegebenheiten des europäischen Mutterlandes übernommen wurden, sich angesichts der Umstände aber zahlreiche neue Formen herausbildeten. Aufgrund dieser Aktivitäten entstand eine koloniale Oligarchie, die sich überwiegend aus den Nachkommen der Eroberer und späterer Neueinwanderer rekrutierte und die somit überwiegend weißer Hautfarbe war. Rechtliche und insbesondere rassische Stratifikationskriterien führten zu einer Hierarchisierung der Gesellschaft, in der Mischlinge unterschiedlicher Provenienz eine kleine Mittelschicht bildeten, während Indianer und Neger die unterste Schicht der sozialen Pyramide darstellten. Zu den erwähnten Stratifikationskriterien gesellte sich im Verlauf der Kolonialzeit als weiteres Unterscheidungsmerkmal der wirtschaftliche Erfolg, was dazu führte, daß auch Mischlinge und sogar Schwarze sozial aufsteigen und verarmte Weiße auf der sozialen Stufenleiter absinken konnten. Lediglich die Indianer, die in ihren genossenschaftlich organisierten Dorfgemeinden lebten und wirtschafteten und denen individualistisches Erfolgsstreben häufig fremd war, partizipierten nur in geringem Maße von diesen Mobilitätschancen. Die Folge dieser zunehmenden

sozialen Mobilität war, daß die kreolische Aristokratie ihren rassisch weißen Charakter zu verlieren begann und sich vor allem in den wirtschaftlichen Zentren eine soziale Mittelschicht gemischtrassiger Herkunft herausbildete, die ein unruhiges Element darstellte. Charakteristisch für die Sozialbeziehungen waren aber vor allem auf dem flachen Land patriarchalische Strukturen, Clanverbände und Klientelbeziehungen. Neben diesen vertikalen Sozialbeziehungen finden sich weit ausgedehnte horizontale Bindungen über die traditionelle Großfamilie, Patenschaftsbeziehungen und Mitgliedschaften in religiösen Bruderschaften, die häufig von sozial Gleichgestellten begründet wurden. Aber vor allem in den Städten befanden sich auch diese Strukturen insbesondere im 18. Jahrhundert in einem Wandlungsprozeß in Richtung auf eine stärkere Individualisierung und die Entstehung eines bürgerlichen Bewußtseins, Generalisierungen, die freilich noch auf einer unzureichenden Zahl von Einzelstudien basieren und dringender Vertiefung bedürfen.

Auch im politischen Bereich vollzogen sich wichtige Wandlungen im Verlauf der Kolonialzeit. Hatte die Krone im 16. Jahrhundert ihre Autorität gegen die Eroberer und ersten Siedler durchzusetzen vermocht, indem sie ein bürokratisch organisiertes Verwaltungssystem errichtete, so erlangten die Kreolen, d.h. die in Amerika geborenen Nachkommen der europäischen Eroberer und Einwanderer, im späten 16. und im 17. Jahrhundert erneut Einfluß auf die politischen Geschicke. Korruption und Ämterhandel ermöglichten der kreolischen Oligarchie zunächst große Teile der aus Europa entsandten Bürokraten auf ihre Seite zu ziehen, indem sie deren Streben nach sozialem Aufstieg entgegenkamen. Als die Krone daraufhin mit der Einführung des Ämterhandels reagierte, um ihre Einkünfte aus den Kolonien zu erhöhen, drangen in verstärktem Maße Kreolen in führende Positionen der Kolonialverwaltung ein und vermochten so ihren Interessen gegenüber der Metropole Geltung zu verschaffen.

Gegen diese Dominanz kreolischer Interessen reagierten die Kronen erst um die Mitte des 18. Jahrhunderts, als sie ein umfassendes politisches und wirtschaftliches Reformprogramm durchzusetzen begannen. Im politischen Bereich zielte dies auf die Rückgewinnung der staatlichen Kontrolle über den Beamtenapparat und über die Überseegebiete, und im wirtschaftlichen Bereich führte es zu merkantilistisch inspirierten Maßnahmen, die, wie die Gründung privilegierter Handelskompanien oder die Beseitigung von Restriktionen im Handel zwischen den Kolonien und den europäischen Mutterländern, auf eine Steigerung des wirtschaftlichen Nutzens für die jeweilige Metropole hinausliefen. Erst spät im 18. Jahrhundert haben die iberischen Mutterländer eine Kolonialpolitik im modernen Sinne zu entwickeln begonnen, derzufolge die Überseegebiete durch Lieferung von Rohstoffen die wirtschaftliche und manufakturelle Entwicklung der europäischen Zentralen fördern sollten. Begleitet wurde diese Politik von einem drastisch verstärkten Steuerdruck und erhöhten Importen aus Europa, sei es aus dem jeweiligen Mutterland, sei es durch ausländischen Schmuggelhandel. Die im Ansteigen begriffene Konjunktur der Edelmetallgewinnung – Silber in Hispanoamerika, Gold in Brasilien – vermochte diese Belastungen eine gewisse Zeit aufzufangen, doch gegen Ende des 18. Jahrhunderts ergaben sich in den Kolonien wirtschaftliche Schwierigkeiten, bedingt durch Produktivitätsrückgänge im Bergbau – die hohen Erträge ließen sich nur durch immer kostspieligere Investitionen halten –, durch steigende Preise bei stagnierenden Löhnen und einem drastisch zunehmenden Zahlungsmittelabfluß. Die Konsequenzen der staatlichen Politik und die konjunkturellen Probleme betrafen vor allem die kreolische Oligarchie und die neu entstandenen städtischen Mittelschichten, weniger dagegen die indianische Landbevölkerung. Es verwundert daher nicht, daß nicht nur die Entfremdung zwischen der kolonialen Bevölkerung und den jeweiligen Mutterländern wuchs, sondern es auch zu zahlreichen lokalen und regionalen Aufstandsbewegungen kam, die nur mit Mühe unterdrückt werden können. Diese krisenhaften Erscheinungen leiteten über zu den Unabhängigkeitsbewegungen des beginnenden 19. Jahrhunderts, die nicht nur politische Veränderungen einleiteten, sondern auch strukturellen Wandlungen den Weg bereiteten.

Welche Schlußfolgerungen lassen sich aus dem Gesagten im Hinblick auf die einleitend skizzierten Problemstellungen nun ziehen? Zunächst einmal muß gefolgert werden, daß die politischen, wirtschaftlichen und sozialen Strukturen in den einzelnen Gebieten nicht nur voneinander stark verschieden waren, sondern auch ständigen Wandlungen unterlagen. »Die – immer wieder zitierten – kolonialen Strukturen«, die für das überseeische Iberoamerika typisch gewesen sein sollen, gab es in dieser allgemeinen Form nicht. Auch die in diesem Zusammenhang immer angeführte Beurteilungskategorie »Koloniale Abhängigkeit« war räumlich und zeitlich höchst unterschiedlich ausgeprägt, und zwar sowohl politisch als auch sozioökonomisch. Manche Regionen und Wirtschaftszweige waren von Europa oder von europäischen Importen weitaus abhängiger als andere – viele Bereiche waren sogar ausgesprochen selbstgenügsam bzw. überhaupt nicht auf die europäischen Mutterländer hin ausgerichtet. Letzteres gilt etwa für die vom Verkehr mit Europa nahezu ausgeschlossenen Gebiete Mittel- und Südamerikas, die allerdings zu den rückständigsten Gebieten der Hemisphäre zählten. Selbst unter den regelmäßig mit Europa verkehrenden Gebieten gab es Entwicklungsunterschiede, so war z. B. in wirtschaftlicher, demographischer und sozialer Hinsicht ebenso wie bezüglich der Arbeits- und Produktionsverhältnisse das heutige Mexiko weiter entwickelt als etwa Peru oder die Plantagengesellschaft der Karibik und des brasilianischen Nordostens.

Die vorstehend getroffenen Schlußfolgerungen gelten vor allem dann, wenn man die koloniale Gesellschaft und ihre Strukturen als Ganzes sieht, was angesichts der sozioökonomischen und kulturellen Entwicklungen der Kolonialzeit zwingend notwendig ist. Die Entwicklungen der Kolonialzeit hatten eben tatsächlich zur Entstehung neuer wirtschaftlicher, demographischer, sozialer und politischer Strukturen geführt, innerhalb derer die Indianer, die Schwarzafrikaner und die verschiedenen Mischlingsgruppen sicherlich mehr oder weniger unterdrückt, unterprivilegiert und, wenn man so will, auch ausgebeutet waren, gleichwohl aber bildeten die verschiedenen Bevölkerungsgruppen ein miteinander reagierendes soziales System. Dies verbietet es, die Verhältnisse ausschließlich aus der Sicht einer der betroffenen Bevölkerungsgruppen zu beurteilen. Dies vor allem deshalb, da Ausbeutung, Unterdrückung und Unterprivilegierung keine Besonderheit der kolonialen Situation bilden, sondern in der behandelten Epoche ebenso für die sozialen, wirtschaftlichen und politischen Verhältnisse in Europa charakteristisch waren. Wenn man schon Unterdrückung und Ausbeutung zu historischen Beurteilungskriterien erheben will, dann muß man auch untersuchen, ob die abhängige koloniale Arbeitskraft stärker un-

terdrückt und ausgebeutet war, als dies im vorindustriellen oder frühindustriellen Europa der Fall war. Der Mangel an Arbeitskräften im dünn besiedelten Iberoamerika und die fehlende Konkurrenzfähigkeit überseeischer gewerblicher Produkte lassen zumindest so lange vermuten, daß die Verhältnisse in Europa teilweise schlechter waren, bis gründliche vergleichende Studien das Gegenteil beweisen. Erinnert sei diesbezüglich nur daran, daß z. B. die Sterblichkeit unter den im Sklavenhandel tätigen weißen Schiffsbesatzungen und Faktoreiangestellten prozentual weitaus höher lag als bei den versklavten Schwarzafrikanern, wie neuere Untersuchungen gezeigt haben. Aus all diesen Gründen ist ohne die schon an früherer Stelle postulierten vergleichenden Untersuchungen bislang keine einigermaßen fundierte Aussage zu machen.
Die oben angeführten Bedenken zwingen zu großer Vorsicht bei der Beurteilung der Frage, ob und ggf. welche der beobachteten Strukturen einen Entwicklungsrückstand gegenüber den europäischen Verhältnissen derselben Zeit aufwiesen. Wenn wir mit Armando Córdova ein Land als unterentwickelt definieren, das »in ausreichendem Maße weder quantitativ und qualitativ zulängliche Produktionsmittel noch Arbeitskraft besitzt, um seine wirtschaftlich aktive Bevölkerung auf einem Produktionsniveau zu nutzen, das mit dem jeweiligen Stand der Technik, der geschichtlichen Epoche und den natürlichen Ressourcen in Einklang steht« (Carola Stern u. a., Hrsg., Lexikon zur Geschichte und Politik im 20. Jahrhundert, Bd. 1, Köln 1971, S. 217f.), dann wird man sagen müssen, daß manche Gebiete des kolonialen Iberoamerika gegenüber manchen Regionen Europas unterentwickelt waren, daß andererseits die entwickelteren Gebiete Iberoamerikas durchaus mit den weniger entwickelten Gebieten Europas, etwa Süd- und Osteuropas, Schritt zu halten vermochten, zumindest wenn man die Verhältnisse des 18. Jahrhunderts zugrunde legt. Die tiefgreifende Auseinanderentwicklung zwischen Europa und Iberoamerika erfolgte sicherlich erst im 19. Jahrhundert im Gefolge der Industrialisierung, als Iberoamerika weithin im politischen Chaos versank und die Anpassung an veränderte wirtschaftliche Verhältnisse versäumte. Diese Auseinanderentwicklung ist sicherlich zum Teil durch die während der Kolonialzeit entstandenen Strukturen vorprogrammiert worden, aber eben nur teilweise, und zwar durch Phänomene, die

nur mittelbar auf die koloniale Situation zurückzuführen sind. Als solche negativen Faktoren für die spätere Entwicklung sind zu nennen: 1. die extrem dünne Besiedlung des Subkontinents, der zu Beginn des 19. Jahrhunderts nur knapp 20 Millionen Einwohner zählte und weithin gar nicht besiedelt war. Dies ermöglichte es, daß sozialer, wirtschaftlicher und politischer Druck, der strukturelle Veränderungen hätte auslösen können, zur räumlichen Expansion und zu extensiven Lösungen führte, was ein Fortleben überkommener Strukturen verursachte und wirtschaftlichen und gesellschaftlichen Wandel verhinderte; 2. die Heterogenität der Bevölkerung in rassischer und kultureller Hinsicht, welche die Entstehung bürgerlichen und nationalen Bewußtseins verzögerte, die Marginalisierung weiter Bevölkerungsteile fortleben ließ und die politische, kulturelle und soziale Integration der unabhängigen Völker auf längere Zeit verhinderte. Die politische Instabilität des 19. Jahrhunderts ist sicherlich zu einem guten Teil daraus zu erklären; 3. der vergleichsweise geringere Urbanisationsgrad Iberoamerikas, der moderne wirtschaftliche Entwicklungen zumindest verzögerte; 4. die zahlenmäßige Schwäche der politischen, wirtschaftlichen und kulturellen Führungseliten, was gleichbedeutend mit entsprechend geringeren Innovationspotentialen und Investitionskapitalien ist. Die Folgen der Unabhängigkeitskämpfe und die politischen Wirren der Nachunabhängigkeitszeit haben jedoch die strukturellen Schwächen sicherlich noch erheblich verstärkt, was dazu führte, daß vor allem die hispanoamerikanischen Staaten nach der Emanzipation in vieler Hinsicht schlechter dastanden, als dies ausgangs des 18. Jahrhunderts der Fall war.

Literaturhinweise

Duncan, Kenneth/Rutledge, Ian (Hrsg.): Land and Labor in Latin America. Essays on the Development of Agrarian Capitalism in the 19th and 20th Century. London, N. Y., Melbourne 1977.

Florescano, Enrique (Hrsg.): Haciendas, Latifundios y Plantaciones en América Latina. México D. F. 1975.

Ders. (Hrsg.): Ensayos sobre el desarrollo económico de México y América Latina, 1500–1975. México D. F. 1979.

Konetzke, Richard (Hrsg.): Süd- und Mittelamerika, Band I: Die Indianerkulturen Altamerikas und die spanisch-portugiesische Kolo-

nialherrschaft (Fischer Weltgeschichte, Bd. 22) Frankfurt 1965, [9]1983.
MacLachlan, Colin N./Rodriguez, Jaime E.: The Forging of the Cosmic Race. Berkeley, Los Angeles, London 1980.
Mörner, Magnus: Estratificación social hispanoamericana durante el período colonial. Institute of Latinamerican Studies, Stockholm, Research Paper Series No. 28, Nov. 1980.
Pietschmann, Horst: Die staatliche Organisation des kolonialen Iberoamerika. Stuttgart 1980.
Ders.: Staat und staatliche Entwicklung am Beginn der spanischen Kolonisation Amerikas. Münster 1980.
Stein, Stanley J./Stein, Barbara H.: The Colonial Heritage of Latin America. Essays on Economic Dependence in Perspective. New York 1970.

HANS WERNER TOBLER

Entwicklungstendenzen im 19. und 20. Jahrhundert*

Für den Neuzeithistoriker, der sich mit Lateinamerika beschäftigt, ist eine der Grundfragen natürlich die nach den Wurzeln wirtschaftlich-sozialer Unterentwicklung, die – bei allen Unterschieden innerhalb Lateinamerikas – weite Teile des Subkontinents noch immer charakterisiert. Dies insbesondere auch in markantem Gegensatz zum anderen großen ehemaligen Kolonialgebiet Amerikas, d. h. den britischen Kolonien, aus denen die heutigen USA hervorgegangen sind.
Es stellt sich uns also in einem ersten Teil zunächst die Frage, warum es im 19. und frühen 20. Jahrhundert in Lateinamerika trotz zum Teil beträchtlichen Wachstumsprozessen nicht zu einer strukturellen Umgestaltung der lateinamerikanischen Wirtschaft in eine moderne Industriewirtschaft kam.

Historische Hypotheken der modernen lateinamerikanischen Entwicklung

1) Bezüglich der Grundlagen modernen Wirtschaftswachstums kann man – überspitzt formuliert – sagen, daß Lateinamerika weder die Voraussetzungen für eine autochthone Industrialisierung wie in Westeuropa aufwies noch – was wohl gravierender war – die Fähigkeit besaß, die Herausforderung der westlichen Industrialisierung aktiv aufzunehmen, um diese von außen kommenden Impulse in eine eigenständige, d. h. von den eigenen, nationalen Kräften getragene Industrialisierung umzusetzen, was z. B. anderen

* Das vorliegende Referat ist eine abgeänderte Fassung meines Beitrags »Lateinamerika« zum Band »Wirtschaftliches Wachstum als gesellschaftliches Problem« (K. v. Beyme u. a.), Athenäum Verlag, Königstein 1978, 34–46.

»Spätstartern« wie etwa Japan sowie – längerfristig gesehen – auch Rußland bzw. der Sowjetunion durchaus gelang. In Lateinamerika ist dagegen die erst relativ spät einsetzende Industrialisierung auf einzelne Sektoren bzw. eng begrenzte Regionen beschränkt geblieben und zudem in hohem Maße durch ausländisches Kapital mit entsprechender ausländischer Kontrolle erfolgt.
Zwei eng miteinander verbundene Grundursachen scheinen mir für diese Entwicklung verantwortlich zu sein: einerseits die spezifisch iberisch-koloniale Prägung Lateinamerikas, andererseits die bereits in der Kolonialzeit angelegte und durch die *Independencia* kaum gemilderte außenwirtschaftliche Abhängigkeit.
Im Gegensatz zu den britischen Kolonien Nordamerikas, deren wirtschaftliche Struktur und deren politische, gesellschaftliche und kulturelle Verhältnisse ihnen schon in der Kolonialzeit ein Entwicklungspotential verliehen hatten, das ihnen nach dem Ausscheiden aus dem britischen Reichsverband und nach der geglückten Bundesstaatsgründung der USA ermöglichte, im 19. Jahrhundert wirtschaftliches Wachstum mit struktureller ökonomischer Modernisierung und insbesondere einer erfolgreichen Industrialisierung zu verbinden, fehlten im kolonialen Lateinamerika solche Voraussetzungen.
Aus der Perspektive des 19. und 20. Jahrhunderts erweist sich – wie Stein sehr schön gezeigt hat – dieses lateinamerikanische koloniale Erbe in mehrfacher Hinsicht als besonders entwicklungshemmend. Nicht nur brachte der aristokratische Lebensstil der iberischen und kreolischen Kolonialeliten hier einen markanten sozio-kulturellen Unterschied zu den nordamerikanischen Kolonien, zumindest in ihrem neuengländisch-puritanischen Bereich, hervor; auch der spezifisch lateinamerikanische Großgrundbesitz prägte die koloniale Entwicklung ebenso wie der einseitig auf Edelmetall- und agrarische Rohstoffausfuhr ausgerichtete Außenhandel, der eine extreme äußere Abhängigkeit von den kolonialen Metropolen erzeugte, die – wie der Großgrundbesitz – durch die hauptsächlich politische Unabhängigkeitsbewegung zu Beginn des 19. Jahrhunderts keineswegs überwunden wurde.

2) Es erstaunt deshalb nicht, daß es Lateinamerika während der bedeutsamen Phase der nordatlantischen Industrialisie-

rung im 19. Jahrhundert nicht gelang, aktiv an diesem Prozeß teilzuhaben. Einerseits war es – mit Ausnahme Brasiliens – während der Unabhängigkeitskriege zu einer beträchtlichen Vernichtung von Sachkapital gekommen. Andererseits waren die ersten Jahrzehnte nach der Independencia in der Regel durch bürgerkriegsähnliche Zerrüttungen und damit durch das Scheitern einer erfolgreichen Staatsbildung gekennzeichnet, wie sie in den USA eine wichtige Voraussetzung ihres ökonomischen Aufschwungs im 19. Jahrhundert darstellte. Auch trug die – aufgrund einer seigneurialen Einkommensverteilung – im allgemeinen ungünstige Binnenmarktsituation sowie die überlegene Konkurrenz vorab der britischen Industrie entscheidend zum Scheitern der wenigen punktuellen Industrialisierungsversuche bei, die sich in Lateinamerika in der ersten Hälfte des 19. Jahrhunderts beobachten lassen. Vor allem aber hatte sich in Lateinamerika die traditionelle soziale Elite aus Grundbesitzeraristokratie, Großkaufleuten und Bergwerksbesitzern über die *Independencia* hinweg an der Macht behauptet, eine Oligarchie, die von ihren ökonomischen Interessen her durchaus den traditionellen Produktions- und Exportsektoren verhaftet blieb, also keineswegs an einer strukturverändernden Industrialisierung und einer entsprechenden Schutzzollpolitik interessiert war.

Dies ist zugegebenermaßen eine außerordentlich grobe Skizze der Ausgangsposition Lateinamerikas in der ersten Hälfte des 19. Jahrhunderts, welche die regional sehr unterschiedlichen Entwicklungspotentiale an natürlichen Ressourcen wie auch an sozialer Innovationsdisposition vernachlässigt; für unsere Zwecke scheint sie mir aber insofern ausreichend, als sie doch in hohem Maße den mit dem letzten Drittel des 19. Jahrhunderts einsetzenden »neokolonialen« Charakter modernen Wirtschaftswachstums in Lateinamerika zu erklären vermag. Sowohl das Überleben kolonialer Gesellschaftsstrukturen im Innern wie die ungebrochene Abhängigkeit nach außen ließen nämlich die erneute, »neokoloniale« Eingliederung Lateinamerikas in die Weltwirtschaft, wiederum als Rohstoffproduzent und Absatzmarkt für Industriewaren und zunehmend auch Investitionskapital, gewissermaßen als »natürliche« Reaktion auf die diesmal vornehmlich im Zeichen des britischen *informal imperialism* erfolgende weltwirtschaftliche Integration erscheinen.

Unzweifelhaft hat diese Integration Lateinamerikas in die Weltwirtschaft seit dem späten 19. Jahrhundert in den davon besonders erfaßten Ländern – wie Argentinien, Brasilien, Chile, Uruguay und Mexiko – beträchtliche Wachstumsprozesse ausgelöst und zur Modernisierung der mit der Exportwirtschaft verbundenen Sektoren und Infrastruktur geführt. Erinnert sei hier lediglich an den Aufschwung der brasilianischen Kaffeewirtschaft, an die argentinische Viehzucht und Getreidelandwirtschaft, an die mexikanische Baumwoll- und Sisalproduktion oder an die rasch wachsenden Ausfuhren von Salpeter, Kupfer oder Erdöl aus den Bergwerksgebieten Chiles und Mexikos. Der damit verbundene Eisenbahnbau, die Anlage moderner Kommunikationssysteme, Hafenerweiterungen und Städtewachstum veränderten das Gesicht dieser Länder und erweckten den Eindruck moderner, prosperierender Volkswirtschaften. Das Modell eines auf Rohstoffausfuhr beruhenden »Wachstums nach außen« (*Prebisch*) schien somit – im Zeichen internationaler Arbeitsteilung – durchaus den spezifisch lateinamerikanischen Ressourcen angepaßt zu sein. Es zeigte sich auch, daß seigneuriales Desinteresse an Innovation, Produktivitätssteigerung und verstärkter Kommerzialisierung durchaus *nicht* als eine durchgängige soziale Konstante der lateinamerikanischen Gesellschaft angesehen werden darf, wenn man bedenkt, wie dynamisch z. B. zahlreiche lateinamerikanische Großagrarier auf die neuen Möglichkeiten des Weltmarktes seit der zweiten Hälfte des 19. Jahrhunderts reagierten. Dennoch blieb dieses Modell eines »Wachstums nach außen« letztlich durch die industriellen Zentren der Weltwirtschaft fremdbestimmt. Weder die Industrienationen noch die vom Exportsektor profitierenden nationalen Oligarchien waren an einer stärkeren wirtschaftlichen Diversifizierung, insbesondere an einer autonomen Industrialisierung, interessiert – im Gegenteil. Erst der Zusammenbruch dieser Exportwirtschaften in der Weltwirtschaftskrise der dreißiger Jahre sollte – wie noch zu zeigen ist – zu verspäteten Versuchen einer verstärkten Entwicklung »nach innen« führen.
Aber nicht nur das wirtschaftliche Wachstum im engeren Sinne war in dieser Periode »neokolonial« geprägt; noch deutlicher wird dieser Charakter, wenn man sich den politischen und gesellschaftlichen Auswirkungen dieses wirtschaftlichen Wachstums zuwendet.

3) War in Westeuropa und den USA modernes wirtschaftliches Wachstum zumindest tendenziell mit einer politisch-gesellschaftlichen »Modernisierung« im Sinne zunehmender sozialer Emanzipation und politischer Partizipation der Mittel- und Unterschichten verbunden, so traf dieser Zusammenhang für Lateinamerika im hier interessierenden Zeitraum des späten 19. und frühen 20. Jahrhunderts keineswegs zu; vielmehr wird man von einer spezifisch lateinamerikanischen Variante von »konservativer Modernisierung« sprechen müssen. Das vornehmlich von außen induzierte Wachstum – sei es durch ausländische Kapitalinvestitionen und unmittelbare ausländische Kontrolle über die zentralen Exportsektoren wie in Mexiko, sei es in der mehr indirekten Form der Handels- und Anleihenskontrolle wie in Brasilien und Argentinien – führte zwar, wie erwähnt, zur Modernisierung wirtschaftlicher und infrastruktureller Teilbereiche, durch den ausgeprägten Enklavencharakter dieser Sektoren und angesichts der lediglich marginalen Bedeutung verarbeitender Industrien aber weder zu einer grundlegenden Veränderung der Volkswirtschaft als ganzer noch vor allem zu einer Auflockerung der oligarchischen Gesellschaftsstrukturen und der autoritären politischen Herrschaftssysteme. Im Gegenteil: im Kontext neokolonialer sozio-politischer Verhältnisse stabilisierte diese Form wirtschaftlichen Wachstums die traditionellen Machtverhältnisse, sei es in Gestalt eines oligarchischen Parlamentarismus wie in Argentinien oder Brasilien, sei es in jener einer autokratischen Diktatur wie im Falle der porfiristischen Herrschaft in Mexiko (1876–1911).
Ich will diese lateinamerikanische Variante einer »konservativen Modernisierung« kurz am Beispiel der sozio-politischen Auswirkungen des Eisenbahnbaus im porfiristischen Mexiko illustrieren. Während in den USA z. B. der Eisenbahnbau im mittleren Westen insofern auch sozialprogressive, demokratisierende Auswirkungen zeitigte, als er tendenziell die Kleinfarmer begünstigte, war unter den oligarchischen Verhältnissen Mexikos das Gegenteil der Fall. Hier begannen die mexikanischen Großgrundbesitzer – gestützt auf den Machtapparat der Diktatur und begünstigt durch die verkehrsmäßige Erschließung des Landes durch den Eisenbahnbau – ihre Besitztümer auf Kosten des noch verbliebenen Kleinbesitzes weiter auszudehnen und so auch ihre ökonomische Machtposition zu festigen. Insofern trug

der Eisenbahnbau keineswegs zu einer Auflockerung der starren politischen und gesellschaftlichen Struktur Mexikos bei, sondern stabilisierte sie insofern noch, als er – wie John Coatsworth bemerkt – zwar die »Modernisierung der Produktion von Rohstoffen und Agrarprodukten möglich« machte, aber eben »ohne die Modernisierung der Gesellschaft und ihrer Institutionen«.
Während der ersten Jahrzehnte unseres Jahrhunderts scheiterte allerdings dieses Modell wirtschaftlichen Wachstums und politisch-sozialer Herrschaft; entweder an seinen politisch-gesellschaftlichen Widersprüchen und Spannungen wie vor allem in der mexikanischen Revolution nach 1910 oder dann am Zusammenbruch seiner ökonomischen Basis im Gefolge des dramatischen Zerfalls der lateinamerikanischen Exportsektoren in der Weltwirtschaftskrise der 30er Jahre. Alle Versuche zu einer grundlegenden wirtschaftlichen Neuorientierung wie auch zu einer Veränderung des sozio-politischen Systems blieben allerdings auch in den folgenden Jahrzehnten nachhaltig von dieser historischen Hypothek Lateinamerikas geprägt: dies gilt nicht nur für den Wachstumsprozeß als solchen, sondern vor allem auch für die Zusammenhänge von wirtschaftlichem Wachstum und gesellschaftlich-politischer Organisation.

Wirtschaftliche Entwicklung und gesellschaftliche Auswirkungen seit den 1930er Jahren

1) Allgemein führte in Lateinamerika der Zusammenbruch der traditionellen Exportsektoren in der Weltwirtschaftskrise der 30er Jahre notgedrungen zu verstärkten Anstrengungen einer wirtschaftlichen Entwicklung »nach innen«, die hier vornehmlich die Form der Import-Substitution annahm, also auf die Herstellung der bisher importierten Industriewaren im eigenen Lande ausgerichtet war. Der Zweite Weltkrieg, der die Versorgungsmöglichkeiten Lateinamerikas mit aus Westeuropa und den USA eingeführten Industriewaren weiter einschränkte, verstärkte diesen Trend noch, so daß sich vor allem in den 30er und 40er Jahren in Lateinamerika insgesamt ein rasches Wachstum des industriellen Sektors zu Lasten der zuvor dominierenden Exportsektoren beobachten läßt.

Ohne Zweifel veränderte also die Industrialisierung die zuvor einseitig von den Rohstoffexportsektoren dominierte Wirtschaft nachhaltig; dennoch wäre es meines Erachtens falsch, sie einfach als einen gewissermaßen phasenverschobenen, d.h. lediglich um ein Jahrhundert später einsetzenden, im Kern aber mit der nordatlantischen Frühindustrialisierung identischen Prozeß zu verstehen, von dem – ebenfalls mit einem entsprechenden zeitlichen Abstand – dieselben wirtschaftlichen und gesellschaftlichen Ergebnisse wie in Westeuropa oder den USA zu erwarten wären, wie dies die verschiedenen Spielarten wirtschaftlicher Stadientheorien offenbar annehmen. Denn die tiefgreifenden Unterschiede zum nordatlantischen Raum rühren sowohl von wirtschaftlichen Verschiedenheiten wie auch von einem gewandelten gesellschaftlichen Kontext her, innerhalb dessen sich diese Industrialisierung vollzog und vollzieht.

Die auf Import-Substitution beruhende, also im wesentlichen auf den Aufbau einer Leicht- und Konsumgüterindustrie beschränkte Industrialisierung büßte im allgemeinen ihre anfängliche Dynamik in den 50er Jahren ein. Schon diese erste Industrialisierungsphase hat kaum zu einer *qualitativen* Überwindung der äußeren Abhängigkeit geführt, sondern ist eher durch deren Verlagerung aus den traditionellen Außenhandelssektoren auf die Ebene zunehmender Außenverschuldung, Abhängigkeit von eingeführter Technologie, industriellen Rohstoffen und Halbfabrikaten usw. geprägt gewesen. Diese neue Form der Außenabhängigkeit zeigt sich heute besonders deutlich in jenen ökonomisch weiter fortgeschrittenen Ländern wie Argentinien, Mexiko und Brasilien, denen es – schon wegen der Größe ihres Marktes – gelang, die reine Import-Substitutions-Industrialisierung zu überwinden und in den Bereich der Grundstoffindustrie (Chemie, Metallherstellung usw.) vorzustoßen. Die »modernen« Sektoren dieser Länder haben in den letzten zwei Jahrzehnten, vor allem in den 60er Jahren, bekanntlich ein starkes Wachstum aufgewiesen: in Mexiko hat man vom »mexikanischen Wirtschaftswunder« gesprochen, in Brasilien machten die hohen Zuwachsraten, insbesondere seit dem Militärputsch von 1964, Schlagzeilen in der internationalen Presse. Gerade in dieser jüngsten Phase wirtschaftlichen Wachstums zeigen sich indessen die schon vorhin angedeuteten Formen erneut zunehmender externer

Kontrolle – und damit bis zu einem hohen Grad auch volkswirtschaftlicher Steuerung – besonders deutlich: die dynamischsten Industriesektoren werden immer mehr von ausländischen, zunehmend multinational tätigen Großunternehmen beherrscht, die eine kapitalintensive, arbeitskräftesparende Technologie nach Lateinamerika transplantieren; insofern ist auch eine deutliche Verlagerung der ausländischen Investitionen in den letzten Jahrzehnten eingetreten von den traditionellen Anlagegebieten der Landwirtschaft, des Bergbaus und der öffentlichen Dienstleistungen (*public utilities*) in den Bereich der verarbeitenden Industrie, des Handels, der Banken usw. Gleichzeitig hat auch die Außenverschuldung von Ländern wie Mexiko und Brasilien gewaltig zugenommen; in Mexiko z. B. ist die äußere Staatsschuld von 2,7 Mrd. US-$ im Jahre 1967 auf 20 Mrd. US-$ 1976 und auf etwa 80 Mrd. US-$ in den frühen 80er Jahren angestiegen. Die brasilianische Schuldenproblematik ist heute ja in aller Munde.
Bei aller unübersehbaren Veränderung ihrer äußeren Formen ist jedenfalls die externe Abhängigkeit im Kern kaum wesentlich abgebaut worden. Welches sind nun aber die gesellschaftlichen Auswirkungen dieser jüngeren Wachstumsphase?

2) Ohne Zweifel ist ein Hauptproblem dieser Entwicklung die Tatsache einer nur ungenügenden Absorption von Arbeitskräften durch die neuen Industriesektoren. Dieses Faktum ist im Zusammenhang mit der allgemeinen gesellschaftlichen Entwicklung Lateinamerikas in diesem Jahrhundert zu sehen, dessen zwei wichtigste Merkmale mir das hohe allgemeine Bevölkerungswachstum und die starke Landflucht aufgrund der verschärften ländlichen Krise – z. T. wegen der Aufrechterhaltung des Großgrundbesitzes – zu sein scheinen. Beide Faktoren haben zu einer explosionsartigen und – gemessen am wirtschaftlichen Entwicklungsniveau – verfrühten Verstädterung geführt und den Druck auf außerlandwirtschaftliche Arbeitsplätze enorm verschärft. Gerade diese Arbeitsplätze aber hat der zunehmend kapitalintensive moderne Industriesektor nur in ungenügender Zahl bereitstellen können. Zwar wuchs der Anteil der eigentlichen Fabrikarbeit an der Gesamtbeschäftigung in den letzten Jahrzehnten, aber infolge der teilweisen Vernichtung von gewerblich-handwerklichen Arbeitsplätzen durch die Indu-

strialisierung hat der Anteil der gewerblich-industriell Beschäftigten insgesamt an der ökonomisch aktiven Bevölkerung außerhalb der Landwirtschaft seit den 20er Jahren nicht zu-, sondern abgenommen, zwischen 1925 und 1960 z. B. von 35,4 % auf 27,1 %. Anders ausgedrückt: von den insgesamt 35,7 Mio. Menschen, die in Lateinamerika zwischen 1925 und 1960 neu auf den Arbeitsmarkt drängten, verblieben 12,2 Mio. innerhalb des Agrarsektors, während von den übrigen 23,5 Mio. lediglich 5,3 Mio. eine Anstellung im gewerblich-industriellen Sektor fanden; 18,2 Mio. Menschen wurden aber in andere städtische Tätigkeiten abgedrängt, d. h. vor allem in den aufgeblähten und zum großen Teil unproduktiven Tertiärsektor, z. B. als unter- oder halbbeschäftigte Losverkäufer, Schuhputzer, Kleinsthändler usw.

Es zeichnet sich hier das wohl gravierendste gesellschaftliche Problem der lateinamerikanischen Gegenwart ab: rasches Wachstum der »modernen« Sektoren bei zunehmender Marginalisierung wachsender Bevölkerungsteile im Sinne ihres Ausschlusses von voller wirtschaftlicher und sozialer Partizipation an der nationalen Entwicklung. Nun könnte man allerdings einwenden, daß auch in der europäischen Frühindustrialisierung diese zunächst mit einem wachsenden Pauperismus verbunden war, bevor die sich entfaltende Industriewirtschaft die sozialen Probleme von Armut und Arbeitslosigkeit auf gesamtgesellschaftlicher Ebene überwand und zu einer – historisch gesehen – beispiellosen Wohlstandssteigerung geführt hat. Die Übertragung einer analogen Erwartung auf Lateinamerika scheint mir aber fragwürdig: die zunehmend kapitalintensive, also arbeitskräftesparende oder gar Arbeitskräfte freisetzende Technologie im modernen Sektor im Zusammenhang mit einer viel rascher wachsenden Gesamtbevölkerung und gravierenderen Problemen im ländlichen Raum als zur Zeit der europäischen Frühindustrialisierung, lassen eine solche optimistische Erwartung m. E. kaum zu. Darauf weist auch der in den letzten Jahrzehnten eher vertiefte als eingeebnete Graben zwischen einer privilegierten Bevölkerungsminderheit im »modernen« Sektor und einer wachsenden Zahl von »Marginalisierten« hin.

Bisher wurden vor allem einige Problembereiche der wirtschaftlichen Entwicklung und ihrer gesellschaftlichen Auswirkungen betrachtet. Abschließend soll nun noch ein Bereich kurz angeschnitten werden, der mit dieser Entwicklung, aber auch mit dem spezifischen historischen Erbe Lateinamerikas eng zusammenhängt: nämlich der politische Bereich, die Entwicklung des Staates.
Es wurde einleitend darauf hingewiesen, daß sich im 19. und frühen 20. Jahrhundert in Lateinamerika – im Unterschied etwa zu den USA – keine demokratischen Verhältnisse entwickelten. Vielmehr wird man in dieser Zeit – bei allen Unterschieden der Regierungs- und Verfassungsformen im einzelnen – von oligarchischen Herrschaftsformen sprechen müssen, in welchen nur eine kleine gesellschaftliche Elite an politischen Entscheidungen partizipierte.
Diese traditionelle Oligarchie ist allerdings im Laufe des 20. Jahrhunderts in den meisten lateinamerikanischen Ländern als bestimmende Herrschaftselite abgelöst bzw. verdrängt worden. Zwar haben sich solche Oligarchien in abgewandelter Form zum Teil in Zentralamerika halten können oder wurden dort durch Diktaturen ersetzt, die – wie Trujillo in der Dominikanischen Republik oder Somoza in Nicaragua – bis in die jüngste Vergangenheit an der Macht waren. In den großen, bevölkerungsreichen und wirtschaftlich fortgeschrittenen Staaten Lateinamerikas aber – d. h. vor allem im »Cono Sur« (Brasilien, Argentinien, Chile, Uruguay) sowie in Mexiko – wurden die traditionell oligarchischen Staatsformen überall vor oder nach dem Zweiten Weltkrieg durch neue politische Systeme abgelöst, in welchen insbesondere die Mittelschichten größeren politischen Einfluß erlangten und wo zum Teil auch die Unterschichten – in zumeist allerdings paternalistischer Form – in den Staat integriert wurden. Diese neuen Regimes gaben sich meist einen populistischen Anstrich, besonders deutlich etwa im nachrevolutionären Mexiko (seit den 20er Jahren), in Brasilien unter Vargas und seinen Nachfolgern (d. h. seit den 30er Jahren), im peronistischen Argentinien (1943–55) oder etwa im christlichdemokratisch regierten Chile (1964–70). Diese Experimente des Populismus brachten zwar eine gewisse politische Öffnung und verstärkte Organisationsmöglichkeiten auch für die Unterschichten, damit aber auch ei-

nen zunehmenden Druck der breiten Masse auf eine Neuorientierung der Wirtschafts- und Sozialpolitik im Interesse der bisher Unterprivilegierten. Damit trat aber ein Dilemma dieser Länder immer deutlicher zutage. Mit Ausnahme Mexikos hatte keines dieser Länder tiefergreifende gesellschaftliche Reformen, insbesondere keine echte Agrarreform, durchgeführt. Die soziale Problematik blieb also in vollem Umfang bestehen. Auch das wirtschaftliche Potential dieser Länder erlaubte keineswegs eine rasche Erfüllung der wirtschaftlich-gesellschaftlichen Forderungen jener Bevölkerungsmehrheit, die bisher von politischer Einflußnahme weitgehend ausgeschlossen geblieben war. Unter den populistischen Regimes – in Brasilien etwa unter Goulart in den frühen 60er Jahren, in Argentinien während des ersten und des zweiten Peronismus, in Chile unter Frei und Allende – setzte sich deshalb die gesellschaftliche Polarisierung auch in eine scharfe politische Polarisierung um, auf welche die in ihrer Stellung bedrohten Eliten, insbesondere auch das Militär, in all diesen Ländern mit Armeeinterventionen zur Wiederherstellung der etablierten Ordnungen reagierten. Nun bringen diese Militärregimes, die sich ja in den letzten Jahrzehnten stark ausgebreitet haben, zweifellos den wachsenden Trend zu autoritären Staatsformen am unmittelbarsten zum Ausdruck. Aber einerseits wird man gewisse Unterschiede zwischen diesen Militärregimes nicht übersehen dürfen, und andererseits fehlen autoritäre Regierungsformen natürlich auch in zivilen Regimes nicht, wie etwa der Fall Mexikos deutlich macht.
Insgesamt ergibt sich also ein recht düsteres Bild der lateinamerikanischen Entwicklung in den letzten Jahrzehnten. Auch für die absehbare Zukunft wird man angesichts der welt- wie der binnenwirtschaftlichen Probleme in Lateinamerika, der wachsenden gesellschaftlichen Polarisierung und der zunehmenden politischen Verhärtung kaum mit einer grundlegenden Verbesserung dieser Situation rechnen dürfen, so sehr man einen solchen historischen Überblick mit einem optimistischen Ausblick in die Zukunft abschließen möchte.

Literaturhinweise

Coatsworth, John: El impacto económico de los ferrocarriles en el Porfiriato. México 1976.

Furtado, Celso: The Economic Growth of Brazil. Berkeley 1963.

Halperin Donghi, Tulio: Historia Contemporánea de América Latina. Madrid 1969.

Hansen, Roger D.: The Politics of Mexican Development. Baltimore und London 1971.

Lindenberg, Klaus (Hrsg.): Politik in Lateinamerika. Hannover 1971.

Puhle, Hans-Jürgen (Hrsg.): Revolution und Reformen in Lateinamerika. In: Geschichte und Gesellschaft, Zeitschrift für Historische Sozialwissenschaft, 1976 (Jg. 2), S. 143–243.

Senghaas, Dieter (Hrsg.): Imperialismus und strukturelle Gewalt. Frankfurt 1972.

Stavenhagen, Rodolfo (Hrsg.): Agrarian Problems and Peasant Movements in Latin America. New York 1970.

Stein, Barbara H. und Stanley, J.: The Colonial Heritage of Latin America. Essays on Economic Dependence in Perspective. New York 1970.

United Nations (Economic Commission for Latin America): The Process of Industrial Development in Latin America. New York 1966.

PETER LEUMANN

Die katholische Kirche zwischen Anpassung und Widerstand

Wenn eine Kirche sich mit den herrschenden Zuständen einverstanden erklärt, sie zumindest nicht öffentlich angreift, dann erregt das kein Aufsehen. Wenn aber eine Kirche oder eine kirchliche Gruppe sich kritisch mit den gesellschaftlichen Realitäten auseinandersetzt oder gar in Opposition zu den Inhabern der Macht tritt, dann ruft dies Interesse oder Mißtrauen einer breiteren Öffentlichkeit hervor. – Deutlich zu beobachten ist dies seit einigen Jahren in Lateinamerika, wo die katholische Kirche vor allem im gesellschaftspolitischen Bereich in ein starkes Spannungsfeld geraten ist. Die Frage nach ihrer Bedeutung im gesellschaftlichen Wandel Lateinamerikas wird jeden auch nur einigermaßen interessierten Beobachter beschäftigen. Zwar hat die Kirche ihre frühere zentrale Stellung eingebüßt und ist im Verlaufe des 20. Jahrhunderts an den Rand gedrängt worden, doch deutet einiges darauf hin, daß sie wieder vermehrt ins Zentrum gesellschaftlicher Auseinandersetzungen rückt, diesmal allerdings nicht als statische, sondern als dynamische Kraft – gerade in Zeiten, wo jegliche politische Opposition unterdrückt und mundtot gemacht wird.

Lateinamerika – der katholische Kontinent

Beinahe jeder zweite Katholik der Erde ist ein Lateinamerikaner. Um die 300 Millionen Lateinamerikaner sind nominell Katholiken. Dabei ist es allerdings notwendig, den Begriff »Katholizismus« weit zu fassen. Die weitgehende Identität von Kolonisation und Mission und von Staat und Kirche hat einerseits die Kirche in Abhängigkeit des Staates gebracht, andererseits auch die privilegierte Stellung des Katholizismus als Staatsreligion zementiert. Man gab sich schnell mit der Errichtung formaler kirchlicher Strukturen zufrieden, die koloniale Kirche blieb eine importierte Staatskirche, auch weil den Indianern lange der Zugang zu kirchlichen Ämtern verweigert wurde. Die offizielle Kirche war die Kirche der Herrschenden: der Eroberer, der Kolonisten, der spanischen und portugiesischen und später der kreolischen Aristokratie. – Davon zu unterscheiden ist der Volkskatholizismus. Die weitverbreitete Praxis der Massentaufe machte die Indianer zwar formal zu Christen, aber eine Evangelisierung, die ihnen den neuen Glauben verständlich gemacht hätte, unterblieb. Unter dem Deckmantel katholischer Symbole setzten sie ihre eigene religiöse Tradition fort. Es entstanden besondere Formen von Volkskatholizismus: vor allem in Gebieten mit noch stark indianischer Bevölkerung trifft man bis heute die verschiedensten Formen von Synkretismen an, also Verschmelzungen von traditionell-indianischen und christlichen Elementen. Im andinen Bereich wird vielerorts noch zwischen dem von synkretistischen Volksglaubenselementen durchsetzten Katholizismus und der Religion der Indianer, in der der christliche Gott und die Heiligen höchstens gleichberechtigt neben den traditionellen Gottheiten stehen, unterschieden. Oder denken wir an die afro-brasilianischen Kulte: Schätzungen sprechen von gegen 30 Millionen Anhängern, wobei es vor allem die dunkelhäutige Bevölkerung der großstädtischen Favelas ist, bei der sich der irrationale, mystische und okkulte Glaube am stärksten verbreitet hat: Candomblé und Macumba sind die zwei wichtigsten Strömungen dieser aus afrikanischen und christlichen Elementen bestehenden Kulte.

Von 1492 bis 1810, während der Zeit der spanischen und portugiesischen Beherrschung, blieb die katholische Kirche die einzige Vertreterin des Christentums in Lateinamerika. Missionarische Aktivitäten außerhalb der katholischen Kirche wurden erst von den Unabhängigkeits-Regierungen erlaubt. Obwohl die neuen Staatsverfassungen Religionsfreiheit gewährten, blieb die katholische Kirche Staatsreligion. Erst im 20. Jahrhundert fand dann in der Mehrheit der lateinamerikanischen Staaten eine Trennung von Kirche und Staat statt.

Der Protestantismus, der seit dem 19. Jahrhundert in Lateinamerika langsam Fuß faßte, zählt heute vielleicht 5% der Gesamtbevölkerung, wobei vor allem in gewissen Staaten Mittelamerikas eine stark steigende Tendenz festzustellen ist. – Neben den Pfingstkirchen, zu denen sich jeder zweite Protestant in Lateinamerika bekennt, sind es vor allem evangelikal-fundamentalistische Missionen und Sekten, meist von Nordamerika aus gesteuert, die sich im Aufwind befinden. Zwei von ihnen gerieten in letzter Zeit vermehrt in die Schlagzeilen: die Sekte »Verbo«, zu der sich der ehemalige Präsident Guatemalas, Rios Montt, bekennt, und das »Summer Institute of Linguistics« (Instituto Linguistico de Verano), dem in mehreren Staaten Lateinamerikas »wirtschaftlicher, kultureller und sprach-imperialistischer Neokolonialismus« (Zitat aus einer indianischen Anklageschrift) vorgeworfen wird.

Vom korrumpierenden Bündnis mit der konservativen Oligarchie zur sozialen Sensibilisierung

Wie bereits erwähnt, wurde aus der kolonialen Kirche, die eine importierte Staatskirche war, nach der Unabhängigkeit eine Kirche der herrschenden kreolischen Aristokratie. Die Bündnisse mit den gesellschaftlich und wirtschaftlich mächtigsten Schichten wirkten – um den christdemokratischen Ex-Präsidenten Chiles, Eduardo Frei, zu zitieren – »auf die Kirche, um es milde auszudrücken, korrumpierend«. Die traditionelle Verbindung von Kirche und Konservativer Partei verunmöglichte ein Engagement für die breiten Unterschichten. So schrieb der chilenische Erzbischof Casanova 1891: »Das soziale Problem ist entstanden, weil die Armen die Klassenunterschiede nicht als normal und gerecht anerkennen.« –
Vor allem seit den 30er Jahren dieses Jahrhunderts kann man in kleinen katholischen Kreisen eine Erneuerungsbewegung, eine Hinwendung zum Sozialen, erkennen. Aus dem politischen Bereich waren es sozialistische und faschistische Ideen (vor allem aus Italien), die auf einige katholische Führer Einfluß ausübten. Im Bereich der Theologie kamen vor allem Anstöße aus Frankreich, so z. B. der christliche Humanismus von Jacques Maritain. – Vor allem in Chile entstanden aktive katholische Laiengruppen mit ausgeprägtem karitativen Engagement; 1937 prangerten die chilenischen Bischöfe in einem Hirtenbrief soziale Mißstände an;

und 1938 spaltete sich die spätere Christdemokratische Partei von den Konservativen ab und forderte radikale Reformen.
Zu einem endgültigen Aufbruch auf kontinentaler Ebene kam es dann 1955 an der Ersten Lateinamerikanischen Bischofskonferenz in Rio de Janeiro. Hier forderte der chilenische Bischof Manuel Larraín, der vom Poeten Pablo Neruda als »bahnbrechender Bischof« beschrieben wurde, seine Kollegen heraus: »Warum spricht die Kirche nicht? Schweigt sie aus Angst oder Schuld?« – Larraín war aber noch einer von wenigen, die sich dagegen auflehnten, daß die Kirche weiterhin als Hüterin der herrschenden Ordnung in Lateinamerika auftrete und mißbraucht werde. Während dieser Bischof bereits diskret einen großen Landarbeiter-Streik unterstützte, war die Ausrichtung des *CELAM* (Lateinamerikanischer Bischofsrat) noch klar traditionalistisch-konservativ. – Vor allem die Arbeit in verschiedenen Sub-Kommissionen und die hervorragenden Persönlichkeiten einiger fortschrittlicher Bischöfe veränderten die Stoßrichtung langsam. Neben Larraín war es z.B. der damalige Hilfsbischof von Rio de Janeiro, Dom Hélder Câmara, der an der CELAM-Konferenz in Mexiko 1961 engagiert für einen wirtschaftlichen und sozialen Wandel plädierte.
Das Zweite Vatikanische Konzil von Papst Johannes XXIII., 1962–65, und die päpstlichen Sozialenzykliken (v. a. »Populorum Progressio«, 1967) waren Hauptfaktoren, die einen Wandel im Selbstverständnis des lateinamerikanischen Katholizismus auf breiter Basis ermöglichten. Die 600 lateinamerikanischen Bischöfe, die am Vatikanum II teilnahmen, die oft noch in ihren alten Modellen und Denkformen verhaftet waren, blieben weitgehend im Hintergrund, ganz im Gegensatz zu Larraín und Câmara, die das Konzil stark mitbeeinflußt haben. Schon in der Einleitung des Konzildokumentes wird auf den wachsenden Abstand zwischen armen und reichen Ländern hingewiesen, der nicht allein durch Entwicklungshilfe überwunden werden könne, sondern auch grundlegende Änderungen in den Praktiken des Welthandels erfordere. –
In der Praxis zeigte sich eine klare Anlehnung an die in dieser Zeit noch kaum umstrittene Entwicklungsideologie (»desarrollismo«), deren zentrale Stichworte Wirtschaftswachstum und Integration ins Weltmarktsystem waren. Vor allem in Chile, wo 1964 die Christdemokraten unter Frei mit

ihrem von jesuitischen Sozialwissenschaftern inspirierten Entwicklungskonzept einen Triumph errungen hatten, glaubte man das Modell der Zukunft zu sehen.
Nachdem sich die von einer technokratischen Entwicklungsphilosophie inspirierte nordamerikanische »Allianz für den Fortschritt« immer mehr als Fehlschlag erwies und auch die chilenische Regierung Frei mit ihren Reformversuchen steckengeblieben war, kam es zu verschiedenen radikalen christlichen Lösungsversuchen, die allerdings Randerscheinungen im lateinamerikanischen Katholizismus blieben:

- Eine studentische Einheitsfront zwischen Katholiken und Marxisten vor dem Militärputsch 1964 in Brasilien.
- Der Priester Camilo Torres, der sich der Guerilla anschloß und 1966 im Kampf fiel.
- Die Entstehung radikaler Priester- und Laiengruppen, z. B.
  - Priester für die Dritte Welt, Argentinien 1965
  - ONIS, Peru 1968
  - Golconda, Kolumbien 1968
  - Junge Kirche, Chile 1968.

Doch auch von konservativ-reaktionärer Warte aus wurde die Marschrichtung der katholischen Kirche kritisiert. So meinte der brasilianische Bischof Proença Sigaud 1968: »Laßt uns schöne Kirchen bauen. Die Kirche ist der einzige Palast der Armen. In ihrem reichen Haus genießen sie Augenblicke des Glücks und der Schönheit.«
In diesem Zusammenhang ist auch noch die in verschiedenen Staaten verbreitete Laienorganisation »Gesellschaft zur Verteidigung von Tradition, Familie und Eigentum« zu nennen, die sich zum Ziel gesetzt hat, die traditionellen Besitzverhältnisse und Gesellschaftsstrukturen mit christlichen Argumenten zu verteidigen.

Medellín – der Wendepunkt

So fand die 2. Lateinamerikanische Bischofskonferenz in Medellín 1968 unter einem dreifachen Druck statt. Der erste kam von der kirchlichen Basis, wo rebellische Priester- und Laiengruppen von der Amtskirche die radikale und ausdrückliche Lösung aus der Abhängigkeit von der Oberschicht verlangten. Am entgegengesetzten Pol manifestierte sich der Druck von oben: Einflußreiche gesellschaftliche Kreise und einige Vertreter des Episkopates gelangten nach Rom und warnten davor, daß die lateinamerikanische Kirche vom Kommunismus infiltriert werde. Der dritte Druck kam von Papst Paul VI. selbst, der die Konferenz mit einer pauschalen und undifferenzierten Ablehnung der revolutionären Gewalt eröffnete, über die Gewalt der Machthabenden jedoch nichts sagte.

Betrachtet man das Schlußdokument von Medellín, dann fällt auf, wie wenig konservative Elemente darin aufgenommen worden sind. Die Dokumente 1–5, die sich mit der gesellschaftspolitischen, lateinamerikanischen Wirklichkeit befassen, sind von besonderer Brisanz, und sie waren es denn auch, die Nelson Rockefeller, der sich 1969 für Präsident Nixon in Lateinamerika »umsah«, zu folgender Aussage veranlaßten: »Wir müssen vor der lateinamerikanischen Kirche auf der Hut sein; wenn sie die Entscheide von Medellín ausführt, handelt sie gegen unsere Interessen.«

Mittels einer Analyse der Dokumente von Medellín lassen sich die Strömungen innerhalb der Hierarchie und allgemein der Elite der katholischen Kirche um 1968 aufzeigen. In einer Grobeinteilung kann man vier Gruppen unterscheiden:

1) Anhänger eines militanten Traditionalismus – dies sowohl im theologischen und pastoralen als auch im sozialpolitischen Bereich. Diese Gruppe besitzt nur noch wenige Vertreter in der kirchlichen Hierarchie. Hauptverfechter dieser Position sind kleine militante Laiengruppen, die meist aus der Oberschicht rekrutiert werden und die durch Glorifizierung von Autoritarismus, Klerikalismus und lateinischer Liturgie versuchen, einen Katholizismus zu perpetuieren, der die Interessen der ländlichen und z. T. städtischen Oberschicht rechtfertigt. – Diese Gruppe stützt sich heute vor allem auch auf den Traditionalisten-Bischof Lefebvre, der schon mehrmals lateinamerikanische Militärdiktaturen gesegnet hat.

2) Wesentlich größeren Anhang in der Hierarchie genießt die Richtung, deren Vertreter meist als Konservative oder Traditionalisten bezeichnet werden. Von der ersten Gruppe unterscheidet sie die fehlende Militanz, aber sie teilen oft deren Positionen und Ideen. Zwar akzeptieren sie die Verlautbarungen vom Vatikanum II, doch engagieren sie sich

nicht für deren Verwirklichung. Da diese Gruppe zum Beispiel im Episkopat von Kolumbien und Argentinien die Mehrheit besaß, ist es verwunderlich, daß in den Dokumenten von Medellín ihr Einfluß nicht stärker spürbar wurde.
3) Die dritte Gruppe wird in den Dokumenten selber als »desarrollistas« bezeichnet. Sie mißt der Gesellschaftsplanung und wirtschaftlichen Entwicklung großen Wert bei und betont die Notwendigkeit der Integration der marginalen Sektoren der Gesellschaft. Diese Gruppe gemäßigt Progressiver liegt auf der Linie der katholischen Soziallehre, wie sie im Vatikanum II oder in der Sozialenzyklika »Populorum Progressio« dargestellt ist. Zu dieser Gruppe zählte zum Beispiel der größere Teil des chilenischen Episkopates, der unter dem Einfluß jesuitischer Sozialwissenschafter und der christdemokratischen Reformpolitik stand. Die Zukunft sieht diese Gruppe in einem dritten Weg zwischen Kapitalismus und Marxismus.
4) Eine andere Gesellschaftsanalyse wird von der kleinen, militanten Gruppe der »revolucionarios« vertreten. Sie propagieren einen radikalen Wandel in Zielen und Mitteln. Für sie sollte das Volk Subjekt dieses Wandels sein und damit an den Entscheidungen über die Neuordnung der gesamten sozialen Prozesse teilnehmen. Da die kirchliche Lehre zu allgemein und widersprüchlich sei, sollten Entscheidungen in sozialpolitischen Fragen dem einzelnen überlassen bleiben. Die Kirche sollte den Dienst am Volk auch außerhalb der Kirche betonen. Katholiken sollten als Individuen an Aktionen mit Nichtkatholiken teilnehmen und auf einen radikalen Bruch mit kapitalistischen und imperialistischen Strukturen hinarbeiten. Zu dieser Gruppe zählen radikale Priester- und Laienorganisationen (wie zum Beispiel die »Christen für den Sozialismus« in Chile) und einige Bischöfe, vor allem aus dem Nordosten Brasiliens. In der Folgezeit werden sie sich in ganz Lateinamerika um die »Theologie der Befreiung« scharen.
Im Dokument Nr. 2 von Medellín, das unter dem Titel »Frieden« läuft, ist die Spur der Gruppe der »revolucionarios« am deutlichsten. In einer Situationsanalyse werden u.a. folgende Ursachen einer ungerechten Situation, genannt »Unterentwicklung«, aufgeführt:

- Klassenspannungen und interner Kolonialismus (Marginalisierung der Massen, institutionalisierte Gewalt, ausgeübt durch die herrschenden Klassen)

- Internationale Spannungen und externer Neokolonialismus (einseitige ökonomische Abhängigkeit von einem Zentrum, Verschlechterung der »terms of trade«, wachsende Verschuldung, Kapitalflucht etc. und direkte bzw. indirekte Interventionen von Imperialismen irgendwelcher Ideologien)
- Spannungen zwischen einzelnen Staaten Lateinamerikas (übertriebene Aufrüstung)

Eine wichtige Rolle im Dokument spielt auch die »concientización«, die Bewußtwerdung und Selbstorganisation breiter Bevölkerungsschichten. Diese Idee hat ihren Ursprung in den Alphabetisierungskampagnen und der »Pädagogik der Unterdrückten« des Brasilianers Paulo Freire, die den zu Erziehenden zum Subjekt seiner eigenen Entwicklung machen und so befreien will.

In der Frage, wer handelndes Subjekt im Entwicklungsprozeß sein soll, zeigt sich auch der stärkste Unterschied zwischen der 3. und der 4. der vorhin beschriebenen Gruppen, die miteinander das Dokument von Medellín entscheidend geprägt haben. Die »desarrollistas« sehen die politisch und wirtschaftlich Verantwortlichen als Träger der Entwicklung, was von den »revolucionarios« als Paternalismus abgelehnt wird.

Medellín als Wendepunkt – Wendepunkt von einer technokratischen Entwicklungsphilosophie hin zur Theologie der Befreiung. Die zum Teil schon stark abgenutzten Begriffe »desarrollo« und »integración« werden durch neue Schlagworte langsam verdrängt und ersetzt: »dependencia«, »conscientización«, »liberación« – Abhängigkeit, Bewußtwerdung, Befreiung.

Die Beschlüsse von Medellín sind jedoch nur Absichtserklärungen und keine verbindlichen Verpflichtungen. Was mit ihnen geschehen wird, hängt von der konkreten Praxis der einzelnen Bischöfe, Priester und Laien ab. Und hier behielten konservative Vorstellungen und Rückbesinnung auf traditionelle Werte ihren Einfluß.

Die Kirche von unten – Theologie der Befreiung und Basisgemeinschaften

Man kann die Theologie der Befreiung (TdB) nur richtig einordnen und beurteilen, wenn man die historische Entwicklung, die Unterdrückungs- und Leidensgeschichte Lateinamerikas kennt. Aufgrund der weitgehenden Identität von Kirche und Staat geriet die Kirche in Abhängigkeit des Staates. Die Eigenart dieses kolonialen Katholizismus läßt die lateinamerikanische Kirche bis in die Gegenwart eine vom Ausland abhängige Institution sein. Schließlich ließ die durch die Konferenz von Medellín markierte Wende nach einer eigenen Theologie fragen, um das politische Handeln als Befreiung von jeglicher Unterdrückung als christlich zu legitimieren: So will die TdB eine einheimische, lateinamerikanische Theologie sein und die bisherige Abhängigkeit von der europäischen und nordamerikanischen Tradition überwinden. – Es ist auch festzuhalten, daß es sich bei der TdB nicht um eine einheitliche Bewegung handelt, sondern um einen programmatischen, noch bruchstückhaften Entwurf, in dem verschiedene Strömungen festzustellen sind und der in katholischen und protestantischen Kreisen anzutreffen ist. Es kommt dazu, daß die TdB mehr eine gesprochene und gelebte denn eine geschriebene Theologie ist.

Nun zum wichtigsten Vorverständnis: die Theologen der Befreiung argumentieren ganz bewußt und offen von der »Dependenztheorie« her. Es ist hier nicht der Ort, näher auf diesen lateinamerikanischen Erklärungsversuch der Unterentwicklung einzugehen. Die Grundthese der Dependenztheoretiker lautet: Unterentwicklung ist nicht identisch mit Nichtentwicklung, sondern Folge und Teil der weltweiten Expansion der kapitalistischen Produktionsweise. Als Instrument, um die konkreten Probleme zu analysieren und daraus politische Optionen abzuleiten, bedient sich die TdB der Sozial- und Wirtschaftswissenschaft.

Die peruanische Bischofskonferenz stellt in einem ihrer Dokumente das Konzept der »Befreiung« folgendermaßen dar:

»Unsere Befreiung verlangt eine neue Ordnung, in der die Menschen nicht Objekte, sondern Agenten ihrer Geschichte sind; einen Prozeß von Personalisierung und Sozialisierung, der mit sich bringt: eine Bewußtwerdung der aktuellen, ungerechten Strukturen – eine Befähigung der Personen, diesen Strukturen zu widerstehen und die Schaffung neuer Sozialstrukturen, entsprechend den legitimen Hoffnungen und Bedürfnissen der Menschen.«

Wenn wir kurz einen Blick auf die Entstehung der TdB werfen, muß man den peruanischen Priester und Theologieprofessor Gustavo Gutiérrez erwähnen. Vorträge über die Theologie als kritische Reflexion der Praxis und die Armen als soziale Klasse und Träger von Gottes Wort, entstanden Mitte der 60er Jahre, und ein neues politisches Bewußtsein, gefördert auch durch den Tod seines Freundes Camilo Torres, sind die Wurzeln seines grundlegenden Buches »Theologie der Befreiung«.

Drei Ebenen, die sich allerdings gegenseitig bedingen, kann man in der TdB unterscheiden: die wirtschaftlich-politische Aktion als Voraussetzung für eine Befreiung von jeglicher Unterdrückung, der christliche Glauben an die Erlösung als Ermöglichung von Gemeinschaft mit Gott und den andern Menschen und – als Bindeglied – die Utopie (als psychologische und kommunitäre Selbstfindung und Selbstbestimmung des neuen Menschen).

Die TdB ist in Lateinamerika, vor allem aber auch in Europa unter starken Beschuß geraten, ein abgewandelter Marxismus zu sein. In diesem Zusammenhang muß man klar feststellen, daß Begriffe wie Revolution, Sozialismus und Marxismus bei uns in Europa und in Lateinamerika oft vollständig verschiedene Assoziationen und Emotionen hervorrufen. – Aufgrund der negativen Erfahrungen mit dem Kapitalismus in Lateinamerika bedeutet Sozialismus dort vor allem Kritik am Kapitalismus. Befreiungstheologen bezeichnen den Sozialismus als »historische Utopie« oder als »Negation der negativen Erfahrungen«. Die Forderung nach einem eigenständigen, lateinamerikanischen Sozialismus wird von den Befreiungstheologen allgemein betont. Verschiedene Befreiungstheologen bedienen sich der marxistischen Methode für eine Situationsanalyse, ohne damit gleich die marxistische Ideologie als Gesamtes zu übernehmen. Und wie auch bei der »Revolution«, so gilt auch beim »Sozialismus«: es geht nicht um ein Modell, das gesucht wird, sondern um einen Prozeß, der durchschritten werden muß.

Kommen wir noch kurz auf die Basisgemeinschaften zu sprechen – man kann sie wohl als eine Konkretion der TdB bezeichnen. Im Laufe der 60er Jahre entstanden Initiativ-

und Spontangruppen, Zeichen des erwachenden Selbstbewußtseins der Laien, vor allem nach dem 2. Vatikanischen Konzil: eine Antwort auf die gesellschaftliche und kirchliche Strukturkrise. Es ist wohl kaum ein Zufall, daß die ersten Basisgemeinden im Nordosten Brasiliens entstanden, wo Paulo Freire seine Bewußtseinsbildungsmethode entwickelt und erstmals angewendet hat. Spätestens seit Medellín stand dann die Forderung nach Basisgemeinschaften im Mittelpunkt der Erneuerung der Kirche. Vordergründig war es das Problem der hohen Zahl von Priester-Austritten, das die Bildung relativ autonomer christlicher Basis-Laiengruppen forderte. 1968 hatten z.B. in Chile 200 einheimische Priester, das sind mehr als 10%, das Priesteramt verlassen und nur zwei waren neu ordiniert worden. – Für das Interesse, gerade auch der Befreiungstheologen, an kleinen, homogenen Gruppen von Christen als Zellen des kirchlichen Lebens gibt es weitere Gründe:

- Kritik am traditionellen Katholizismus und seiner formalen Verwaltungsstruktur, die keine echte Evangelisierung der Massen ermöglicht.
- Einsicht in den Zusammenbruch der traditionellen Gesellschaft, der die Voraussetzungen einer »katholischen Kultur« weitgehend zerstörte.
- In einer »Kirche der Armut«, wie sie den Befreiungstheologen vorschwebt, die den Kampf der Unterdrückten zu ihrem eigenen macht, spielt die Basisgemeinde eine zentrale Rolle in der Bewußtseinsbildung. Sie ist die neue Verkörperung der Kirche im Befreiungsprozeß – religiöse und politische Aufgabe durchdringen sich in ihr.

Die Basisgemeinden sind das grundlegende Fundament einer neuen, dezentralisierten Kirche. Während traditionelle Kreise die Gefahr von Autoritätsverlust der Kirche und ihrer Hierarchie und die Entwicklung einer »unterirdischen Kirche« sehen, werden sie von progressiven Bischöfen und Priestern als erfreuliche und zukunftsträchtige Neuerscheinung im Katholizismus gefördert.

Es gibt heute eine Vielfalt kirchlicher Laiengruppen, die alle unter dem Begriff »Comunidad de base« subsumiert werden: Bibelgruppen, prophetische Gruppen, Untergrundkirchen, Bauernligen, Selbsthilfegruppen in Elendsquartieren etc.

Versucht man, die Gemeinsamkeiten aller Basisgemeinschaften zusammenzufassen, kann man folgende Punkte erwähnen:

- Es sind natürlich gewachsene Gemeinden, die dort entstehen, wo die einfachsten Voraussetzungen für eine Gemeinschaft gegeben sind wie die Nachbarschaft, der gemeinsame Beruf bzw. das gemeinsame Ertragen der Arbeitslosigkeit und die gemeinsame Not. – Es sind kleine Gemeinden, so groß, daß man einander kennt und in persönlicher Weise miteinander verkehren kann. – Dank der Homogenität der Gruppen (Gleichheit des Milieus, der Sorgen, der Ziele) ist die Beständigkeit der Gemeinden gesichert.
- Es handelt sich um dezentralisierte Gruppen. Man trifft sich in den Wohnungen der einzelnen Gemeinde-Mitglieder, möglichst da, wo man sich sonst auch trifft. Und dorthin geht auch der Pfarrer hinaus. – Allerdings trägt sich die Basisgemeinde selbst, sie steht und fällt nicht mit dem Pfarrer. Das Gemeinschaft-Sein selbst ist das tragende Element.
- Die Bibel nimmt einen zentralen Platz ein. Die Zusammenkünfte werden fast stets von einer Schriftlesung eingeleitet, wobei man das Gelesene dann gemeinsam kommentiert und auf seine eigene Situation anwendet.
- Die Basisgemeinden überwinden den Individualismus. In ihnen ist Christ-Sein und Gemeinde-Sein identisch.
- Die Basisgemeinden überwinden die Resignation. Man fühlt sich nicht mehr überflüssig und sieht konkrete gemeinsame Aufgaben und Ziele.
- Die Basisgemeinden überwinden den Institutionalismus: primär ist nicht die Struktur der Kirche, sondern ihr Lebendigsein.
- Die Basisgemeinden nehmen dem Katholischen den Geruch des Fremden, den es in Lateinamerika eigentlich nie verloren hat. Sie zeigen, daß man christlich werden und doch sich selbst bleiben kann.
- In den Basisgemeinden nehmen die Frauen eine aktive, zentrale, ja dominierende Stellung ein – die Basisgemeinschaften sind damit auch Mittel im Kampf der lateinamerikanischen Frau um Befreiung aus sie diskriminierenden, traditionellen Strukturen.

Was 1968 in Medellín auf kontinentaler Ebene proklamatorisch formuliert worden war, galt es nun auf der Ebene der Landes- und Ortskirchen zu konkretisieren. Doch die Umsetzung von Medellín in die Praxis erwies und erweist sich als schwieriges Unterfangen. Kirchen und Christen, die sich auf den Weg in die von Medellín vorgezeichnete Richtung machten, wurden in den meisten Staaten Lateinamerikas einer starken Repression ausgesetzt. Dazu kam es im Verlaufe der 70er Jahre zu einer wachsenden Distanzierung zwischen Teilen der Basis der Kirche und Teilen der kirchlichen Hierarchie. Erst an der 3. Lateinamerikanischen Bischofskonferenz 1979 in Puebla gelang es, eine zumindest oberflächliche Übereinstimmung der zwei Hauptströmungen zu erreichen. Was viele kritische Beobachter befürchtet hatten, daß in Puebla die Hoffnungszeichen, die in Medellín unter dem Stichwort »Befreiung« gesetzt worden waren, zurückgenommen würden, trat nicht ein. Zwar befleißigte man sich einer äußerst vorsichtigen Ausdrucksweise und erwähnte die Theologie der Befreiung nicht explizit, doch wurde nicht hinter Medellín zurückbuchstabiert, und den inzwischen mehr als 120000 Basisgemeinschaften wurde zentrale Bedeutung eingeräumt. Ganz allgemein wurde in den Dokumenten von Puebla ein großer Interpretationsspielraum eingesetzt, der dann einen Konsens zwischen progressiven und konservativen kirchlichen Kreisen ermöglichte.
Beim abschließenden Versuch, einige Schlaglichter auf die gegenwärtige Situation der katholischen Kirche in Lateinamerika zu werfen, muß betont werden, daß gesamtkontinentale Betrachtungen wenig aussagekräftig sind. Die Besonderheiten eines jeden Landes und seiner Kirche müssen berücksichtigt werden, und auch innerhalb eines Staates oder einer Region sind stärkere Spannungen die Regel. – Eine Verallgemeinerung ist eventuell zulässig: Innerhalb der lateinamerikanischen Kirche zeichnet sich ein immer breiterer Konsens ab, die Menschenrechte eindeutig als Grenze und Kriterium anzuerkennen, wo die politische Neutralität der Kirche aufhören muß. Gerade in Zeiten, wo die Kirche die einzige wirksame Opposition zu repressiven Regierungen ist, wo eine Ideologie der »Nationalen Sicherheit« als moralisches Alibi für Menschenrechtsverletzungen herhalten muß, haben sich auch konservative Kirchenfüh-

rungen wie z. B. diejenigen von Argentinien und Mexiko zu erstaunlicher Kritik an den Regierungen ihrer Staaten entschlossen.
So übte die argentinische Bischofskonferenz Ende Juni 1981 ungewöhnlich scharfe Kritik an der Militärregierung des Landes. Sie warf ihr »rechtswidrige Unterdrückung« vor und äußerte tiefe Sorge über das Schicksal der mehreren tausend Menschen, die seit dem sogenannten »schmutzigen Krieg« gegen linksextreme Untergrundkämpfer Mitte der 70er Jahre verschwunden sind. »Bosheit, Haß, Vergeltung, ja Grausamkeit haben die Oberhand über die Gerechtigkeit gewonnen«, erklärten die Bischöfe zur Lage im Land.
Weiterhin als besonders engagiert gelten die Kirchen in Chile und Brasilien, wobei auch ein größerer Teil der Hierarchie sich relativ kompromißlos hinter die Basis stellt. Persönlichkeiten wie der chilenische Kardinal Raúl Silva Henríquez, die brasilianischen Kardinäle Lorscheider und Evaristo Arns oder die Bischöfe Câmara, Fragoso und Casaldáliga, um nur einige wenige herauszugreifen, stellten und stellen sich offen und ohne Kompromisse auf die Seite der Armen und Unterdrückten und schrecken auch nicht vor offener Kritik an den Machthabern zurück.
Der Kardinal von São Paulo, Evaristo Arns, warf im September 1982 in einem Vortrag den Reichen seines Landes vor, die Armen zu verachten und viele von ihnen zu töten. Die Mörder sähen in ihren Opfern nicht menschliche Wesen, sondern »elende Geschöpfe, die ihnen im Wege stehen und ihre Behaglichkeit stören«. Der Kardinal äußerte weiter die Ansicht, die nationalen Konflikte hätten oft ihre Ursachen in internationalen Zusammenhängen. So hätten die Arbeiter, die kürzlich in den Vororten seiner Stadt einen Streik für gerechte Löhne durchführten, den größten Widerstand von den multinationalen Firmen gespürt. Die Kirche müsse sich mit den Armen auf den Weg machen, um gemeinsam mit ihnen die Hoffnung wiederzugewinnen.
Eine enorme Rolle spielen in Brasilien die Basisgemeinschaften, die hier wohl bald eine Zahl von 100000 erreichen werden. Sie bilden mit rund drei Millionen Mitgliedern ein Netzwerk engagierter Bürgergruppen, mit dem es keine der noch im Neuaufbau steckenden Parteien aufnehmen kann. Brasilianische Bischöfe, denen der intensive Umgang der katholischen Aktivisten mit der Politik als selbstver-

ständlich erscheint, warnen die Regierung in Brasilia davor, durch Manipulationen der Wahlgesetzgebung die Herrschaft der Regierungspartei abzusichern. – »Wenn die Basisgemeinschaften sich frustriert fühlen, ist es möglich, daß sie mobilisiert werden«, meint der Weihbischof in Rio. – Die Mehrheit der Basisgemeinschaften will nicht mehr nur für Trinkwasser, Strom, Müllabfuhr und Verkehrsmittel in Elendsvierteln streiten, sondern für eine neue Gesellschaft, für einen Machtwechsel in Brasilien kämpfen. – Vor katholischen Bauern erklärte der Präsident der brasilianischen Bischofskonferenz Lorscheider, der Klerus dürfe nicht »mit gekreuzten Armen, im heiligen Frieden Gottes« darauf warten, daß gesellschaftliche Änderungen einträten, sondern müsse selbst dafür kämpfen.
In Chile meldeten sich die Bischöfe vor Weihnachten 1982 einmal mehr unmißverständlich zu Wort. 1976 schon hatte Kardinal Silva Henríquez das Regime Pinochet als »Diktatur nach dem Nazimodell« bezeichnet. In der Weihnachtsbotschaft 1982 fordert nun die Bischofskonferenz Chiles dringend eine politische Öffnung, »bevor die Spannungen zu einer Tragödie führen«. Nach neunjähriger Militärdiktatur, die sich durch »wachsendes Elend, Gewalttätigkeit, Unsicherheit und Angst« charakterisiere, sei »die Rückkehr zur vollen Demokratie, zur Achtung der Menschenwürde und Anerkennung des Werts der Arbeit« dringend notwendig.
Zwar weist auch die chilenische Kirche jene der Kirche Lateinamerikas typische Ambivalenz auf, die es nicht zum Bruch mit dem Regime kommen lassen will. Doch beschränkt sie sich nicht nur auf karitative Arbeit, sondern fordert mit aller Deutlichkeit eine Demokratisierung und unterstützt politisch Verfolgte mit Rechtsbeistand.
Dieses radikale Engagement hat seit Medellín in ganz Lateinamerika schon Hunderten von Priestern und Tausenden von Katecheten und Laien das Leben gekostet. – Einer besonders schwierigen Situation steht die katholische Kirche in den krisengeschüttelten Staaten Mittelamerikas gegenüber. In Guatemala wurden z.B. allein im Mai 1980 drei Priester ermordet, die Provinz Quiché mußte vom Bischof und allen Priestern verlassen werden, viele Christen sehen im bewaffneten Kampf den einzigen Weg.
»Sei Patriot, töte einen Priester«, stand im Jahre 1977 auf vielen Häuserwänden in Städten und Dörfern El Salvadors. –

Im Bürgerkrieg in diesem Land versucht die offizielle Kirche verzweifelt, die Neutralität zwischen den zwei Konfliktparteien zu bewahren, nachdem der Erzbischof von San Salvador, Romero, 1980 vor dem Altar kaltblütig erschossen worden ist. – Doch auch in den meisten andern Staaten Lateinamerikas wurden Priester Opfer meist rechtsextremer Killer, die sich als Verteidiger der christlich-abendländischen Zivilisation bezeichnen.
Der nun stark in den Vordergrund gerückte fortschrittliche, innovative Teil der katholischen Kirche in Lateinamerika darf aber nicht darüber hinwegtäuschen, daß wohl die Mehrheit der Kirche weiterhin relativ traditionell denkt und sich auf die rein seelsorgerische Arbeit beschränkt. – Unterstützt wird dieser Teil der Kirche vor allem auch durch den gegenwärtigen Papst Johannes Paul II. Auf seinen Lateinamerikareisen zeichnete er sich aus durch oft sehr ambivalente, zwiespältige Äußerungen. Die traditionalistische Haltung des Papstes und die Ernennung konservativer Bischöfe durch den Vatikan haben viele engagierte Christen in Lateinamerika verunsichert. – Mit seiner Enzyklika vom September 1981 über Mensch, Arbeit und Kapital, die er wohl im Hinblick auf Polen geschrieben hat, hat der Papst nun allerdings dem progressiven Teil der Kirche eine große Rückenstärkung verschafft.
In einer Zeit gesellschaftlicher Umwälzungen wird sich die katholische Kirche Lateinamerikas wohl entscheiden müssen, auf welche Seite sie sich zu stellen gedenkt.
Ist die visionär und utopisch anmutende Geisteshaltung einer »erneuerten Kirche von der Basis« ein Hoffnungsschimmer für die Zukunft oder zieht sich die Kirche angesichts einer düsteren Zukunft wieder zurück auf traditionelle Positionen?
Ob aus dem Brief, den ich von einem Priester aus den südlichen Anden erhielt, die Stimme eines (unfreiwilligen) Propheten spricht?
»Die Kirche ist praktisch die einzige glaubwürdige Instanz, die den Bauern die schlimmen Folgen der herrschenden Politik aufzeigen kann. – Nur weil man die Rechte der Armen verteidigt, wird man zum Subversiven, zum Kommunisten, zum Gefährlichen (für die Reichen, versteht sich). Der Kampf geht also los, auch hier in Peru, und wird vielleicht so enden wie in El Salvador.«

Literaturhinweise

amnesty international: Kirche in Opposition: Brasilien. Köln 1977.
Brand, Hermann (Hrsg.): Die Glut kommt von unten. Texte einer Theologie aus der eigenen Erde (Brasilien). Neukirchen 1981.
Die frohe Botschaft unserer Zivilisation. Evangelikale Indianermission in Lateinamerika. Pogrom, Nr. 62/63. Göttingen, Wien 1979.
Fernandéz Arlt/Augusto, E.: Kirche und Gesellschaft in Lateinamerika. Texte und Dokumente, hg. durch die Basler Mission, Nr. 2, 1980.
Gilhaus, H./Modehn, Chr.: Hoffnung der Armen. Meitingen 1976.
Gutiérrez, Gustavo: Theologie der Befreiung. München 1973.
Kirche in Lateinamerika. Sondernummer der »Lateinamerika-Nachrichten«. Berlin 1979.
Lange, Martin/Iblacker, R.: Christenverfolgung in Südamerika. Freiburg i. B. 1980.
Lateinamerika – Kirche zwischen Diktatur und Widerstand. Hrsg. von Evangelische Studentengemeinde Essen, o. J.
Lembke, Ingo: Christentum unter den Bedingungen Lateinamerikas. Bern, Frankfurt 1975.
Leumann, Peter: Spannungen innerhalb der Katholischen Kirche Lateinamerikas in soziopolitischen Fragen unter besonderer Berücksichtigung der Entwicklungen in Chile von 1957 bis 1980. Lizentiatsarbeit Universität Zürich, 1981.
Missionsjahrbuch der Schweiz 1977: Aufbruch zur Freiheit. Christliche Botschaft in Lateinamerika.
Prien, Hans-Jürgen: Die Geschichte des Christentums in Lateinamerika. Göttingen 1978.
Schlegelberger, Bruno u. a.: Von Medellín nach Puebla. Gespräche mit lateinamerikanischen Theologen. Düsseldorf 1980.

MARK MÜNZEL

Neue Formen der Opposition bei Indianern

Indianischer Widerstand ist nichts Neues. – Schon Kolumbus bekämpfte Aufstände. Schon Cortez benutzte Gerüchte über einen Aufstandsplan, um Quauhtemoc wegen »Verschwörung« hinrichten zu lassen. Verschiedene lateinamerikanische Länder feiern nationale Heroen, deren Heldentum in der Führung indianischen Widerstandes gesehen wird: Neben dem mexikanischen Quauhtemoc steht der peruanische Tupac Amaru, der chilenische Lautaro, der venezolanische Guaicaipuru ...

Der Anspruch zahlreicher neuerer Entwicklungshilfeprojekte, den Indianern zur »Bewußtseinsbildung«, zum »endlichen Erwachen indianischen Selbstbewußtseins« o. ä. zu verhelfen, sollte darauf hinterfragt werden, ob da nicht manchmal überheblich Eulen nach Athen getragen werden.

Spricht man heute davon, daß die Indianer erst einmal »ihr eigenes Schicksal in die Hand nehmen« und dies damit beginnen müßten, daß sie »als Gruppe für ihr Überleben kämpfen«, so kann dies, wie ein Blick auf die lange Geschichte indianischer Freiheitskämpfe zeigt (s. z. B. Coll 1974, Favre 1978, Moreno-Yánez 1976, Münzel 1978), nicht bedeuten, daß Indianer erstmals zu einem Bewußtsein der Notwendigkeit und Möglichkeit antikolonialer Resistance gelangen. Es ist vielmehr auf einen Wandel der Formen eines schon früher starken Widerstandes zu beziehen.

Auffälligstes Kennzeichen dieses Wandels ist die Anpassung an europäische Organisationsformen des 20. Jahrhunderts, wie Verbandsgründung und Kongresse.

Auch dies ist nicht völlig neu, hat nur in den letzten Jahren viel größere Bedeutung als früher erlangt. Ein wichtiger Vorläufer war die Indianerpolitik Mexikos unter der Präsidentschaft von L. Cárdenas (1934–40).
Dessen Behörde für Indianerangelegenheiten (Departamento Autónomo de Asuntos Indígenas, Vorläufer des Instituto Nacional Indigenista) suchte seit 1935 aus den Dörfern dynamische Führerpersönlichkeiten auszugucken und zu Kongressen zusammenzuführen, die der Gründung überlokaler Verbände in Anlehnung an die Gewerkschaftsbewegung dienen sollten. Dahinter stand der Wunsch, die indianischen Bauernmassen zu einer treibenden Kraft in der revolutionären Gewerkschaftsbewegung zu dynamisieren.
Wie manche Cárdenassche Maßnahme blieb diese Mobilisierung unvollendetes, aber bis heute als Entwurf wirkendes Programm. Es verflachte allerdings mit der Zeit zu einer Reihe von Community-Development-Programmen, bei denen die Partizipation indianischer Promotoren modernisierende Dynamik in die Dorfgemeinschaften tragen und diese den Gewerkschaften zuführen sollte.
Die Veranstaltung von Indianerkongressen wurde zur bürokratischen Pflichtübung mit gewerkschaftlicher Beteiligung: Der 1. Kongreß der eingeborenen Zapotekenjugend 1948; der Kongreß der Eingeborenen von Chiapas; der Kongreß der Eingeborenen von Oaxaca und der 1. Kongreß der Eingeborenen von Hidalgo 1950; der 1. Kongreß der Eingeborenen von Mexiko 1950; der 1. Kongreß der Eingeborenen von Guerrero und der 2. Kongreß der Eingeborenen von Chiapas 1952 usw.
Zur in den Kongreßzielen eigentlich angelegten Bildung einer Dachorganisation aller mexikanischen Indianer kam es freilich nicht, da die Confederación Nacional Campesina darin eine mögliche Konkurrenz gesehen hätte – ein Konflikt, der damals schon ganz ähnliche heutige Auseinandersetzungen vorwegnahm. Immerhin bildete sich wenigstens eine der Gewerkschaft nahe indianische Jugendorganisation, die Confederación Nacional de Jóvenes Indígenas, deren wichtigste Leistung nach Eigenangaben die Veranstaltung weiterer Kongresse war.
Mit Blick auf Mexiko gründeten sich auch andernorts indianische Organisationen und Kongresse, z. B. die Corpora-

ción Araucana de Chile, die Federación Ecuatoriana de Indios, die Juventud Indígena Luchadora de San Blás (Panama), der 1. Kongreß der Cuna-Indianer (1941 in Panama), der 1. Kongreß Ketschua-sprachiger Eingeborener Boliviens (1942), der 1. Eingeborenen-Kongreß Boliviens (1945).

Die Bürokratisierung der mexikanischen Revolution einerseits, die weit über brave Eingeborenen-Kongresse hinausgehenden und mehr den gesamtnationalen als den indianischen Gedanken betonenden Revolutionen von 1944 bzw. 1952 in Guatemala und Bolivien andererseits ließen diese erste Welle abebben. Immerhin blieb in Mexiko eine relativ leicht wieder zu belebende Grundstruktur erhalten, auf der heute die neue mexikanische Indianerbewegung aufbaut.

An die Cárdenas-Periode erinnert die heute typische Spannung zwischen offiziösem Bürokratismus und einer am linken Rand der Gewerkschaftsbewegung beheimateten Opposition. Diese Spannung, die ja nicht nur in der mexikanischen Indianerpolitik, sondern überhaupt bei Versuchen der Massenmobilisierung in Mexiko zu beobachten ist, wurde seit dem »1. Nationalen Eingeborenen-Kongreß« 1975 (der, wie wir sahen, gar nicht der erste war, dessen Benennung aber die Ideologie ausdrückt, derzufolge die Indianer heute »erstmals erwachen«) immer deutlicher und kennzeichnet auch die Vereinskonflikte in Verbänden und auf Kongressen zweisprachiger Lehrer in Mexiko vor allem seit dem Nationalen Erziehungskongreß und dem Nationalen Treffen zweisprachiger Lehrer 1976.

Aus diesem Konflikt entwickelten sich konkurrierende Institutionen. Auf der »konservativeren« Seite erwuchs aus den Nationalen Eingeborenen-Kongressen von 1975 und 1977 ein Netz von Räten mit dem Anspruch auf Vertretung der Indianer Mexikos: In jeder indianischen Gemeinschaft soll ein solcher Rat gebildet werden, der Vertreter in den Consejo Supremo, eine Art Parlament der jeweiligen Sprachgruppe, entsendet. Die Consejos Supremos schicken Delegierte in den Consejo Nacional de Pueblos Indígenas, eine Art obersten Indianerrat Mexikos.

Am »2. Nationalen Eingeborenen-Kongreß« 1977 beispielsweise nahmen etwa 5000 Delegierte von 78 Stammesräten oder ähnlichen Institutionen teil. Unter den Delegierten ist der Anteil der Lehrer und der ebenfalls vom Erziehungsministerium abhängigen »Kulturellen Promotoren« sehr viel

höher als unter der indianischen Bevölkerung Mexikos. Weniger stark vertreten, aber doch bemerkbar sind die traditionellen Autoritäten aus den dörflichen Gemeinschaften.
Forderungen und Erklärungen dieser Stammesräte sind regierungskritisch und klingen insbesondere auf den großen Kongressen revolutionär (»wir sind entschlossen, als Campesinos an der Seite der Arbeiter zu kämpfen«, »gegen die in- und ausländischen Unterdrücker«, »die gegenwärtige Situation muß enden, und zwar wenn alle fortschrittlichen Kräfte die Oberhand über die dem historischen Weg der Arbeiter- und Campesino-Klassen feindlichen Tendenzen gewinnen, um endgültig eine Gesellschaft ohne Ausbeuter und mit wahrhaft demokratischem Zusammenleben zu schaffen«), was in Mexiko freilich wenig über den konkreten Inhalt einer Politik aussagt. Gefordert wird eine intensivierte Teilnahme der Stammesräte an der Ausarbeitung und Durchführung der offiziellen Indianerpolitik, eine bessere Sicherung der Landrechte, die Einrichtung eines staatlichen Handelsnetzes für indianisches Kunsthandwerk zur Ausschaltung der Zwischenhändler, hinzu kommt die Unterstützung gewerkschaftlicher Programme (etwa für Lohnerhöhungen).
Dennoch sehen viele Beobachter die Möglichkeit des Steckenbleibens im Verbalradikalismus und der schließlichen Vereinnahmung durch den Bürokratismus der offiziellen Indianerverwaltung. »Alles scheint auf die Herausbildung eines neuen Typus von Indianer hinzuweisen, der im Namen der Mitglieder der Dorfgemeinschaften eine Partizipation an der Politik des mexikanischen Staates fordert. Unter dem Schutz der Confederación Nacional de Campesinos schaffen sie die institutionellen Grundlagen ihrer neuen Organisation, werden sie zu den neuen Indianerfürsorgern ... Alles deutet auf die Assimilierung der Bewegung an den bürokratischen Apparat des mexikanischen Staates.« (Medina 1977)
Auf der anderen Seite stehen gewerkschaftskritische Versuche, dem durch eine »revolutionärere« Organisierung zu begegnen. Diese »linkere« Tendenz geht vor allem von indianischen Lehrern aus, die auch Teil der offiziellen Kongreßbewegung sind oder waren, dort aber den Einfluß des Staates und der (zwar minderheitlichen, aber doch einen »rechten« Hemmschuh darstellenden) traditionellen Dorfautoritäten kritisieren.

Organisatorischer Rahmen der »linkeren« Tendenz wurde die Lehrervereinigung Alianza de Profesionales Indígenas Bilingües. Die Forderungen konzentrieren sich auf den Ausbau des zweisprachigen (spanisch und eine indianische Sprache, anstatt einsprachig spanisch) Unterrichts, bis hin zum Aufbau einer indianischen Universität.

Die Mobilisierung der Waldindianer

In den 60er Jahren ergriffen die Organisierungsversuche zunehmend auch Indianer außerhalb der Regionen bereits jahrhundertelanger europäischer Durchdringung und weitgehender ökonomischer Integration, d.h. außerhalb Mexikos, Mittelamerikas und des Andenraumes.

Als Beispiel sei hier eine der frühesten Neugründungen genannt, die Asociación de Centros Jíbaros 1961 in Ostecuador, eine Vorstufe der heutigen Federación Interprovincial de Centros Shuar: ein Zusammenschluß von Siedlungsgemeinschaften der Shuara, Waldindianer am Rande des Amazonasgebietes, die bis in die Mitte des 19. und in abgelegenen Zonen noch bis ins 20. Jahrhundert praktisch unabhängig gewesen waren.

Ausgangspunkt war in diesem typischen Beispiel ein Kursus, wie er seit Ende der 50er Jahre vielerorts in Lateinamerika für »rurale Promotoren« durchgeführt wurde: 23 als besonders lernbereit und dynamisch geltende junge Männer wurden zusammengerufen und in Fragen des Rechts, der Politik, des Genossenschaftswesens, der Hygiene unterrichtet, mit dem Ziel, daß sie anschließend die neu erworbenen Kenntnisse und Werte in ihre ländlichen Gemeinschaften tragen und dort eine Modernisierung bewirken sollten. Die in diesem Fall ausgewählten Männer waren überwiegend katholische Internatszöglinge, ausgewählt hatten Missionare. Der Kursus bestand aus Vorträgen von Missionaren, ferner von einem Arzt, vom örtlichen Polizeichef und von dem für die Landverteilung in der Region zuständigen Beamten. Während des Kurses wurden die Statuten für eine indianische Interessenvertretung ausgearbeitet.

Die Initiative lag also zunächst eher bei Nichtindianern, insbesondere progressiven katholischen Missionaren, die Unterstützung bei Verwaltungsbehörden fanden, in einer

Phase populistischer, die Mobilisierung der Landbevölkerung unter sozialen Reformen anstrebenden Regierung. Grundlage war eine von der nordamerikanischen angewandten Sozialforschung inspirierte Community-Development-Ideologie mit der Hoffnung, traditionelle, als rückständig empfundene Strukturen durch die Ausbildung dynamischer Promotoren aufbrechen zu können (die man nach der für sie erhofften Rolle unter den Indianern auch mit dem hispanisierten englischen Wort »líderes«, Führer, bezeichnet). Dabei wurden von vornherein auch Forderungen nach sozialen Reformen und nach Sicherung der indianischen Landrechte erhoben.
Die Shuara-Föderation, hervorgegangen aus einer Phase ähnlicher populistischer Regierungspolitik und dabei doch nordamerikanisch geprägter Entwicklungssoziologie, wie sie in Mexiko die Präsidentschaft Cárdenas' kennzeichnete, unterschied sich aber von den Vorgängerorganisationen des mexikanischen Typus in u. a. zwei Punkten:
1. Die Shuara, erst seit kurzem integrierte Waldindianer, besitzen ein stärkeres, geradezu »nationalistisches« ethnisches Bewußtsein als viele mexikanische Indianer, die ja, wenn auch mit sozialen und kulturellen Besonderheiten, seit Jahrhunderten dem größeren Staat angehören. Die Konflikte mit Nichtindianern sind im Shuaraland nicht wie in Mexiko seit Jahrhunderten in Ausbeutungsmechanismen institutionalisiert, sondern rezent und darum von um so akuterer Dynamik. Die Shuara-Föderation war von Anfang an weniger geneigt als viele mexikanische Indianerorganisationen, sich in größere nationale Verbände, etwa die Gewerkschaftsbewegung, einzuordnen – der ethnische Konflikt war hier genauso wichtig oder wichtiger als der soziale.
2. Im Gegensatz zur laïzistischen Tendenz der mexikanischen Gewerkschaftsbewegung steht bei der Shuara-Föderation die Beteiligung katholischer Missionare in der Anfangsphase, und bis heute die Unterstützung von seiten katholischer Institutionen, ferner, daß die indianischen Promotoren meist katholische Missionszöglinge waren. An die Stelle der in mexikanischen Deklarationen üblichen Berufung auf Klassensolidarität tritt in manchen Äußerungen der Shuara-Föderation die Forderung nach Verwirklichung eines neuen, im Grunde christlich verstandenen Menschenbildes.
Später hat sich die Shuara-Föderation zunehmend von der

katholischen Mission emanzipiert (deren religiöse Zone sich aber noch immer in etwa mit der politischen der Föderation deckt – von den protestantischen Shuara haben sich nur wenige der Föderation angeschlossen), geriet sie in Konflikte mit den Verwaltungs- und Militärbehörden (mit denen sie aber einen endgültigen Bruch vermied) und näherte sie sich verwandten Organisationen anderer Indianer an.

Die Kirche als Bündnispartner

In Mexiko selbst ist neben die gewerkschaftsnahe eine linkskatholische Tendenz in der Indianerbewegung getreten. Die Bemühungen um eine Mobilisierung kirchentreuer Indianer gehen vor allem von der Diözese San Cristóbal de las Casas in Südmexiko aus, wo der indianische Bevölkerungsanteil hoch ist.

Ein wichtiger Schritt war hier die von der Diözese organisierte Versammlung von rund 1500 Tzotzil, Tojolabal, Chol und Tzeltal zum 500. Geburtstag von Bischof Bartolomé de las Casas 1974: im Unterschied zu den stärker formalistischen Ratsversammlungen staatlicher Förderung eher eine enthusiastische Massenbegegnung von Basisgemeinden.

In den von kirchlicher Seite gespeisten Darstellungen des Treffens wurde dieser Unterschied heruntergespielt, statt dessen eine Art Parlament mit »Vertretern« der indianischen Völker gezeichnet. Dies steht im Zusammenhang der Konkurrenz kirchlicher Mobilisierungsmaßnahmen zu den älteren staatlichen Organisierungsversuchen: Der Staat hatte bereits vorher Indianerkongresse veranstaltet oder gefördert und war 1974 bei der Vorbereitung des Netzes von Consejos Supremos, die Anspruch auf legitime Vertretung ganzer Volksgruppen erheben. Hier wollte die Kirche wohl nachziehen. Auch der Papstbesuch in San Cristóbal 1979 ordnete sich wohl in das kirchliche Bemühen ein, die Indianer außerhalb des staatlich-gewerkschaftlichen Apparates zu organisieren.

Natürlich ist der kirchliche Einfluß dort besonders groß, wo er auf einer Tradition mächtiger Mission aufbaut, und wo die Organisierung der Indianer nicht von anderen Institutionen betrieben wird. Das gilt insbesondere für Brasilien. Die neue Indianerbewegung war hier anfangs fast ganz kirchen-

gebunden. Der für die Indianerarbeit der Katholischen Kirche Brasiliens zuständige Conselho Indigenista Missionário (CIMI) und die Jesuitenmission Missão Anchieta haben seit 1974 eine Reihe von Indianerkongressen organisiert. Seit der »3. Versammlung eingeborener Häuptlinge«, 1975 in Meruri, sind diese nicht mehr in erster Linie das offizielle Werk der Missionare, sondern gehen sie von der Initiative von Indianern aus. Doch kommen letztere fast ausschließlich aus von katholischen Missionen betreuten Zonen, und liegen Finanzierung, Auswahl des Versammlungslokals, Transport dorthin u. ä. noch immer in Händen der Missionare.
Innerhalb der Katholischen Kirche Brasiliens repräsentiert der CIMI eine Fraktion für Unterstützung indianischen Widerstandes und für eine missionarische Theologie der Befreiung. Er gibt eine Zeitschrift, »Porantim«, heraus, die sich bis April 1979 als CIMI-Organ deklarierte, seitdem aber ein neutraleres Gewand angenommen hat und nun eher wie eine Zeitschrift der Indianerbewegung wirkt.
Gegenüber der kirchlichen Bewegung sind in Brasilien andere, parallele Versuche zurückgeblieben. Der wichtigste war der von den Reservatsverwaltern Brüder Vilas Bôas initiierte Indianerkongreß im Xingu-Reservat 1974.

Anthropologen als Bündnispartner

In Mexiko war die Betreuung indianischer Gemeinschaften seit Cárdenas eng mit wissenschaftlicher Begleitung verflochten. Dabei bekannten die Anthropologen sich seit den 40er Jahren zu der nordamerikanisch inspirierten »Angewandten Anthropologie« (einem konservativeren Vorläufer der heutigen Aktionsanthropologie), die eine damals noch sehr integrationistisch verstandene gesellschaftliche Verantwortung des Indianerforschers postulierte. Viele Anthropologen unterstützten auch schon früh den Gedanken indianischer Organisationen nach dem Vorbild moderner Lobbyverbände.
Für die Tiefländer des östlichen Südamerika wurde ein derartiges, nun aber stärker von Gedanken der europäischen Studentenrevolte und der lateinamerikanischen Linken der 60er Jahre geprägtes Engagement der Wissenschaftler vor

allem seit der vom Anti-Rassismus-Programm des Weltkirchenrates finanzierten »Konferenz von Barbados« 1971 relevant. Damals trat ein Konzept von Aktionsanthropologie hervor, demzufolge der Anthropologe sich in den Dienst des indianischen Befreiungskampfes stellen, »die kolonisierten Völker mit den Fakten und Interpretationen über sich selbst und ihre Kolonisatoren versorgen« soll.
In der Folge wurde hieraus immer stärker ein Engagement speziell für den organisierten indianischen Widerstand der Verbände und Kongresse (schon in der »Erklärung von Barbados« 1971 war wohl vor allem an ihn gedacht, wenn von der Unterstützung der »Anfänge einer pan-lateinamerikanischen Bewegung« die Rede war), oft in Zusammenarbeit mit kirchlichen Projekten.
Einer der Teilnehmer der Barbados-Konferenz beispielsweise, der paraguayische Anthropologe M. Chase Sardi, begründete das teils aus der US-Entwicklungshilfe, teils aus europäischen kirchlichen Quellen finanzierte Marandú-Projekt (1973–75). Es begann mit Kursen für ausgewählte Indianer (nach einem ganz ähnlichen Muster und mit ähnlichen Zielen wie z. B. der oben erwähnte Kurs von 1961 am Anfang der Shuara-Föderation) und ging dann weiter mit Vorträgen in den indianischen Siedlungen selbst über rechtliche, politische und medizinische Fragen. Bestand das Direktorium des Projekts anfangs aus Wissenschaftlern, so wurde bald eine neue Organisationsstruktur geschaffen, in welcher diesen Nichtindianern zumindest theoretisch ein indianisches Direktorium übergeordnet wurde. Aus diesem ging nach dem vorläufigen Ende des Marandú-Projekts (infolge der Verhaftung von Chase Sardi) die Asociación de Parcialidades Indígenas del Paraguay (Vereinigung eingeborener Stämme Paraguays) 1976 hervor, ein Zusammenschluß von ursprünglich meist durch Anthropologen, teils auch durch Missionare nach unterschiedlichen Kriterien ausgewählten Indianern.

Versuch einer Typologie

Die große Vielfalt indianischer Gesellschaftsformen, Kulturen, Geschichte und heutiger Situationen und Bündnisse bedingt sehr unterschiedliche Einzelfälle.

Ein eher traditionalistischer Typ indianischer Neu-Organisierung ist die Modifizierung hergebrachter Verwaltungsformen, um sie, ohne sie gänzlich aufzugeben, in den modernen Verwaltungsapparat einzufügen. Die 6000 Arhuaco in Nordkolumbien, traditionell unter einem gemeinsamen Oberhaupt in etwa 65 Dorfgemeinschaften organisiert, in deren Verwaltungsstruktur nicht-christliche Priester neben demokratisch gewählten Dorfältesten stehen, verlangen heute die Anerkennung dieses Systems als Teil des administrativen Aufbaus Kolumbiens, und innere Autonomie für ihre Region.
Ziel solcher von den traditionellen Autoritäten angeführten Bemühungen ist die Erhaltung dieser Autoritäten, in engem Zusammenhang mit der Bewahrung traditioneller Kultur, im Fall der Arhuaco z. B. der autochthonen Religion. Autoritäten und Kultur werden gleichzeitig als Garanten des Landbesitzes der indianischen Bauern herausgestellt. Im Fall der Arhuaco ist der Landbesitz einerseits vor ihren eigenen Augen religiös (nicht-christlich) begründet, andererseits vor dem kolumbianischen Gesetz an die traditionelle Dorfgemeinschaft gebunden. Dieser Typus beruht auf starken, meist hierarchisch gegliederten Dorfgemeinschaften und ist manchen heutigen Missionaren zu konservativ.
Schon weniger traditionalistisch, aber doch von überkommenen Strukturen nicht zu trennen sind Organisationen, die traditionelle Gemeinschaften mit dem Ziel zusammenschließen, einerseits nach außen eine Interessenvertretung nach dem Vorbild moderner Lobbyverbände oder Gewerkschaften zu bilden, andererseits nach innen im Sinne einer Modernisierung zu wirken.
Zu diesem Typ gehört der von der Gewerkschaftsbewegung abgespaltene CRIC (Consejo Regional Indígena del Cauca), ein Zusammenschluß zahlreicher, vor allem aber der modernistischeren Dorfgemeinschaften in Südkolumbien. Er baut auf der vorgegebenen Dorfstruktur auf, deren Ökonomie er aber genossenschaftlich umwandeln will – was einen radikalen Bruch mit der bisherigen ökonomischen Ordnung bedeutet.
Auch hier geht es um Landbesitz, oft um Rückgewinnung geraubten Landes. Lateinamerikanisches Recht ermöglicht oft Inbesitznahme fremden Bodens, so nachgewiesen ist, daß dieser nicht von seinem bisherigen Eigentümer, wohl aber vom neuen Besetzer im Sinne ökonomischen Fort-

schritts genutzt wird. Indianischen Gemeinschaften mit ihrer Tendenz zur Subsistenzwirtschaft wird nun oft unterstellt, sie nutzten Land nicht im fortschrittlichen Sinn – es sei denn, sie weisen die Gründung einer Genossenschaft und Modernisierungsmaßnahmen nach, die Überschußproduktion und damit Marktintegration fördern. Für den indianischen Kleinbauern, ohne Erfahrung und Kapital für individuelle Produktionssteigerung, ist die Genossenschaft mit ihrem leichteren Zugang zu Krediten und auswärtiger Beratung oft der einzige Weg zum erwähnten Recht auf Inbesitznahme ungenutzten Landes.

Organisationen wie der CRIC entsprechen Notwendigkeiten einer Situation, in der indianische Kleinbauern einerseits eine funktionierende Dorfstruktur besitzen, die nun zur Basiszelle des Verbandes wird, andererseits aber im Vergleich zu nichtindianischen Nachbarn ökonomisch »rückständig« sind und deshalb Nachteile in der Landbesitzfrage erleiden.

Kulturelle Programmpunkte wie der zweisprachige Schulunterricht werden zwar mit dem gesonderten indianischen Identitätsbewußtsein begründet und sollen es bestärken, können aber oft ebenso einer im Hinblick auf größere ökonomische Effizienz nützlichen Ausbildung dienen (wenn sich z. B. gezeigt hat, daß der nur spanischsprachige Unterricht wirkungslos bleibt, da die Kinder ihm nicht folgen).

Einen weniger in traditionellen Strukturen wurzelnden Typus zeigen Organisationen, die unabhängig von den bestehenden Gemeinschaften und Verwaltungseinheiten, quer zu ihnen, ähnlich einer politischen Partei Anhänger einer bestimmten Richtung zusammenzufassen suchen. Hier tritt die Basisdemokratie der Gemeinschaften ebenso wie eine etwa vorhandene traditionelle Hierarchie hinter den individuell bestimmten Gefolgschaften des Caudillo-Systems zurück.

Im Konflikt mit etablierten Traditionshütern in den Dorfgemeinschaften arbeiten solche Gruppierungen oft nicht auf lokaler, sondern auf überregionaler Ebene, wo sie gerade mit der Forderung nach einem radikalen Neubeginn (»Erwachen«) eher Unterstützung beispielsweise bei progressiven Anthropologen oder Missionaren finden.

Diese Organisationen leiden manchmal unter geringer Basisverwurzelung, da die führenden Köpfe nicht selten Außenseiter in ihren Dörfern sind. Gerade sie haben anderer-

seits einen um so schärferen Blick für das Problem der Zersplitterung vieler indianischer Völker.
So sind etwa in der paraguayischen Indianervereinigung weniger Basisgemeinschaften als Außenseiter (der wichtigste Mann war lange Zeit ein Mischling, der wegen seiner Position zwischen den Völkern dem auswählenden Anthropologen hatte als Dolmetscher dienen können), dennoch ist unbestreitbar, daß gerade diese Randfiguren einen Zusammenschluß erreichten, der den zerstrittenen Dörfern und Weilern von sich aus kaum so bald möglich gewesen wäre.
Die 1980 gegründete União das Nações Indígenas do Brasil, der nach einer in der deutschen Presse geglaubten AFP-Meldung 1981 »bereits Indio-Stämme des südlichen Mato Grosso, des Amazonasgebietes und von Maranhao im Nordosten angehören«, bestand zum Zeitpunkt dieser Meldung aus 15 indianischen Schülern bzw. Studenten in Brasília, die zwar aus den genannten Regionen kamen, dort aber noch keinen Stamm hinter sich gebracht hatten.
Die Programme solcher Organisationen sind unterschiedlich, kreisen aber oft um den Aufbau einer überregionalen parteiähnlichen Organisation der Indianer und um die Beseitigung der durch die interne Stärke indianischer Gemeinschaften begünstigten Absonderung nach außen, des dörflerischen Eigenbrötlertums vieler Gemeinschaften. Die Forderung nach einem *neuen* indianischen Bewußtsein gewinnt hier an Gewicht, weniger als erstmaliges Erkennen des eigenen Wertes, der Indianität (wie sie oft bei uns verstanden wird), als vielmehr als Überwindung von Traditionen. Erhalten werden sollen weniger politische Strukturen der Indianer, als eine mehr spirituell verstandene Kulturautonomie. Darüber werden auch hier die für die Indianer so wichtigen Landrechte nicht vergessen.

Soziale Aufsteiger

Aus den Beispielen wird deutlich, daß jeweils sehr unterschiedliche Gruppen innerhalb der indianischen Gemeinschaften die neuen Organisationen tragen. Die folgenden Verallgemeinerungen sind deshalb nur mit aller Vorsicht zu lesen.
Am Anfang eines Teils der neuen Bewegung sahen wir das

Bemühen, durch rurale Promotoren eine soziale Mobilisierung rückständiger Gruppen zu erreichen. Solche Programme waren zumindest in ihrem Theorien-Ursprung häufig mit der Vorstellung verknüpft, man schaffe am besten eine neue Schicht von Aufsteigern, die, modern und dynamisch eingestellt, die alten verkrusteten Strukturen aufbrechen könnten.

Die Forderung nach zweisprachigem Unterricht, von Mexiko bis Argentinien ein Kernpunkt der Programme der neuen Indianerorganisationen, teilweise auch schon in einer bislang durchaus erfolgreichen Realisierungsphase, wird von vielen, freilich nicht von allen Indianern geteilt. Eine nicht unbeträchtliche Anzahl Eltern sähen ihre Kinder lieber nur auf Spanisch unterrichtet, und andere würden überhaupt lieber auf Schulunterricht verzichten (s. z. B. Mashinkiash' 1976). Deutlich aber ist der zweisprachige Unterricht den Interessen eines ganz bestimmten Teils der Indianer angemessen: der Lehrer.

Grundschullehrer ist heute vielerorts in Lateinamerika ein Beruf, den junge Indianer relativ leicht ergreifen können. 1970 gab es in Mexiko 3416 »Kulturelle Promotoren« und zweisprachige, d. h. indianische Lehrer. Bis 1976 war ihre Zahl auf 14500 angestiegen (nach Hernández H. 1977), ein Anstieg um 424%. Diese Lehrer bilden vielfach den Kern einer neuen Schicht von Aufsteigern, die sich von ihren Eltern durch höhere, stärker europäisch geprägte Bildung unterscheiden, sich aber gegenüber ihren nicht-indianischen Kollegen wegen der Herkunft aus dem Busch nicht immer leicht durchsetzen können.

Die Einführung zweisprachigen Unterrichts sichert den indianischen Lehrern Arbeitsplätze (denn sie können im Unterschied zu ihren nicht-indianischen Kollegen auch in einer indianischen Sprache unterrichten) und macht sie innerhalb der indianischen Organisationen, die solchen Unterricht in den Mittelpunkt ihres Programms stellen, zu Schlüsselfiguren. Die in manchen Fällen, etwa im Schulsystem der Shuara-Föderation gewählte Methode der raschen Ausbildung zweisprachiger Lehrer ermöglicht einer größeren Anzahl junger Indianer den Aufstieg in die neue Lehrerelite.

Auch die – pionierhaft vorbildliche – Reform des Gesundheitswesens durch die Shuara-Föderation, der Aufbau eines Netzes von einer Art Barfußsanitätern, hat neben dem segensreichen medizinischen Effekt einen Aspekt sozialen

Wandels. Die Barfußsanitäter, aus europäischer Vogelperspektive einfache Waldindianer und damit ein Teil der Massenbasis des indianischen Gesundheitswesens, sind meist junge Leute, die sich von der Masse der indianischen Bevölkerung durch stärkere Anpassung an europäische Standards mehr oder weniger deutlich unterscheiden und die nicht das rein bäuerliche Leben ihrer Väter weiterführen möchten. Indem sie zu einer Art Dorfapotheker mit Funkkontakt zur Zentrale gemacht werden, steigen sie in eine ähnliche soziale Kategorie auf wie der örtliche zweisprachige Lehrer, treten sie aus der bäuerlichen Bevölkerung hinaus.

Die Zielsetzung genossenschaftlicher Organisation setzt voraus, daß Indianer auftreten, die zum Management einer nach europäischem Vorbild gebildeten Einheit fähig sind. An Einfluß wird in der Genossenschaft z. B. gewinnen, wer im Unterschied zur Mehrheit etwas von Buchhaltung versteht. Schließlich verlangen überhaupt die aus Europa übernommenen Formen des Verbands- und Lobbywesens eine gewisse europäische Vorbildung. Die neuen Promotoren müssen etwa mit der Presse umgehen, Anträge auf Finanzierung von Projekten stellen können. In der Regel sind es nicht die alten Führer, welche die neuen Kenntnisse erwerben, sondern hier liegt die Chance für den Aufstieg neuer Führer.

Insoweit die neuen indianischen Verbände anzeigen, daß auch bislang »rückständige« Ethnien in zunehmendem Maß neue Kenntnisse erworben haben, sind sie ein Symptom unvermeidlichen Kulturwandels. Doch heißt das keineswegs, daß das neue Wissen Gemeingut ganzer Ethnien geworden sein muß. Vielmehr löst sich eher aus der weiterhin nicht mit den neuen Kulturtechniken vertrauten Masse eine Minderheit heraus, der diese Techniken zur Distanzierung von der Masse dienen.

In diesem Licht besehen, ist die gerade von der neuen Elite beschworene, idealisierte alte indianische Gemeinschaft mit ihrer Klassenlosigkeit, die angeblich noch immer bestehe und gegen die Weißen verteidigt werden müsse, vielleicht manchmal auch eine ideologische Kunstfigur, die im Gegenteil schärfer werdende soziale Differenzierungen verschleiert. Auch der Appell an das – zweifellos noch sehr lebendige – Bewußtsein der Indianer, eine eigene ethnische Identität zu besitzen, kann hier eine neue Funktion erhal-

ten: Er kann helfen, interne soziale Gegensätze zu überwinden, beispielsweise dem Neid auf soziale Aufsteiger die Spitze zu nehmen. Dabei darf man nicht übersehen, daß die eigene Ethnizität, die auch Indianer unterschiedlicher sozialer Position gegenüber Nicht-Indianern eint, für die meisten Indianer eine unangefochtene Realität bildet, die durch jahrhundertealte Traditionen der Abwehr gegen den Kolonialismus sanktioniert und durch unübersehbare kulturelle Fakten evident ist.
Überhaupt wäre es wohl kurzsichtig, in der indianistischen Rhetorik der neuen Organisationen etwa einen verschleiernden Trick der Aufsteiger zu sehen. Deren Berufung auf Indianisches ist ernst gemeint, wenn es auch freilich oft nur die eine von zwei Seiten ist: Die neue Schicht setzt sich an zwei Fronten auseinander, an der einen mit der Indianerverachtung der Weißen, an der anderen mit der »Rückständigkeit« der sozial schwächeren Indianer. An der einen Front wird der Stolz auf die indianische Herkunft zum Kampfmittel gegen eine weiße Überheblichkeit, die an der anderen Front nach unten weitergegeben wird.

Keine Identifikationsobjekte

Lateinamerika liefert uns in den letzten Jahren Identifikationsobjekte, von Che Guevara über die chilenischen Compañeros bis hin zu den Sprechern indianischer Urweisheit. Auch die indianischen Organisationen sind bei uns ansatzweise zu Kultgegenständen geworden.
Dem versuchte dieser Essay eine nüchterne Analyse entgegenzusetzen, die denjenigen enttäuschen mag, der bei den Indianern die von der Erde ungestörte Seite des Mondes sucht. Auch indianische Interessenverbände vertreten Partikularinteressen.
Eine solche Sicht stößt bei vielen auf Widerspruch, weil man gerne eine ältere Auffassung von Volksgemeinschaft zu den Indianern rettet:
Bei Hegel war das der bestimmte Volksgeist als Individuum im Gang der Weltgeschichte, im deutschen Konservativismus wurde daraus das »Volk« als Kollektivum, das sich durch den Mund einzelner Sprecher oder Führer äußerte. Erstaunlicherweise taucht dieses Kollektivum heute wieder

auf, nun nicht mehr in bezug auf unsere eigenen Gesellschaften, sondern in Berichten aus Europa über Indianer.
In solchen Berichten wird immer öfter auf eine Art generalisierend gedachten Willen der Betroffenen Bezug genommen, finden »Volksgemeinschaften« wieder »Sprecher« (oder gar »Führer«), die doch in Wirklichkeit nur partielle Strömungen repräsentieren, Parteifunktionäre und nicht Sprecher des Gesamtkollektivums sind, wenn denn auch die Indianer keine mystische Einheit, sondern ein lebendiges Netz von Konflikten bilden.
Die Volkstumsideologie der 20er Jahre hatte für die Leugnung interner Widersprüche ausformulierte ideologische Argumente, die auf eine Kampfansage an den demokratischen Pluralismus und eine Ersetzung von Parteisprechern durch Gesamtführer ohne demokratische Legitimierung hinausliefen. Die heutige Apologie indianischer »Sprecher« dagegen (nicht diese Indianer selbst, sondern ihre Enthusiasten bei uns) vermeidet das Argumentieren, bringt die Vorstellung vom fugenlosen indianischen Block mehr unterschwellig ein, durch die Wortwahl und durch Verschweigen des indianischen Pluralismus.
Auch Indianer rivalisieren, streiten sich (es gibt wohl keine indianische Organisation, die nicht mit einer Gegenorganisation beim gleichen indianischen Volk konkurriert). Das braucht unsere Solidarität mit ihrem Bemühen etwa um Sicherung von Landrechten nicht zu schmälern: Demokratische Solidarität braucht keine mystifizierende Verherrlichung und keine Märchen von Stammesharmonie.
Die neuen indianischen Organisationen sind ein wichtiger Ausdruck sozialen Wandels in Lateinamerika und ein nützliches Instrument für viele bedrängte Indianer. Sie sind aber weder etwas völlig Neues noch etwas »rein Indianisches«, noch vertreten sie nachweislich die Mehrheit der Indianer. Sie sind ein politisches Phänomen, nicht reiner und nicht repräsentativer, aber vielleicht näher an den Problemen manches Kleinbauern oder Lehrers als viele andere politische Phänomene in Lateinamerika.

Bodley, John H.: Drei Wege, indigene Gemeinschaften zu unterstützen. In: Trickster, Nr. 8, Dezember 1981, S. 44–56.
Coll, Josefina Oliva de: La Resistencia Indígena ante la Conquista. México, Madrid, Buenos Aires 1974.
Corry, Stephen: Towards Indian Self-Determination in Colombia. In: Willem A. Veenhoven (Hrsg.): Case Studies on Human Rights and Fundamental Freedoms. A World Survey, Bd. 3. The Hague 1976. S. 33–70.
D'Ans, André-Marcel: L'alphabétisation et l'éducation des peuples de la selva péruvienne, dans la perspective de leur avenir socio-économique. In: Robert Jaulin (Hrsg.): De l'ethnocide. Paris 1972. S. 395 bis 417.
Declaration of Barbados. For the Liberation of the Indians. In: W. Dostal (Hrsg.): The Situation of the Indian in South America. Geneva 1972. S. 376–381.
Favre, Henri (Coordinateur): Les Mouvements Indiens Paysans au XVIIIe, XIXe et XXe Siècles. In: Actes du XLIIe Congrès International des Américanistes, Bd. 3. Paris 1978. S. 7–214.
Federación de Centros Shuar. Solución original a un problema actual. Chicham, H. 11–16. Sucúa Ecuador 1976.
Goetze, Dieter: Variationen des Indigenismus in Hispanoamerika. In: Zeitschrift für Lateinamerika. H. 21. Wien, November 1982, S. 35 bis 44.
Hernández Hdez., Natalicio: Los Indígenas Frente a la Educación Bilingüe y Bicultural. Cadal (Centro Antropológico de Documentación de América Latina) Documentos. H. 2. México, Mai 1977.
Indianer in Lateinamerika. Neues Bewußtsein und Strategien der Befreiung. Dokumente der zweiten Tagung von Barbados. Wuppertal 1982.
Indianer-Reader. Dokumente und Aufsätze zum Aufbruch indianischer Völker in Mittel- und Südamerika. Hrsg. vom Ökumenischen Ausschuß für Indianerfragen. Mettingen 1982.
Lützau, Hans von: »Da merkten wir, daß wir unsere Erziehung allein erkämpfen mußten«. Indianischer Widerstand heute: Das Beispiel der Shuara. In: Mark Münzel (Hrsg.): Die indianische Verweigerung. rororo aktuell, Bd. 4274. Reinbek bei Hamburg 1978. S. 199–226.
Mashinkiash', Rafael: La Educación entre los Shuar. Mundo Shuar, Serie B, H. 1. Sucúa Ecuador 1976.
Medina, Andrés: Los Indios. In: Salomón Nahmad Sitton (Hrsg.): 7 Ensayos sobre indigenismo. Cuadernos de Trabajo, H. 6. México 1977. S. 19–27.
Moreno-Yánez, Segundo: Sublevaciones indígenas en la Audiencia de Quito – Desde comienzos del siglo XVIII hasta finales de la Colonia. Bonner Amerikanistische Studien, Bd. 5. Bonn 1976.
Münzel, Mark: Europäisierung gegen Europa. Das Paradox des indianischen Widerstandes. In: Mark Münzel (Hrsg.), op. cit. (s. o. unter Lützau), S. 180–196.

Salazar, Ernesto: An Indian Federation in Lowland Ecuador. IWGIA Document, H. 28. Copenhagen 1977.
Tumiri Apaza, Julio (Hrsg.): The Indian Liberation and Social Rights Movement in Kollasuyu (Bolivia). IWGIA Document, H. 30. Copenhagen 1978.

MARIO ERDHEIM

Zur Problematik einer lateinamerikanischen Identität

Identität gibt es nicht an und für sich, sie bestimmt sich immer als Differenz zum Andren, zum Fremden. Bevor Kolumbus in die Neue Welt kam, gab es noch keine Indianer, sondern Tausende verschiedener Völker, die sich durch ihre Sprache, Sitten und Gebräuche selbstbewußt unterschieden. Erst das Auftauchen der Europäer führte zu einer Homogenisierung des Identitätsbewußtseins, wobei es sich aber vorerst einmal um eine fremde, von den Europäern für die neuen Völker entworfene Identität handelte. Ich möchte zwei solcher extremen Entwürfe nur kurz andeuten: Bartolomé de las Casas (1475–1566) idealisierte den Indianer zum »Edlen Wilden«, der in Freiheit seinen sozialen Bedürfnissen nachging. In seiner »Historia de las Indias« schrieb er: »... und sie erreichten mit nur wenig Arbeit all die notwendigen Güter in großem Überfluß. Die viele Zeit, die ihnen übrig blieb, wenn ihre Bedürfnisse befriedigt waren (da sie ihre Seele nicht dem Teufel verschrieben, um Reichtümer anzuhäufen), verbrachten sie mit anständigen Spielen (...) und Tänzen und Gesängen, in welchen sie alle ihre Geschichten rezitierten.« Für Fernández de Oviedo (1478–1557) hingegen waren die Indianer Untermenschen, die ihren Trieben und dem Teufel völlig ausgesetzt waren: »Für sich allein genommen sind diese Indianer nur wenig wert. Schon ein Nichts (an Anstrengung, M.E.) läßt sie sterben oder in die Berge verschwinden; ihr hauptsächliches Bestreben war nämlich zu essen, zu trinken und zu schlemmen, ihre Wollust zu befriedigen, den Götzen zu dienen und vielen anderen Schmutzereien nachzugehen.«[1]

Um diese und ähnliche Bilder kristallisierte sich die lateinamerikanische Identität in den Köpfen der Europäer[2], und da sie es waren, die die Macht hatten, konnten sie die unterworfenen Völker zwingen, sich diesen Bildern anzupassen. Bekanntlich unterlag Las Casas in seinem Kampf für die

Rechte der Indianer, und Fernández de Oviedo, der die Ideologie der Eroberer vertrat, setzte sich durch. So wurde er zu einem der Väter der (negativen) lateinamerikanischen Identität. Wer heute noch von Bananenrepubliken und von den arbeitsscheuen, immer zu einer kleinen Revolution bereiten Lateinamerikanern spricht (etwa Woody Allen in seinem Film »Bananas«), der wiederholt nur Oviedos Stereotypen.

Das Aggressionspotential, das hinter dem europäischen Entwurf dessen stand, was die Bewohner der Neuen Welt »eigentlich« seien, zwang diese, sich damit auseinanderzusetzen. Eine ganze Reihe indianischer Mythen reflektieren die neue historische Situation und zeigen verschiedene Möglichkeiten auf, den Kulturkontakt oder besser gesagt Kulturzusammenstoß durch die Produktion einer neuen Identität zu verarbeiten. Die Galibi Guyanas erzählten: »Am Anfang der Welt stellt Gott alle nützlichen Dinge zur Schau, damit ein jeder wähle. Der Indianer nimmt Pfeil und Bogen, der Weiße nimmt ein Stück Papier und einen Stift; der Schwarze nimmt ein Faß, in dem er Geld zu finden hofft, aber es ist voll von Werkzeugen, und so ist er bis heute verpflichtet, viel zu arbeiten.«[3]

Die Identitätsproblematik wird an der Differenz der Werkzeuge aufgerollt; Indianer, Weiße und Schwarze unterscheiden sich durch Pfeil und Bogen, Papier und Stift sowie Werkzeuge, die auch drei verschiedene Lebens- und Arbeitsformen begründen. Der Freiheit der Jäger steht die Organisation der Arbeit durch die Weißen und die Ausbeutung der Arbeitskraft der Schwarzen gegenüber. Der Schwarze zog das schlimmste Los, er ließ sich durch seine Geldgier verführen.

Die Mythen anderer Völker setzen andere Akzente und erzählen, die Indianer seien betrogen worden oder hätten durch Fehlverhalten zu den falschen Kulturgütern gegriffen:

»Kwat und Yaií (die mythischen Zwillinge) legten einen schwarzen Bogen in die Mitte des Dorfplatzes. Daneben legten sie ein Gewehr vom Kaliber 22. Sie sagten zu den Indianern: ›Ihr müßt euch das Gewehr nehmen. Greift nicht nach dem Bogen, ja nicht!‹ Sie zeigten den Indianern die Dinge, die in der Mitte des Dorfplatzes lagen; die Indianer stürzten sich begierig darauf und in ihrer Hast nahmen sie das erste beste; sie griffen sich den schwarzen Bogen, nicht

das Gewehr. Die Karaíba (d.h. die Weißen) waren langsamer, sie hielten sich zurück und begaben sich erst zur Mitte des Dorfplatzes, als sich die Indianer bereits den schwarzen Bogen gegriffen hatten. Die Karaíba nahmen sich das Gewehr. Murenyat (d.h. die mythischen Zwillinge) wurde sehr böse: ›Behaltet das Gewehr, aber geht weit fort von hier. Laßt euch hier nicht mehr blicken! Nehmt das Gewehr mit euch weit fort von hier!‹ sagte er zu den Karaíba.«[4]
Aufgrund der historischen Situation bestimmt sich die Identität der tupí-sprachigen Camaymá als Mangel in bezug auf die Überlegenheit der Weißen. Zwar meinten die mythischen Zwillinge es gut mit den Indianern, aber wegen ihrer Hast und Unruhe griffen sie zu den minderwertigeren Waffen. Im Kern ihrer Identität ist ein resignatives Moment, eine Art Selbstbezichtigung, die sie auch hilflos gegenüber der Kultur der Weißen macht. Was passiert, wenn diese sich nicht an das zornige Fortweisen Murenyats halten und doch wieder zurückkehren?
Eine andere Haltung zeigt sich in einem Mythos der Tukano, eines in Kolumbien lebenden Stammes:
»... und dann kam Yepá Huáke (ein Kulturheros) zu Yúpuri Baúro (dem ersten Stammvater der Tukano): ›Ihr werdet in dieser Welt Reichtümer besitzen: die Yurupariflöte, die Federn, die Pfeile, Blasrohre, Sitzbänkchen, Keulen, um Menschen zu töten, Schilde für den Kampf ... Eure Reichtümer werden in den Malokas der Tukano bleiben, und dort sind alle Reichtümer. – Und die sind wenige.‹ Dann sagte Yepá Huáke auch zum Deutschen: ›Ihr werdet auch alle Reichtümer der Welt erhalten und diese Reichtümer werden sein: Rüstung, Flinten, Messer, Beile, Papier. Und Ihr, Deutscher, werdet niemals wissen oder Euch etwas rein aus dem Gedächtnis merken können, sondern Ihr werdet Euch alles aufschreiben müssen, um es zu behalten. Und dieser, Yúpuri Baúro, wird niemals Papier besitzen, noch schreiben müssen, denn er wird alles im Gedächtnis behalten, was auf der Welt geschieht. Ihr werdet nicht fähig sein, die Erinnerung wegzunehmen, die Yúpuri Baúro besitzt, und dieser Yúpuri Baúro ist der Kopf von euch allen den Weißen.‹«[5]
Der Unterschied an materiellen Gütern wird zwar festgehalten, aber er wird nicht zum identitätsbestimmenden Mangel; vielmehr wird das Gedächtnis, die Fähigkeit, nicht zu vergessen, zum identitätsstiftenden Merkmal.
Diese mehr oder weniger willkürlich ausgewählten drei in-

dianischen Mythen müssen ausreichen, um ein spezfisches Problem der lateinamerikanischen Identität zu veranschaulichen, nämlich ganz verschiedene ethnische Identitätsformen in sich aufzunehmen, zudem Identitätsformen von Ethnien, die untereinander in den antagonistischen Widersprüchen einer Klassengesellschaft verwickelt sind. Die Tukano haben völlig richtig gesehen, daß die Tendenz der Weißen, sich aufs Geschriebene zu verlassen, ihrer Vergeßlichkeit Vorschub leistet. Wo Identität jedoch auf Vergeßlichkeit, wir können präziser sagen: auf Verdrängung beruht, dort müssen auch falsche Bewußtseinsformen entwickelt werden, die die Widersprüche in den gesellschaftlichen Verhältnissen zum Verschwinden bringen. Eine dieser, von den »Weißen« entworfenen, falschen Identitätsformen ist der Nationalismus. Im politischen Alltag der lateinamerikanischen Gesellschaft ist er wichtig und baut sich als aggressive Abgrenzung von einem der Nachbarstaaten auf: Ecuadorianer ist man nicht zuletzt deshalb, weil man die Peruaner haßt, ebenso wie die Bolivianer die Chilenen hassen sowie die Chilenen die Argentinier und natürlich umgekehrt. Stattgefundene und geplante Kriege geben die historischen und politischen Anlässe ab, um diesen Nationalismus immer von neuem zu inszenieren und die Massen, auch entgegen deren eigenen Interessen, zu mobilisieren. Seine Hauptaufgabe ist die Verschleierung einerseits der Klassengegensätze und andererseits die Unterdrückung ethnischer Minderheiten.

Besonders deutlich wird diese Funktion bei jenen Völkern, die Darcy Ribeiro (1970) »pueblos testimonio« nennt. Obwohl ich den Begriff »zeugende Völker« auch im Spanischen nicht sehr geglückt finde, ist das, was er meint, einleuchtend. Es handelt sich um jene Völker, die in vorspanischer Zeit eigene hochkultürliche Staatsformen entwickelten, also etwa die Inka, Maya oder Azteken. Auf ihren ehemaligen Territorien bildeten sich Nationen, die ein spezifisches Gepräge haben: Mexiko, Guatemala, Ecuador, Perú und Bolivien. Charakteristisch für sie ist, daß die ehemaligen Träger der Hochkultur, die Náhua, Maya, Quechua und Aymará sprechenden Stämme, zwar nach wie vor den Großteil der Bevölkerung bilden, aber nicht an der Herrschaft beteiligt sind. Der Nationalismus dieser Staaten knüpft oft an Inhalten der vorspanischen Staatsideologie an, in Perú an die Inka, in Mexiko an die Azteken und Maya, seine Struktur jedoch ist weitgehend von der Kolonialzeit bestimmt. Hinter der modernistischen Fassade entdeckt man bald dieselben Denkformen, die die Konquistadoren anfangs des 16. Jahrhunderts entwickelt haben. Nur sind es jetzt nicht mehr Spanien und das Christentum, welche die eingeborene Bevölkerung aus ihrer Barbarei und Unzivilisiertheit erlösen sollen, sondern der Nationalstaat und der Kapitalismus. Wie sehr sich aber die alte Konquistadoren-Ideologie und der neue Nationalismus gleichen, zeigt der Entfremdungsdruck, den letzterer auf die angestammte Bevölkerung ausübt.

Der ecuadorianische Soziologe Oswaldo Diaz (1978) gibt eine eindrückliche Analyse der durch den Nationalismus im Individuum ausgelösten Entfremdungsprozesse. Er erzählt die Lebensgeschichte eines jungen Mannes, Anki, der 1947 in einem Quechua sprechenden Dorf des Hochlandes geboren wurde, mit einer gewaltigen Anstrengung die Schule bis zum Abitur besuchte. Ethnisch gehörte er zu den Puruhays, den einstigen Einwohnern des Königreichs Puruhay; sie machen heute etwa 50 % der Bevölkerung der Provinz Chimborazo aus. Seine Familie lebte auf traditionelle Weise in einem kleinen Dorf, der Vater, die Mutter und sechs Söhne waren alle Analphabeten und sprachen nur ihre eigene Sprache, Quechua. Sie bearbeiteten ihre kleinen Felder, besaßen einiges Geflügel und wenige Schafe. Ihre Produkte reichten dafür aus, sich selber zu ernähren und einen kleinen Überschuß auf dem Markt zu verkaufen, um sich Salz, Zukker, Kerosin und Werkzeuge zu besorgen.
Mit neun Jahren, Anki war bis dahin als Schafhirte tätig gewesen, kommt er in die mehrere Kilometer von seinem Dorf entfernte Schule. Zusammen mit seinen Altersgenossen macht er die befremdende Erfahrung, daß er die Sprache des Lehrers nicht versteht, denn dieser spricht nur Spanisch, und sowohl der Lehrer wie die Mestizenkinder lachen die Indianer aus, weil diese nur Quechua sprechen. Konfrontiert mit dieser Erfahrung bleibt ihnen nur die Alternative, entweder die Schule zu verlassen, was viele der Indianer tun, oder Spanisch zu lernen, wozu Anki sich entschließt. Anki sagt: »Der größere Schmerz als der, Hunger zu haben, ist kein Spanisch zu können.« Nach drei Jahren muß er, um seine Ausbildung fortsetzen zu können, ins nächste Städtchen gehen. Seine Eltern aber bringen nicht das nötige Geld

auf, und Anki muß als Haushaltshilfe arbeiten. In der neuen Schule ebenso wie im Städtchen trifft er auf eine intensive Feindseligkeit gegenüber den Indianern. Wohl auch um diese soziale Spannung zu mildern, intensiviert er den Kontakt mit der katholischen Kirche und holt die Erste Kommunion nach. Zudem findet er in einer früheren Lehrerin eine Patin, die ihn – gegen Aushilfsarbeiten – in seinen Bildungsanstrengungen unterstützt. Nun gelingt es ihm tatsächlich, von seinen Schulkameraden, die ihn bisher verspotteten, respektiert zu werden.

In den Ferien kehrt er in sein Dorf zurück und bemerkt, daß die Mädchen nie zur Schule gehen und daß sich zwischen ihm und seinen Altersgenossen die Entfremdung vergrößert. Anki meint feststellen zu können, daß sich hinter der Feindseligkeit der Außenwelt der Umstand verberge, daß »der Indianer das zurückgebliebenste Wesen sei«. Im fünften Schuljahr erlebt er zum ersten Mal ein Nationalfest, den 24. Mai, an welchem ein Sieg über die Spanier gefeiert wird. So bekommt er eine Ahnung von der Nationalgeschichte, in der aber nie von den Indianern die Rede ist. Es ist, als ob während der Kolonialepoche die Indianer verschwunden wären.

Anki schreitet erfolgreich voran; er wird sogar Mannschaftskapitän einer Basketball-Mannschaft, aber gerade deswegen wird er angegriffen. Man sagt: Es gehe nicht an, daß einer vom Land (also ein Indio, M. E.) denen vom Städtchen Befehle geben dürfe. Er merkt also, daß auch nach den sechs Jahren die ethnischen Barrieren weiter bestehen und er in der hauptsächlich von den Mestizen und der Oberschicht getragenen Nationalgesellschaft nicht erwünscht ist.

Ich will Ankis Leidensweg nur noch kurz nachzeichnen; seine Familie muß sich schließlich verschulden; er geht nach Guayaquil, um das nötige Geld zu beschaffen, aber letzten Endes gelingt es ihm doch, das Abitur zu machen. Er muß aber feststellen, daß ihm das nichts nützt. Er bewirbt sich um eine Lehrerstelle, da er als Quechua-Sprechender hofft, die Traumatisierung der Indianerkinder vermeiden zu können, aber er wird abgewiesen. Andererseits sind auch die Beziehungen zu seinem Dorf prekär geworden: seine Altersgenossen haben alle geheiratet und Anki wird keine Frau aus dem Dorf finden. Er sieht nur noch eine Möglichkeit: in den Orient zu gehen, um dort für eine der amerikanischen Ölfirmen zu arbeiten. Er denkt: »Man muß resignieren, denn das ist das Schicksal der indianischen Rasse in Ecuador.«

Ortiz faßt zusammen: Aus Ankis Lebensgeschichte lasse sich die Existenz zweier Welten entnehmen. Sie sind das Produkt der Kolonialzeit; die Eroberer schufen eine Kastenstruktur sowie die Ideologie der angeborenen Überlegenheit der einen Kaste über die andere. Der Nationalismus ist eigentlich nur die moderne Anpassung an die alte Kolonialideologie und er lebt vor allem aus der Negation der in der Kolonialzeit entstandenen Widersprüche. Ankis Lebensgeschichte gibt uns einen Einblick in die Identitätsproblematik der von den Spaniern unterworfenen Völker. Der französische Ethnologe H. Favre hat sie eindrücklich am Beispiel der Maya dargelegt:

»Der ›Indio‹ fühlt sich nicht nur anders als der ›ladino‹ (der den Handel beherrscht, in der traditionellen Kultur nicht integriert ist und Träger der nationalen Ideologie ist, M. E.), sondern auch minderwertiger (...). Überzeugt von seiner eigenen Minderwertigkeit, wird der ›Indio‹ den ›ladino‹ mit der Macht ausstatten, die er sich nicht zutraut selbst auszuüben, allerdings in der Hoffnung, daß der ›ladino‹ sie zu seinen Gunsten einsetzen werde. Er wird versuchen, dieses Wesen, zu dessen Ausstattung mit Eigenschaften der Allmacht er beigetragen hat, gnädig zu stimmen, indem er sich einer offensichtlichen Unterwürfigkeit befleißigt. Er wird sein Elend vorweisen, seine Erniedrigung dartun, um dessen Mitleid zu wecken. Gleichzeitig wird er seine Arbeitskraft hervorheben, seine materielle Nützlichkeit, seine tierhafte Kraft. So wird er, indem er sich in ein Instrument verwandelt, seine Sicherheit wahren. Vom Augenblick an, da er dem Don X oder Y gehört, kann er die Hoffnung hegen, beschützt und verteidigt zu werden, wie irgendein anderes Besitztum. (...) Andererseits aber wird der ›Indio‹ versuchen, wenn nicht zu fliehen, so wenigstens indirekt und auf versteckte Art und Weise auf diese Abhängigkeit, die sein Verhalten gegenüber dem ›ladino‹ bestimmt, zu reagieren. Er wird sich gegen jenen mit Lügen verteidigen, sich durch Faulheit rächen und durch Diebstahl entschädigen. Diese falschen Verwegenheiten werden sich gegen ihn wenden, weil sie letztlich die Gründe bestätigen, mit welchen der ›ladino‹ die Asymmetrie der Beziehungen zum ›Indio‹ rechtfertigt. Ist er nicht diebisch, faul und lügnerisch? Es gibt schon Gründe, daß er geführt, korrigiert, zivilisiert, d. h. domestiziert werden muß, weil er kein Christ, kein Vernunftwesen ist.«[6]

Solange der Nationalismus auf einer sozialen Identität beruht, die den einen die Rolle allmächtiger Väter und den anderen diejenige unmündiger Kinder zuweist, ist er nur die Fortsetzung des alten Kolonialismus unter dem Schein nationaler Selbständigkeit. Dieser Nationalismus erweist sich auch als ein entscheidendes Hindernis beim Aufbau einer lateinamerikanischen Identität, die das ethnische Erbe der unterworfenen Völker in sich aufnehmen müßte.

Nun sind aber Ideologien – und damit auch der Nationalismus – nicht einfach dumm und taub gegenüber sozialen Veränderungen – auch Ideologien wandeln sich und versuchen das, was sie bedroht, zu integrieren. An Mexiko, dem in vielerlei Hinsicht fortschrittlichsten Staat Lateinamerikas, kann man deutlich sehen, wie die neue, sich nach der Revolution von 1910 ausbreitende Ideologie an der indianischen Vergangenheit anzuknüpfen versucht. In der Wandmalerei von Diego Ribera, Séqueiros, Orozco werden die Azteken idealisiert und den gewalttätigen Spaniern gegenübergestellt. Verschleiert wurde, daß auch die Azteken eine Klassengesellschaft bildeten und daß dies einen der wichtigsten Gründe für ihren Untergang abgab. Sosehr man das aztekische Imperium als den Ahnen der neuen mexikanischen Gesellschaft feierte, so sehr wurde der Indianer weiterhin verachtet. In den folkloristischen Umzügen, in welchen man versuchte, den Glanz der indianischen Klassengesellschaften wieder aufleben zu lassen, agieren die Angehörigen der Mittel- und Oberschicht und die Indianer sind wie eh und je die Zuschauer. Die herrschende Klasse möchte die koloniale Vergangenheit in Vergessenheit geraten lassen, um ihre Legitimität direkt von den indianischen Imperien ableiten zu können; an den heute herrschenden Ausbeutungsverhältnissen müssen sie nichts ändern.

Nehmen wir das Thema der Problematik einer lateinamerikanischen Identität wieder in einem weiteren Zusammenhang auf. Lateinamerika ist ein Begriff, der sich in Abgrenzung und Bezug zu Europa einerseits und den USA andererseits herausbildet und entwickelt. Über die Fragwürdigkeit des Begriffs »Lateinamerika« ist schon viel gesagt worden und dem ist nichts beizufügen; es ist ebenso falsch, aber ebenso wirklich wie der Begriff »Indianer«. Halten wir fest: Lateinamerika konstituiert sich vis-à-vis Europas.

Es war für mich, der ich mit 12 Jahren aus Ecuador in die Schweiz kam, eine eindrückliche Erfahrung, zum erstenmal, anfangs der 60er Jahre, nach Madrid zu kommen. Als ich durch die Altstadt flanierte, versetzten mich die Straßengerüche und -geräusche in das Quito meiner Kindheit. Im Prado spazierend, fand ich denselben Teich wie im Parque Central und darüber schallte eine ähnliche Musik wie einst. Ich merkte, wie eindringlich Spanien die eroberten Gebiete geprägt hat, in einem viel höheren Maße jedenfalls, als es Franzosen und Engländer mit Afrika oder Asien getan haben. Aufgrund der Geschichte wird Lateinamerika immer stärker mit Europa verwoben sein als die Kolonien anderer Kontinente.
Alejo Carpentier hat dieser Verwobenheit in seinen Werken vielfach Ausdruck gegeben: Im »Siglo de las Luces« (das auf deutsch aus unerfindlichen Gründen »Explosion in der Kathedrale« heißt) werden die Aufklärung und die Französische Revolution aus der Sicht Lateinamerikas dargestellt. Es geht um den Verrat an der Revolution, die, statt Befreiung, nur neue Formen der Unterdrückung zeigt, und Carpentier hofft, daß die Revolution, wenn sie einst in Lateinamerika stattfindet, nicht verraten wird. Mit dieser Hoffnung steht Carpentier in einer Tradition, die bis zu den ersten Missionsversuchen der Franziskaner im 16. Jahrhundert zurückreicht und die auch heute unsere Auffassung Lateinamerikas mitbeeinflußt. Einst hofften die Franziskaner, daß das Christentum, das sich durch die Schlechtigkeit der Europäer bei uns nicht realisieren lasse, in der Neuen Welt, bei den »Edlen Wilden« verwirklicht werden könne. Ein wesentlicher Teil der lateinamerikanischen Identität sind die Utopien, die bei uns gescheitert sind, aber – vielleicht! – dort verwirklicht werden könnten. Die Faszination, die Lateinamerika auf Europäer ausübt, nährt sich nicht zuletzt aus den europäischen Utopien, die in jener Identität besser, bruchloser aufgehoben zu sein scheinen als bei uns. Das muß nicht unbedingt heißen, daß es sich um europäische Projektionen handelt, vielmehr ist die Geschichte Lateinamerikas im guten wie auch im bösen mit der unsrigen so verwoben, daß sich Affinitäten, Verwandtschaften ergeben, die uns immer wieder an das erinnern, was wir hier selber eigentlich schon aufgegeben haben: die Idee, die Welt menschlicher zu gestalten. In seiner Rede an die Mitglieder des Kongresses von Angostura sagte Simón Bolívar:

»Dies ist der Ort, Gesetzgeber, euch zu wiederholen, was euch der beredte Volney (ein französischer Aufklärer, M. E.) in der Widmung seiner ›Ruinen von Palmyra‹ sagt: ›An die jungen Völker Kastilisch-Indiens, an die edlen Führer, die sie in die Freiheit leiten: Möge doch das Irren und das Unheil der Alten die Neue Welt die Weisheit und das Glück lehren.«

Zum Schluß möchte ich die Problematik einer lateinamerikanischen Identität auch noch von einer anderen, in diesem Zusammenhang oft übersehenen Seite her beleuchten: von der Emigration. Ich selber bin von derjenigen Emigration geprägt, die Europäer und Juden auf der Flucht vor dem Faschismus nach Lateinamerika führte. In der Regel wuchsen wir in einer starken Absonderung von der angestammten Bevölkerung auf und unsere Familien versuchten, im fremden Milieu eine Welt für sich aufzubauen, die der europäischen glich. Bei einigen von uns schärfte der soziale Abstand die Wahrnehmung des Fremden, und es ist daher kein Zufall, daß manche der Emigrantenkinder später das Studium der Ethnologie aufnahmen oder – lange bevor es Mode war – Volkskunst zu sammeln anfingen. Viele kehrten nach Europa zurück, andere assimilierten sich in der zweiten Generation. Diejenigen, die sich erneut in Europa niederließen, merkten aber, daß die Wiederanpassung an die hiesigen Verhältnisse Schwierigkeiten bereitete. Sie entdeckten, daß in ihnen etwas Lateinamerikanisches der europäischen Einordnung Widerstand leistete. Hier nahm die lateinamerikanische Identität die Gestalt einer Sehnsucht nach mehr Leben, Freiheit und Gefühl an.
Auf andere Art und Weise mußten die Uruguayer, Chilenen, Argentinier, Brasilianer etc., die nun ihrerseits auf der Flucht vor dem Faschismus in den eigenen Ländern nach Europa kamen, eine ähnliche Erfahrung machen. Erst im Exil wurde ihnen etwas faßbar, was jenseits der politischen und nationalen Identität stand. Der ecuadorianische Dichter Jorge Adoum bemerkte einmal in einem Vortrag in Zürich, daß er sich erst in seinem Pariser Exil der kulturellen und sprachlichen Eigentümlichkeiten seines eigenen Volkes bewußt geworden war. Ironisch bemerkte er, daß jeder Intellektuelle im Exil gelebt haben sollte, denn nur dort würde er merken, woher er stamme. Mit diesem Wissen werden in den nächsten Jahren viele der Exilierten nach Lateiname-

rika zurückkehren. Werden sie es sein, die die Entwicklung zu einer über das Nationale hinausreichenden, aber das Ethnische in sich aufnehmenden lateinamerikanischen Identität weiter vorantreiben werden?

Anmerkungen

1 Oviedo, S. 95
2 Erdheim, S. 57–67
3 Zit. nach Gerhards, S. 160
4 Zit. ebda., S. 170
5 Zit. ebda., S. 163
6 Favre, S. 85

Literaturhinweise

Erdheim, Mario: Anthropologische Modelle des 16. Jahrhunderts. Über Las Casas, Oviedo und Dahagún. In: Kohl, K.-H. (Hrsg.): Mythen der Neuen Welt, Zur Entdeckungsgeschichte Lateinamerikas. Berliner Festspiele, Berlin 1982, S. 57–67.

Favre, Henri: Cambio y continuidad entre los Mayas de México. México 1971/73.

Fernández de Oviedo, Gonzalo: Historia general y natural de las Indias, t. 1–5. Biblioteca de autores españoles CXVII–CXXI, Madrid 1557/1959.

Gerhards, E.: Mythen im Wandel. Veränderungen in der Mythologie verschiedener Ethnien des außerandinen Südamerika durch den Kontakt mit den Weißen. Hohenschäftlarn 1981.

Ribeiro, D.: Las Américas y la civilización: proceso de formación y problemas de desarrollo desigual de los pueblos americanos, 3 vols., Buenos Aires 1969.

GUSTAV SIEBENMANN

Die spanisch-amerikanische Literatur

Eine Einführung in diesem gedrängten interdisziplinären Rahmen stellt eine fast unlösbare Aufgabe dar. Nicht nur wird der Verfasser aus Gründen der erwarteten Informationsdichte und der bequemen Lesererwartung in die methodisch so fragwürdige Rolle des Literatur*historikers* gedrängt, er muß zudem einen geneigten Leser ansprechen, der wahrscheinlich wenig eigene Lektüreerfahrung und in den meisten Fällen keine Spanischkenntnisse mitbringt, der sich womöglich auch noch wenig Gedanken darüber gemacht hat, welche Rolle die Institution Literatur in einer Region spielen kann, die er gemeinhin als unterentwickelt betrachtet. Doch wenn nun dieser geneigte Leser heute öfters zu hören bekommt, in Lateinamerika entstehe zur Zeit eine der interessantesten Literaturen der gesamten Welt, so muß eine solche Aussage seine Neugier wecken. Sie so weit zu befriedigen, daß dieses hohe Werturteil einigermaßen einleuchten möge, dies allein und nicht mehr kann angestrebt werden, wenn die Literatur eines Kontinents auf zwanzig Seiten vorgestellt werden soll.

Drei Besonderheiten der zeitgenössischen Literatur Lateinamerikas

Illustrieren möchte ich sie anhand von drei Zitaten. Das erste ist von Gerhard Armanski und lautet: »Viel interessanter und aufschlußreicher sind für die meisten Tourismusgebiete Romane, Erzählungen usw., die entweder in ihnen entstanden sind oder über sie handeln.« Es ist kein Literaturwissenschaftler, der dies schreibt, sondern ein Kritiker des Reisens und der zugehörigen Hilfsliteratur. Er bescheinigt also der Literatur einen kognitiven Anreiz: Anstatt zu trampen oder sonstwie billig (oder auch teuer) zu reisen, sollen wir lesen.

Die kostbarsten Tage des Jahres – so heißt Armanskis Buch – wären demnach die Tage der Lektüre fremdländischer Literatur.
Das zweite Zitat heißt bündig: »In Lateinamerika dient eine Schreibmaschine zum Erschlagen von Läusen.« So schrieb grollend der Spanier Ramón Gómez de la Serna (1888–1963) aus dem Exil in Buenos Aires. Er hat den lateinamerikanischen Literatur-Boom knapp verfehlt. Wären ihm vier, fünf Jahre mehr vergönnt gewesen, er hätte als Greis beispielsweise noch *Hundert Jahre Einsamkeit* lesen können. Dann wäre das schnöde Wort von den Läusen nicht aus seiner Feder gekommen. Daß Gómez de la Serna – ein sehr witziger Mann, der Erfinder der »greguerías« – etwas so Dummes hat schreiben können, bedarf einer Erklärung. Dem Humoristen fiel das Lachen in Hispanoamerika (er lebte dort von 1936 bis an sein Lebensende) nicht leicht. Zwar hatte er sprachlich keine Schwierigkeiten, doch konnte er mit der Literatur Amerikas offenbar nicht recht vertraut werden. Denn die Menschen und die Lebensform waren ihm so fremd, daß es ihm nicht gelang, seine Schreibmaschine auf die neuen Tonlagen umzustimmen. Zwischen Spanien und der Neuen Welt ist eine kulturelle Differenz entstanden, die zeitweise bei den Spaniern zu mißgünstigen Reaktionen geführt hat. Die Iberoromanistik muß inzwischen ganz entschieden die Lateinamerikanistik als eine gewichtige Teildisziplin betrachten.
Das dritte Zitat ist ein sehr kurzes und stammt von Eberhard Straub, der sich über die Geschichtslosigkeit bzw. die Geschichtsverachtung der modernen Europäer beschwert und in dem Zusammenhang sagt: »Man nabelt sich eben nicht ungestraft von der Geschichte ab.« Ein Anspruch, der zu meinem Thema in einer negativen Beziehung steht. Die Lateinamerikaner haben nämlich eine noch weniger weit reichende, eine weniger sorgfältig vermittelte Kenntnis ihrer Vergangenheit als die Europäer von heute. Sie speisen ihr Bewußtsein zunächst aus der Gegenwart und gehen an ihre Vergangenheit ebenso heran wie an ihre Wirklichkeit: empirisch und mit einem gänzlich unbefangenen Spürsinn. Was die lateinamerikanischen Künstler und Schriftsteller demnach den europäischen voraus haben, ist gerade eine noch ausgeprägtere »Geschichtslosigkeit«. Denn wir Europäer wissen immer noch einiges von unserer Vergangenheit und können es jederzeit sicher herholen, wenn wir suchen. Für

die Lateinamerikaner ist ihre eigene Geschichte viel zu komplex, viel zu wenig sorgfältig aufgearbeitet und daher kontrovers und vor allem faßbar in ihren Folgen für die Gegenwart. Die im Zitat getadelte Abnabelung von der Geschichte ist für lateinamerikanische Autoren eine Chance, ein schöpferischer Freiraum und allemal ein Abenteuer, auch wenn – und auch gerade weil – der Vorstoß in die Vergangenheit fast immer in Traurigkeiten führt. Die Leidenschaften – und damit die Literaturträchtigkeit – kommen bei solchen Erkundungen der eigenen Vergangenheit dortzulande viel heftiger ins Spiel als in Europa mit seiner festgeschriebenen Geschichte. Mario Vargas Llosa hat vor Jahren eine drastische Metapher zu diesem Sachverhalt geprägt: »Als Erretter und verbaler Totengräber einer Epoche ist der große Romancier [in Lateinamerika] dem Aasgeier nicht unähnlich: das verwesende Fleisch der Geschichte ist seine Lieblingsnahrung und hat ihn zu den allerkühnsten Unternehmungen inspiriert ...«
Drei Zitate, aus denen Besonderheiten der neueren Literatur in Spanisch-Amerika hervortreten: eine auffallende Repräsentativität für die eigene Seinsweise, eine besondere Hispanität und ein besonderes Verhältnis zur Geschichte. Diese Merkmale sind ihrerseits nach und nach herangereifte Früchte von gesellschaftlichen Prozessen und prägen somit nicht nur die Gegenwart.

Literaturhistorischer Überblick

Damit der Leser sehe, wie stark Kultur und Geschichte aufeinander bezogen sind und wie sehr die leidvollen Geschicke des Kontinents auch kulturell zu fataler Diskontinuität geführt haben, möchte ich hier ein literaturhistorisches Streiflicht einblenden. Allerdings, von Alt-Amerika zu sprechen, würde zu weit führen. Der Hinweis darauf, daß die Spanier in den eroberten Gebieten eine lebendige einheimische Literatur vorfanden, namentlich bei den bekannten Kulturvölkern der Maya, Azteken und Inka, möge genügen. Wie stark deren schöpferische Begabung gewesen sein muß, können wir anhand der jahrhundertelangen mündlichen Überlieferung in Gedichten, dramatischen Spielen, Legenden und Fabeln wiederentdecken. Durch spanische Mönche sind einige ihrer Zeugnisse in lateinischer Schrift in der Eingeborenensprache festgehalten und dann ins Spanische übersetzt worden. Die mythischen Dorfchroniken *Chilam Balam* und das *Popol-Vuh* sind die berühmtesten, auch in deutscher Sprache zugänglichen Zeugnisse dieser archaischen Literatur.

1) In der *kolonialen Epoche* (1492–1810) ist eine Literatur entstanden, die zunächst geprägt war von der mächtigen Ausstrahlung der in ihrer Blütezeit stehenden spanischen Kultur. Die frühesten Werke gehören der Gattung der Berichte, Briefe und Chroniken an. Sie wurden an Adressaten in der Metropole gerichtet, verwendeten Beschreibungsmuster und eine Sprache, die für die unerhört neue Wirklichkeit und Natur höchst untauglich waren, und entsprangen einem mittelalterlich-klerikalen oder humanistisch-antikisierenden Geschichtsverständnis. Trotzdem eignet diesen frühen Chroniken mehr als die bloße Kraft des Augenzeugnisses, denn in ihnen wurden erstmals eine fremde Welt und eine heimische Sprache sowie kulturell von Europa vorgeprägte Gestaltungsmuster zusammengezwungen zu einer Symbiose. Dadurch sind auch diese frühen Prosawerke heute literarisch außerordentlich interessant. Viele unter den heutigen Erzählern in Lateinamerika haben entdeckt, was in diesen »wahren« Berichten an phantastischem Erzählgut verborgen liegt, wie stark zum Beispiel Ritterromane wie der *Amadis* Einfluß auf sie genommen hatten. Die bekanntesten Briefe sind die von Hernán Cortés (1485–1547), die populärste Chronik ist wohl die *Historia verdadera de la conquista de la Nueva España*, von Bernal Díaz del Castillo (1492–ca. 1580). Wegen seiner mutigen kulturpolitischen Streitschriften ist Bartolomé de Las Casas (1484–1566) der weltweit bekannteste Autor aus der frühkolonialen Zeit, namentlich aufgrund seiner gegen die Mißhandlung der Eingeborenen der Neuen Welt gerichteten *Brevissima relación de la destruyción de las Indias* (1542).
An den vizeköniglichen Höfen von Mexiko und Lima entwickelte sich eine blühende spanische Kolonialkultur mit ihrem stark auf Tradition und Imitation ausgerichteten ästhetischen Kanon. Unzählige Epen, Romanzen und Balladen lassen den hegemonialen Druck der höfischen Erwartung erkennen. An einigen, heute zu Recht wieder beachteten Werken können wir ablesen, aus welch unfreier, bedrängter

Schaffenslage heraus sie entstanden sein mußten. Ich nenne hier nur zwei: der Inka Garcilaso de la Vega (1539–1616) ist die (tragische? glückliche? wer könnte es entscheiden?) Verkörperung einer Kultursymbiose. Als Sohn eines spanischen Offiziers und einer Inka-Prinzessin hatte er teil an Europa und an der Andenwelt. Dank dieser Voraussetzung hat er mit seinen *Comentarios reales* (1617) Einblicke in die Geschichte, Soziologie und Anthropologie der Inkas gewährt, die dank der Renaissance-Optik des Verfassers nun in Europa weithin Beachtung finden konnten. Das andere Beispiel ist die mexikanische Nonne Sor Juana Inés de la Cruz (1648–1695). Als Frau, als Wissenschaftlerin, als Dichterin hat Sor Juana den Widerstreit zwischen Berufung und hierarchischer Ordnung, die Unvereinbarkeit zwischen kühnen Zukunftsvisionen und erstarrter gesellschaftlicher Tradition schmerzlich erfahren müssen und in einem barock verschlüsselten, hoch stilisierten, ergreifenden Werk für jene hinterlassen, die mit schwieriger Sprachkunst umgehen können.

Die Literatur der Kolonialzeit ist im übrigen gesamteuropäisch kaum rezipiert und bis heute weitgehend verkannt worden. Dies liegt zunächst darin, daß die Kolonisation der überseeischen Territorien in der Phase des außenpolitischen und ökonomischen Niedergangs der Mutterländer Spanien und Portugal vor sich ging. Für die Kolonien ergaben sich daraus erhebliche und langfristige strukturelle Nachteile auf allen Gebieten, wie zum Beispiel das Handelsmonopol der Mutterländer, die Zurückbindung jeder Selbstverwaltung und damit eine aufgeblähte, starre Bürokratie, schließlich die Isolation der neu kolonisierten Gebiete gegenüber der restlichen Welt und die ganze Innovationsfeindlichkeit, auf die sich Spanien und Portugal im Zeichen der Gegenreformation und der Selbstisolation über Jahrhunderte hin festgelegt haben. Spätestens nach dem Siebenjährigen Krieg (1756–1763), der den Machtschwund Spaniens vor aller Welt deutlich gemacht hatte, sind die Philosophen und Schriftsteller, die von der Notwendigkeit einer Unabhängigkeit von Spanien überzeugt waren, in die Opposition gegangen. In jener Zeit bildete sich der bis heute spürbare Hauptunterschied zwischen Lateinamerika und Europa heraus, der als literatursoziologisches Faktum durchgehend nachwirkt. Die Bedingungen, unter denen dortzulande Kultur entstand, waren viel tiefer geprägt von der Kluft zwischen

Zivilisation und Barbarei, zwischen städtischer und ländlicher Gesellschaftsstruktur. Auf dem Lande, wo nur Missionare sich als Exponenten der Hispanität und des Katholizismus betätigten, fand ein eigentlicher »Medienkrieg« statt (Jean Franco). Während in den städtischen Zentren die Zensur und die Inquisition durchgreifen konnten, entwikkelte sich in den Landregionen, auf dem mündlichen Überlieferungsweg, ein kollektives Empfinden heraus, das von Mythen und Prophezeiungen geprägt und wegen der Eigensprachlichkeit den Kolonialherren unzugänglich blieb oder nicht dokumentierbar war. Die obrigkeitlichen Beengungen in den von Spanien dominierten urbanen Zentren zwangen die dort entstehende schriftliche Literatur entweder zur taktischen Imitation oder zu Strategien des maskierten Widerstandes. So entstand, neben trivialer Gelegenheits- oder pompöser Preisdichtung, eine satirische Literatur wie z. B. in *El periquillo sarniento* (1816) des Mexikaners José Joaquín Fernández de Lizardi. Aber auch die Hohlformen des in Spanien so beliebten Barock kamen der ausweichenden, indirekten Aussage ebenso entgegen wie das Paradoxon mit seinem Umspielen einer vorgegebenen Aussage.
Das Theater, das im Spanien der Goldenen Jahrhunderte so unvergleichlich blühte, fristete in den amerikanischen Kolonien ein epigonales Dasein. Gespielt wurden allegorische Stücke, vor allem Missions- und Jesuitendramen. Seit 1579 gab es in Mexiko eine »casa de comedias«. Volkskundlich interessant sind die »Moros y cristianos«-Spiele, die sich seit der Kolonialzeit in bestimmten ländlichen Regionen bis heute erhalten haben. Der herausragende Theaterautor der Kolonialzeit ist der Mexikaner Juan Ruíz de Alarcón (1581 bis 1639), der zwar sein gesamtes Werk in und für Spanien geschaffen hat, in seinen originellen Charakterkomödien jedoch gelegentlich die Perspektive des »Neu-Spaniers« aus Übersee erkennen läßt.
Die Ausrichtung des geistigen Lebens nach Spanien – sie gilt voll und ganz auch für die 1551 in Mexiko und Lima gegründeten Universitäten – hat die später so kennzeichnende kulturelle Mestizierung weitgehend verhindert. Das nahezu unverbundene Nebeneinander einer dominanten Stadtkultur und einer autochthonen, erst spät in die Schriftform gelangten oralen Volkskultur ist bis heute ein andauerndes Differenzmerkmal für Lateinamerika geblieben.

2) Auch die *zweite historische Phase*, die schon vor den Befreiungskriegen (1810–1830) einsetzt und bis zum Ersten Weltkrieg dauert, sollte mit dem Dilemma einer authentischen kulturellen Identität nicht fertig werden. Sie ist zwar geprägt von einer in der Folge der politischen *Independencia* immer radikaler werdenden geistigen Abwendung vom ehemaligen Mutterland, vollzog diese jedoch durch eine begierige Hinwendung zum übrigen Europa. In den sprachlich und kulturell so tiefgreifend von Spanien geprägten urbanen Zentren sah man, nicht zuletzt unter Einfluß der französischen Aufklärung und ihrer Spanienverachtung, den Fortschritt allein in der Enthispanisierung. So wurden in den Jahrzehnten der sogenannten Unabhängigkeit die außeriberischen Kulturen Europas zu neuen Bezugsregionen. Die nach ihrer Entkolonisierung rasch erstarkenden Vereinigten Staaten von Nordamerika wurden zunächst von den südlichen Nachbarn als Modell politischen Denkens und Handelns bewundert. Als sich auch in Spanien (unter Karl III., 1759–88) ein Hauch von Aufklärung spürbar machte und sich (1764) mit »Los Amigos del País« eine fortschritts- und wissenschaftsgläubige Vereinigung von liberalen Gelehrten und Staatsmännern bilden konnte, war das Signal gegeben, damit auch in den immer unruhigeren Kolonien an eine neue Zukunft zu denken war. Künder und Träger solcher geistigen Umbrüche sind stets die Zeitschriften. So gaben die »Amantes del País« in Lima 1791 den einflußreichen *Mercurio Peruano* heraus. *La Gaceta de México* (1784), *El Diario de México* (1805), die *Gaceta de Santafé de Bogotá* (1785), das *Papel Periódico de la Ciudad de Santafé* (1791), das *Papel Periódico* aus Havanna (1790), der *Telégrafo* aus Buenos Aires (1801), die *Gaceta de Caracas* (1808) zeigten allesamt an, welch neuer Geist zu wehen begann. Daß in dieser Zeit des Umbruchs die politische Prosa weitgehend überwog, wird nicht überraschen. Als bedeutendste Autoren seien hier Antonio Nariño (Bogotá), Manuel Belgrano (Buenos Aires) und Francisco de Miranda (Caracas) erwähnt. Die zur gleichen Zeit entstehende erzählende Prosa war, wie gesagt, fast ausschließlich satirisch. Auffallend ist das Überwiegen der gelehrten Versdichtungen. Das bekannteste Beispiel ist die *Silva a la agricultura de la zona tórrida* (1826) des in Venezuela geborenen und vor allem in Chile wirkenden Universalgelehrten Andrés Bello (1781 bis 1865), in dessen Naturschilderungen das neue Daseinsge-

fühl des seiner unverwechselbaren Natur bewußten Südamerikaners durchklingt.
Die nach den erfolgreichen Unabhängigkeitskriegen entstehende Literatur stand im Zeichen der europäischen Romantik und des auf Lokalkolorit bedachten Costumbrismo. Jorge Isaacs, mit seinem vor kurzem verfilmten Roman *María* (1867) ist dafür ein für Kolumbien ganz besonders sprechendes Beispiel. Als Fortsetzer der politischen Literatur ist der Argentinier Domingo Faustino Sarmiento zu erwähnen, der mit seinem Essay *Civilización y barbarie* (1845) die oben erwähnte Polarität für sein Land in eine prägnante Anschaulichkeit umsetzte. Ebenfalls in den Ländern am Río de la Plata ist um die Mitte des neunzehnten Jahrhunderts eine besondere literarische Tradition entstanden: die Gaucho-Dichtung. Schönstes Beispiel dafür ist das Epos *El Gaucho Martín Fierro* (1872, 1879) von José Hernández. Auch in Peru entstand eine originelle Gattung: die historische Anekdotensammlung der sogenannten *Tradiciones* von Ricardo Palma (1833–1919).
Am Ende dieser zweiten Phase und schon im Vorfeld des Zweiten Weltkriegs in Europa ist jedoch erstmals eine literarische Bewegung in Spanisch-Amerika entstanden, die trotz ihres symbiotischen Charakters eine unverwechselbare Eigenständigkeit für sich in Anspruch nehmen darf: der Modernismo. In der Tat hat sich in den spanischsprachigen Kulturen gegen Ende des 19. Jahrhunderts eine Reaktionsbewegung abgezeichnet mit Front gegen die eigene und unmittelbare Vergangenheit. Es war eine generelle Bewegung in den Bereichen des Epochenbewußtseins, der Ästhetik wie der Ausdrucksformen. Sie war breit, aber verhältnismäßig kurz. Die größte zeitliche Ausdehnung, die man dem literarischen Modernismo zubilligen kann, und zwar unter Einschluß des von einigen ausgeklammerten »premodernismo« (der sich in der frühen Prosa von José Martí und Gutiérrez Nájera äußert) sowie unter Einbezug der letzten Ausläufer, umfaßt die Jahre zwischen 1875 und 1921. Die hohe Zeit dieser Bewegung läßt sich allerdings viel enger eingrenzen, sinnvollerweise und unter Bezug auf das synthetisierende Genie Rubén Daríos auf die Jahre zwischen 1896 und 1905. Sein erklärtes Ziel war die poetische Autonomie des spanischen Amerika gegenüber Spanien gewesen, als Teilprozeß der allgemeinen Unabhängigkeitsbewegung. Daher zunächst die Absetzung vom spanischen Mutterland und

gleichzeitig die Einfügung der eigenen Literatur in einen weltliterarischen Zusammenhang, was eine weitgehende Annahme der europäischen Ästhetik und Tradition bis zurück zum griechisch-lateinischen Altertum implizierte. Als jedoch das Werk Daríos und der anderen Modernisten sich durchgesetzt hatte, waren seit der berühmten »Alocución a la poesía« von Andrés Bello nahezu 70 Jahre vergangen. Bello hatte selber auch eine kulturelle Emanzipation vom Mutterland, aber gleichzeitig vom gesamten Abendland gefordert, »donde la corrupción cultura se apellida« (»wo die Korruption sich Kultur nennt«). Darío nun – und dies verwischt die Autonomiebestrebung seines Tuns – sah die Lösung im Rückgriff auf ein zeitgenössisches Instrumentarium sprachlicher und dichterischer Art, so wie es dem gebildeten Europa am Ende des 19. Jahrhunderts zur Verfügung stand: die Geheimnisse der Harmonie, die Nuance, die Suggestion, die Entdeckungen also des Symbolismus in Frankreich. Sie wollte er im Spanischen anwenden und neu verwirklichen. So wurde der europäische Beitrag zur Weltliteratur von Rubén Darío aufgewertet und aufgegriffen, wobei er sich vor allem an die damals modernsten Strömungen in Frankreich hielt und dadurch gerade die bis zur Dekadenz abweichenden Strömungen bevorzugte. Während also Bello vor allem auf die autochthone Thematik pochte und die europäische Kultur der Dekadenz zieh, geht Darío den Weg einer in der Form echten Erneuerung der spanischen Dichtersprache, folgt hingegen thematisch den europäischen Moden des Parnaß und des Symbolismus zeitweise ziemlich epigonenhaft. Diese Option für die sprachliche Erneuerung markiert auch den Unterschied zu Bello, der den lateinamerikanischen Dichter zugleich als aktiven und politisch bewußten Bürger sah. Indes, keiner in Lateinamerika hat wie Darío dargelegt und bewiesen, daß er die minutiöseste und durchdringendste Kenntnis poetischer Fertigkeit besaß. Er wurde so zu einer Art Wasserscheide in der Gattungsgeschichte: Lyrik vor Darío und Lyrik nach Darío sind in der Dichtung spanischer Sprache zwei ganz verschiedene Ebenen. Wie stark und wie früh im übrigen die Prosa vom Modernismo erfaßt worden ist, das hat erst die neuere Forschung an den Tag gebracht.

Die Wirkungsgeschichte des Modernismo verdiente ein Kapitel für sich. Hier kann nur angemerkt werden, daß in Spanien aus den erwähnten nationalkulturpolitischen Gründen die Verdrängung und Abwertung des Modernismo bald nach dem Ersten Weltkrieg eine radikale war und sich dort erst in den letzten Jahren eine eher nostalgische Aufwertung vollzieht. Ganz anders verlief die Entwicklung in Lateinamerika. Es zeigt sich, daß die kühnen Konventionswandler, die diese modernistische Epoche zu überwinden vermochten, in der Lyrik Lateinamerikas früher aufgetreten sind als im heute so aufsehenerregenden Roman. Der Peruaner César Vallejo (1892–1938) und der Chilene Pablo Neruda (1904–1973) haben beide auf ihre Art völlig originale Organisationsformen der lyrischen Aussage entdeckt. Dank der persönlichen und literarischen Präsenz dieser beiden Lyriker im Spanien der zweiten Republik (1931–1936) hat die ehemalige Kolonie (Spanisch-Amerika) zum zweiten Mal nach dem Modernismo tief und nachhaltig auf das ehemalige Mutterland (Spanien) zurückgewirkt.

3) Mit der Erwähnung dieser Avantgardisten befinden wir uns in der *dritten Phase* der Literaturentwicklung in Spanisch-Amerika. Denn spätestens mit dem Ausbruch des Ersten Weltkriegs hat man in Lateinamerika wahrgenommen, daß die europäischen Wertsysteme in sich zusammengebrochen waren. Man empfand sich dort, nach der hingebungsvollen Ausrichtung an die Literaturen Frankreichs, Italiens, Englands, aber auch Deutschlands und Nordamerikas, in dreifacher Hinsicht verwaist: sie hatten die Hispanität schon im 19. Jahrhundert verstoßen, sie hatten in den Regionen mit Indianerbevölkerung das autochthone Element mißachtet und weitgehend verschüttet, sie hatten sich die europäische Kultur zum Mutterland ausersucht, und nun fand dort jene Umwertung aller Werte, jener kulturelle Kahlschlag statt, den man Surrealismus, Avantgarde oder Expressionismus nennt. Die Reaktion war in Spanisch-Amerika eine selbstkritische Rück- und Vorschau. Durch eine mehr oder weniger akute Identitätskrise und Selbstanalyse angeregt entstand so nach dem Ersten Weltkrieg eine beispiellose Kreativität im kulturellen Bereich. Der Einsturz alter Muster brachte auch einen Freiraum für das eigene Schaffen. Der dadurch mögliche Aufschwung wurde allerdings durch die postkolonialen Strukturen und die neokolonialen Eingriffe der führenden Wirtschaftsmächte im ökonomischen Bereich stark unterwandert, doch er setzte sich, namentlich nach dem Zweiten Weltkrieg, ungebrochen fort. Die jüng-

ste Zeit, etwa seit 1960, scheint im Zeichen der Regionalisierung der gesamten Welt, im Zeichen des ökologischen Revisionismus und der leicht gewordenen Kontakte durch Tourismus, Wirtschaft, Entwicklungshilfe in eine berechtigte, wenn auch späte Selbstentdeckung der lateinamerikanischen Völker einzumünden. Daß die lyrische Gattung in diesem Zusammenhang früher gewirkt hat als die erzählende, wird gemeinhin übersehen, namentlich seit dem aufsehenerregenden Durchbruch der Romane aus Lateinamerika in aller Welt, von dem noch die Rede sein wird. Die Avantgarde-Bewegungen der frühen zwanziger Jahre sind in der westlichen Welt sehr schwach wahrgenommen worden, gerade weil sie so originelle und eigenständige Wege eingeschlagen hatten. Neben den erwähnten Vallejo und Neruda sind als bedeutende Exponenten auch für die Lyrik zu nennen der Argentinier Jorge Luis Borges (1899) und der Mexikaner Octavio Paz (1914). Einige weitere unter den hervorragenden Lyrikern Hispano-Amerikas werden im Anhang aufgeführt. Auf die Originalität der afroamerikanischen Lyrik in der Karibik und in Brasilien kann hier lediglich hingewiesen werden.

Es ist jedoch die Gattung Roman, die in Lateinamerika nach dem Ersten Weltkrieg unbestritten sowohl quantitativ wie qualitativ dominierend geworden ist. Unter dem Aspekt der variablen Beziehung zwischen Erzählwerk und Gesellschaft läßt sich die rasche Entwicklung bis heute in drei Phasen einteilen, wobei auf den in mancher Hinsicht interessanten Niederschlag der mexikanischen Revolution (seit 1910) in der erzählenden Literatur hier nicht eingegangen werden kann. Die *erste Phase* zeigt uns die späte Erfüllung jener früh (nämlich von Sarmiento) schon in ihrer Richtigkeit, ihrer Triftigkeit erkannten künstlerischen Anlage des Grundkonflikts, den in Lateinamerika Mensch und Natur, oder auch Zivilisation und Barbarei auszutragen haben. In kurzem Abstand sind in den zwanziger Jahren drei Erzählwerke erschienen, in denen der Konflikt zwischen diesen unerbittlichen Gegensätzen sich nicht in der realistischen Deskription erschöpfte, sondern zum Gleichnis erhoben wurde: *La vorágine* (1924) von José Eustasio Rivera (Kolumbien), *Don Segundo Sombra* (1926) von Ricardo Güiraldes (Argentinien) und *Doña Bárbara* (1929) von Rómulo Gallegos (Venezuela). Die konventionelle Literaturgeschichte spricht bei diesen Werken von »novela regional«. Tatsächlich liegt der Schauplatz dieser Romane nie in einer Stadt, vielmehr spielen ausgedehnte und klimatisch-geographisch einzigartige Regionen eine sehr vordergründige Rolle: in *La vorágine* ist es die kolumbianische Urwaldhölle der Kautschuksammler, in *Don Segundo Sombra* ist es die Pampa der argentinischen Gauchos, in *Doña Bárbara* ist es der venezolanische »llano«, die Orinoco-Ebene. Alle drei Naturtypen stellen durch ihre Dimensionen, ihre Unüberschaubarkeit, letztlich durch ihre Absolutheit eine Macht dar, mit der sich keine menschliche Kraft zu messen vermag. Die Konfrontation mit dieser übermächtigen Natur wird in diesen drei Romanen jedesmal einzelnen zum Schicksal. Auch wenn in allen drei Romanen die zivilisierte Welt bloß in ländlich-provinzieller Randform sichtbar und von den Autoren mit liebenswürdiger Ironie behandelt wird, verkörpert sie einen zwar relativen und vielleicht provisorischen Sieg, aber immerhin einen Sieg und somit ein Positivum. In ihr ist ein Dasein in menschenwürdiger Form möglich, bei aller sozialen Unzulänglichkeit, währenddem die Natur ein so verletzliches Leben wie das menschliche kaum biologisch duldet und daher notwendigerweise als Negativum erscheint. Aus der Sicht jener liberalen, humanistisch gebildeten und an einen menschlichen Fortschritt glaubenden Autoren legt sich zwischen Zivilisation und Natur die gleiche Scheidung wie zwischen Gut und Böse. Dieser einfachen, aber kraftvollen Symbolisierung verdanken die erwähnten Romane ihren dichterischen Rang. Es sind zudem autochthone Symbole, die in lateinamerikanischen Verhältnissen allein Ursprung und Geltung hatten. Die Unabhängigkeit gegenüber der europäischen Literaturtradition, die der Modernismus schon eine Generation früher für die Lyrik gebracht hatte, war nun auch in der erzählenden Gattung erreicht.

Die *zweite Phase*, die um das Jahr 1930 einsetzt, bringt entscheidende Veränderungen. Der Mensch hat im Roman der dreißiger und vierziger Jahre nicht mehr einen episch-heldischen Kampf mit dem Feind Natur zu bestehen, sondern sieht sich einem gesellschaftlichen Machtmißbrauch ausgesetzt. Das von den Peruanern Haya de la Torre, Mariátegui und anderen formulierte sozialkritische und politische Ideengut, aber auch die weltweite Wirtschaftskrise weckten das soziale Gewissen der lateinamerikanischen Intellektuel-

len und Schriftsteller. Es hebt die Zeit an, in welcher der Romancier sich aufgerufen fühlt, manifestes Unrecht möglichst drastisch darzustellen. Es ist nun die soziale Realität, die als das Böse erscheint. Diese Polarisierung wird sich auch in der dritten Phase, also bis in unsere Tage hinein nicht ändern. In den zwei Jahrzehnten jedoch, die uns vorerst interessieren, erfolgt der Protest gegen soziales und politisches Unrecht aus der Überzeugung heraus, die Ursachen könnten und müßten behoben werden. Im Bewußtsein, Schuldige namhaft oder Gründe greifbar machen zu können, wird das grausame Dasein von Entrechteten zum bevorzugten Stoff der erzählenden Literatur. Der flutartig anschwellende Realismus bringt viel Scheußlichkeit an den Tag und wenig Kunst. Die allgemeine Schaffenshaltung baut auf die alte, schon biblische Dialektik, wonach eine drastische Darstellung des Bösen die Hinwendung zum Guten bewirke. Das Alibi, mit dem das Häßliche sein Dasein in der Kunst rechtfertigt, beruft sich auf ein umfassenderes Wahrheitsethos, ist somit moralisch unterbaut. Gleichzeitig werden im Protest die Forderung und der Wille zur Veränderung geäußert. Diese engagierte Literatur bekennt sich damit explicite oder implicite zur Hoffnung, zur möglichen Beseitigung des Bösen. Denn gerade dadurch, daß der Romanheld nun ein Opfer nicht der Natur, sondern der sozialen Ausbeutung ist, sein Opfergang also vermeidbar wäre, wird menschliche Anteilnahme, wird das Leserinteresse auf eine neue Weise geweckt, nämlich auf psychologischer und politischer Ebene zugleich.
Allerdings haben sich nebst der Thematik auch der Ton und vor allem der Stil radikal verändert. Die Zeit des Schönschreibens ist vorüber. Zur Erhöhung des realistischen Effekts und der Wahrhaftigkeit wird oft auch die Sprache der Entrechteten, wiederum gleichsam als Dokument, roh übernommen. Kurz: weder thematische noch stilistische Tabus halten dem Sturm stand. Der Versuchung, ein Segel in diesen Wind zu setzen, sind allzuviele erlegen. Große Romane sind, gemessen an der Breite der Springflut, nur wenige entstanden. Als Beispiele mögen hier stehen das Buch *Huasipungo* des Ecuadorianers Jorge Icaza (1934); als besonders zugängliches Buch der Roman *El mundo es ancho y ajeno* (1941) des Peruaners Ciro Alegría; als formal vorausweisendes Muster für die engagierte Romankunst dieser Jahrzehnte sei *El señor presidente* des späteren Nobelpreis-

trägers Miguel Angel Asturias aus Guatemala erwähnt (1930, 1946).

Die *dritte*, die fünfziger, sechziger und siebziger Jahre umfassende *Phase* entwirft ein keineswegs lichteres Bild. Indessen befaßt der Romancier sich mit der sozialen Realität nicht länger im Sinne eines protestierenden Realismus, vielmehr entdeckt er in ihr den Grund und gleichzeitig die allgegenwärtige Manifestation einer conditio humana, die keine sichere Hoffnung mehr kennt, aber immer genauer ihre selbständige Würde fordert. Das Ausgesetztsein des einzelnen – es ist nun nicht mehr nur der Entrechtete – in die für keinen mehr durchschaubaren Verhältnisse wird zum Gleichnis genommen für die metaphysische Ausweglosigkeit der Existenz. Die Frage nach der Veränderbarkeit dieser Realität ist nicht mehr politisch gestellt. Wenn Schuld namhaft zu machen ist, so wird sie der Justiz, zumeist aber dem öffentlichen Gewissen angezeigt. Den Romancier interessiert sie in ihrer Vordergründigkeit nicht mehr. Seine Helden müssen an dieser Welt leiden, nicht weil sie zu edel und die anderen zu niederträchtig sind, sondern weil sie eine Vorstellung von dem gemeinmenschlichen Sinn der Existenz haben, die in der gesellschaftlichen Praxis verraten wird. In diesem Scheitern kann durchaus Größe liegen, eigentlich mehr als im Weltekel des romantischen Helden. Dieser litt an der Diskrepanz zwischen der Höhe seines Ideals und der Banalität der Welt. Der existentiell bedrängte Romanheld der fünfziger Jahre mißt die Welt nicht an einem privaten Glücksideal, sondern er stellt ihr provokatorisch die Sinnfrage, hält ihr sein Suchen wie eine leere Form entgegen, auf daß sie sich fülle. Und Leere ist hier kein Negativum, denn sie bedeutet gleichzeitig Offensein und Ahnung für eine sinngebende Würde des Lebens. Größe in diesem zugleich desperaten und utopischen Sinne finden inmitten einer kaum mehr zu ordnenden Realität die Figuren einer Anzahl bedeutender Autoren, von Ernesto Sábato (1911) über Juan Rulfo (1918) bis hin zu dem inzwischen weltberühmt gewordenen García Márquez (1928). Die mir am bedeutendsten erscheinenden Romane sind im Anhang zusammengestellt.
Die sechziger und siebziger Jahre bringen für das Realitätsempfinden der Romanciers keine prinzipielle Veränderung. Die soziale Situation ist allerdings nicht nur mehr Gegen-

stand empörter Schilderung oder engagierten Protests, sie ist vielmehr Metapher für ein Daseinsgefühl der Entfremdung. Die mediale Rolle der Wirklichkeit wird in den sechziger Jahren sogar noch verdeutlicht, so daß die künstlerische Umgestaltung eines nach wie vor skandalösen Stoffes zur Schicksalstransparenz in einigen Fällen bis zur Perfektion gelingt. Seit den Bestsellern des Argentiniers Julio Cortázar (1914–1984), des Mexikaners Carlos Fuentes (1928), des Kolumbianers Gabriel García Márquez (1928) oder des Peruaners Mario Vargas Llosa (1936) spricht man vom Neuen Roman Lateinamerikas, von der »Novela Nueva«. Diese Autoren haben, jeder auf seine Weise, eine Erzähltechnik gefunden, die souverän und wie selbsttätig den Stoff zur Preisgabe seines letzten Gehaltes zwingt. In ähnlichen Verfahren, aber ohne die Sterilität und die Laboratoriumsluft des französischen Nouveau Roman, entstand hier eine offene Romanform, die selber Entscheidendes aussagt und dabei dem Leser als verstehendem Partner einen persönlichen Spielraum beläßt.

Die Entstehung einer autonomen Kulturregion

Obschon im politisch so wenig stabilen Lateinamerika der bittere Satz eines chilenischen Schriftstellers, »Wir schreiben, um nicht zu verschwinden«, nach wie vor seine Geltung hat, gibt es seit dem Zweiten Weltkrieg erfreulichere Motivationen, um Literatur zu schaffen. Die positivste Folge des Roman-»Booms« der sechziger und siebziger Jahre ist die überwältigende Binnen- und Außenrezeption einer beträchtlichen Anzahl von Werken. Nicht nur war über die Landesgrenzen hin eine kulturelle Kommunikation möglich geworden, die den herkömmlichen Umweg über Paris überflüssig machte, vielmehr zeigte es sich, daß die formal kühn innovierten Erzählwerke den eigenen, vordem oft provinziellen Kulturhorizont überschossen und auf anderen Kontinenten eine ungeahnt rasche Rezeption und Beachtung fanden. Damit sich eine Kulturregion neu konstituiere, bedarf es einer »Infrastruktur«, eines gesellschaftlich-organisatorischen Unterbaus. Einige Faktoren haben dazu beigetragen: die frühen Europa- und Amerikakontakte mancher der heute führenden Autoren, der Einfluß der diversen Exilantengruppen (Spanier, Europäer während und nach den Zeiten des Faschismus, im eigenen Land verfolgte Lateinamerikaner), die gewaltige Binnenmigration zu den urbanen Zentren, die kontinentale Kommunikation dank dem Luftverkehr, der wirtschaftliche Aufschwung nach dem Zweiten Weltkrieg, die (in absoluten Zahlen) doch erfolgreiche Alphabetisierung, die nicht nur ideologischen Ausstrahlungen der »Casa de las Américas« in Havanna, die Schaffung eines relativ stabilen Verlags- und Vertriebswesens, die Gründung von Kulturzeitschriften mit übernationaler Reichweite (*Mundo Nuevo, Primera Plana, Casa de las Américas, Vuelta* u. a. m.), das Geleit durch die internationale Literaturkritik in Presse und Buch, namentlich auch durch die in den USA besonders zahlreichen Lateinamerikanisten an den Universitäten.

Die rasche Übersetzung großer Werke in die meisten Kultursprachen, die Verleihung des Nobelpreises für Literatur an Gabriela Mistral (Chile, 1945), Miguel Angel Asturias (Guatemala, 1967), Pablo Neruda (Chile, 1971) und Gabriel García Márquez (Kolumbien, 1982) haben zum Selbstbewußtsein der aufgeblühten Kulturregion wesentlich beigetragen. Eine wichtige Folge dieser breiten Rezeption ist die eingetretene Rückstrahlung der zunächst nur die Gegenwartsliteratur beleuchtenden Schlaglichter auf die Werke früherer Autoren. Zur Entdeckung der eigenen Vergangenheit stellt die inzwischen bei Band 100 angelangte *Biblioteca Ayacucho* (Caracas) das schön edierte und sorgfältig kommentierte Korpus der wesentlichen Werke aller Länder, einschließlich Brasiliens, und sämtlicher Gattungen bereit. Auf diese Weise wird erkennbar, welch interesantes Geschichtsmaterial die alten Chroniken aus der Entdeckerzeit, welche anthropologischen Einsichten die in der Schrift aufgehobenen Dichtungen aus der oralen Tradition bergen. Es werden auch die hervorragende Bedeutung der Gattung Essay und die auffallende Präsenz der Kurzerzählung deutlich sowie die schwache Vertretung des Dramas. Erst in jüngster Zeit scheint sich diese Gattung in Form des experimentellen und politischen Theaters wieder etwas zu beleben.

Soll man von einer neuen Weltliteratur reden? In Anbetracht der europazentrischen Wertung, die diesem Begriff anhaftet, scheint mir die Feststellung besser zu passen, daß es hier eine neue unter den Literaturen der Welt zu entdekken gibt. Europa wird sich in diesem Spiegel anders, besser sehen lernen.

Literaturhinweise

Anderson Imbert, Enrique: Historia de la literatura hispanoamericana. 2 Bde., México: Fondo de Cultura Económica, ^{6}1974. (Eine brauchbare knappe Literaturgeschichte in spanischer Sprache)

Deutschsprachige Werke:

Eitel, Wolfgang (Hrsg.): Lateinamerikanische Literatur der Gegenwart in Einzeldarstellungen. Stuttgart 1978.

Fogelquist, Donald F.: Die hispanoamerikanische Literatur. In: Kindlers Literaturlexikon, Bd. VII. Zürich 1972, S. 191–200.

Grossmann, Rudolf: Geschichte und Probleme der lateinamerikanischen Literatur. München 1969.

Die Horen, 28. Jg., Ausgabe 129 (Frühjahr 1983), Sonderheft zum Zweiten Festival der Weltkulturen: Lateinamerika (Horizonte '82 Berlin), zusammengestellt von Michi Strausfeld, Bremerhaven: Verlag für neue Wissenschaft, 1983.

Lorenz, Günter W.: Dialog mit Lateinamerika. Panorama einer Literatur der Zukunft. Tübingen 1970.

Ders.: Lateinamerika. Stimmen eines Kontinents. Prosa, Lyrik, Theater, Essays (Anthologie). Tübingen 1974.

Meyer-Clason, Curt (Hrsg.): Unsere Freunde die Diktatoren. Lateinamerikanische Schriftsteller heute. Prosa, Essays, Poesie. München 1980.

Oviedo, José Miguel: Lateinamerika. Gedichte und Erzählungen 1930–1980. Frankfurt 1982.

Paz, Octavio: Erkundung der lateinamerikanischen Literatur. In: Essays, II, Frankfurt 1980, S. 96–110.

Ders.: Lateinamerikanische Poesie? Ebenda, S. 111–128.

Pollmann, Leo: Geschichte des lateinamerikanischen Romans. Band I: Die literarische Selbstentdeckung (1810–1929); Band II: Literarische Selbstverwirklichung (1930–1979). Berlin 1982/1984.

Reichardt, Dieter: Lateinamerika. Autoren. Literaturlexikon. Tübingen 1972 (Bibliographie der deutschen Übersetzungen von den Anfängen 1753 bis zur Jahreswende 1970).

Rusin, Beatrix Maria: Mensch und Urwald im hispano-amerikanischen Roman. Wien 1981.

Siebenmann, Gustav: Die neuere Literatur Lateinamerikas und ihre Rezeption im deutschen Sprachraum. Con un resumen en castellano. Bibliotheca Ibero-Americana, Bd. 17, Berlin 1972.

Strausfeld, Mechtild (Hrsg.): Lateinamerikanische Literatur. Frankfurt 1976/1983.

Die bedeutendsten Romane Spanisch-Amerikas im zwanzigsten Jahrhundert

Autor	Titel	Ersch.-jahr	Land	deutsche Ausgaben
Mariano Azuela	Los de abajo	1916	Mexiko	
José Eustasio Rivera	La vorágine	1924	Kolumbien	Der Strudel
Ricardo Güiraldes	Don Segundo Sombra	1926	Argentinien	Das Buch vom Gaucho Sombra
Rómula Gallegos	Doña Bárbara	1929	Venezuela	Doña Bárbara
Roberto Arlt	El juguete rabioso	1929	Argentinien	
Jorge Icaza	Huasipungo	1934	Ecuador	Huasipungo
Ciro Alegría	El mundo es ancho y ajeno	1941	Peru	Die Welt ist groß und fremd
Miguel Angel Asturias	El señor presidente	1930–1946	Guatemala	Der Herr Präsident
Jorge Luis Borges	El Aleph	1949	Argentinien	Das Aleph
Juan Carlos Onetti	La vida breve	1950	Uruguay	Das kurze Leben
Juan Rulfo	Pedro Páramo	1955	Mexiko	Pedro Páramo
Carlos Fuentes	La región más transparente	1958	Mexiko	Landschaft in klarem Licht
José María Arguedas	Los ríos profundos	1958	Peru	Die tiefen Flüsse
Augusto Roa Bastos	Hijo de hombre	1959	Paraguay	Menschensohn
Ernesto Sábato	Sobre héroes y tumbas	1961	Argentinien	Über Helden und Gräber
Alejo Carpentier	El siglo de las luces	1962	Kuba	Explosion in der Kathedrale
Julio Cortázar	Rayuela	1963	Argentinien	Rayuela. Himmel-und-Hölle
Salvador Elizondo	Farbeuf o la crónica de un instante	1965	Mexiko	Farabeuf oder Die Chronik eines Augenblicks
Mario Vargas Llosa	La casa verde	1966	Peru	Das grüne Haus
José Lezama Lima	Paradiso	1966	Kuba	Paradiso
Antonio di Benedetto	Zama	1956–1967	Argentinien	Und Zama wartet

Autor	Titel	Ersch.-jahr	Land	deutsche Ausgaben
Guillermo Cabrera Infante	Tres tristes tigres	1967	Kuba	
Gabriel García Márquez	Cien años de soledad	1967	Kolumbien	Hundert Jahre Einsamkeit
Salvador Garmendia	La mala vida	1968	Venezuela	
Manuel Puig	Boquitas Pintadas	1969	Argentinien	Der schönste Tango der Welt
Manuel Scorza	Redoble por Rancas	1970	Peru	Trommelwirbel für Rancas
Alfredo Bryce Echenique	Un mundo para Julius	1970	Peru	
Julio Ramón Ribeyro	La juventud en la otra ribera	1973	Peru	
Gabriel García Márquez	El otoño del Patriarca	1975	Kolumbien	Der Herbst des Patriarchen
Gabriel García Márquez	Crónica de una muerte anunciada	1981	Kolumbien	Chronik eines angekündigten Todes
Reinaldo Arenas	Termina el desfile	1981	Kuba	

Lateinamerika – Stimmen eines Kontinents. Prosa – Lyrik – Theater – Essay, herausgegeben von Günther W. Lorenz, Tübingen 1974
Lateinamerika. Gedichte und Erzählungen 1930–1980, herausgegeben von José Miguel Oviedo, Frankfurt 1982

Die bedeutendsten Lyriker Spanisch-Amerikas im zwanzigsten Jahrhundert

Autor	Land	deutsche Ausgaben
Rubén Darío (1867–1916)	Nicaragua	Gedichte (Auswahl)
Gabriela Mistral (1889–1957)	Chile	Spürst du meine Zärtlichkeit? Liebesgedichte und andere Lyrik
Oliverio Girondo (1891–)	Argentinien	
César Vallejo (1892–1938)	Peru	Gedichte (Span./Dt.)
Vicente Huidobro	Chile (1893–1948)	Poesie (Span./Dt.)

Autor	Land	deutsche Ausgabe
León de Greiff (1895–1981)	Kolumbien	
Jorge Luis Borges (1899–)	Argentinien	Gedichte 1923–1965 Gedichte 1969–1976
Carlos Pellicer (1899–)	Mexiko	
Leopoldo Marechal (1901–1973)	Argentinien	
José Gorostiza (1901–1973)	Mexiko	
Jorge Carrera Andrade (1902–)	Ecuador	Gedichte
Nicolás Guillén (1902–)	Kuba	Gedichte
Xavier Villauratia (1903–)	Mexiko	
Pablo Neruda (1904–1973)	Chile	Dichtungen 1919–1965 Letzte Gedichte Viele sind wir
José Coronel Urtecho (1906–)	Nicaragua	
Miguel Otero Silva (1908–)	Venezuela	
Sara de Ibáñez (1909–1971)	Uruguay	
José Lezama Lima (1912–1976)	Kuba	
Eduardo Carranza (1913–)	Kolumbien	
Nicanor Parra (1914–)	Chile	Und Chile ist eine Wüste
Octavio Paz (1914–)	Mexiko	Gedichte (Span./Dt.) Suche nach einer großen Mitte (Span./Dt.)
Ernesto Cardenal (1925–)	Nicaragua	Gedichte (Span./Dt.) Psalmen Nationallied für Nicaragua

Rose aus Asche. Spanische und spanisch-amerikanische Gedichte 1900–1950. Zweisprachig. Herausgegeben und übertragen von Erwin Walter Palm, Frankfurt 1981

JEAN-MAX BAUMER

Theorie der Dependenz oder der Vulnerabilität: die Optik der Ökonomie

Einige Grundthesen der Dependenztheorie

Sie hat im Laufe der Jahre verschiedene Richtungen und Ausprägungen entwickelt. Ich beschränke mich auf zwei unterschiedliche Sichtweisen und einige gemeinsame Grundthesen.

Abhängige Volkswirtschaften – wie die Lateinamerikas – sind Reflexe anderer, dominanter Volkswirtschaften (Dos Santos) Dependente Volkswirtschaften wachsen oder stagnieren in Abhängigkeit analoger Prozesse in den bestimmenden Volkswirtschaften, also in den Industrieländern. Diese entwickeln sich autonom, die abhängigen Länder jedoch durch Induktion, durch Fremdbestimmung. Dependente Länder sind Satelliten der Industrieländer.

Die bürgerlich-nationalistische Richtung der Dependenztheorie (Pinto, Furtado, Jaquaribe, Sunkel u. a.) definiert Abhängigkeit als eine Summe internationaler Einflüsse, welche entwicklungsbegrenzend und/oder entwicklungsrichtungsweisend (im Interesse der lenkenden Volkswirtschaften) wirkt. Nationalstaaten dominieren Nationalstaaten. Abhängigkeiten werden mittels Indikatoren zu konkretisieren versucht im psychologisch-kulturellen Bereich (Ideologien, Vorbilder etc.), im politischen Bereich (Allianzen etc.) und im wirtschaftlich-technologischen Bereich (Außenhandel, Verschuldung, Auslandsinvestitionen und Vergleiche nationaler mit internationalen Betrieben). Solchermaßen identifizierte Abhängigkeiten bildeten m. E. eine wichtige Grundlage für die seit den siebziger Jahren zunehmend interventionistisch gewordene Wirtschaftspolitik lateinamerikanischer Länder, namentlich zwecks Regulierung des Auslandskapitals.

Die marxistische Richtung (Cardoso, Córdova, Dos Santos, Frank, Janni, Stavenhagen) definiert Abhängigkeit als Teil des (kapitalistischen) Imperialismus. Zur externen Abhängigkeit gesellt sich als Korrelat die gleichgerichtete interne Abhängigkeit. Klassen dominieren Klassen. Anstelle einer Konkretisierung betont diese Theorierichtung die integrale Verkettung der verschiedenen Abhängigkeiten, etwa, daß politische Dependenz die Vorstufe der wirtschaftlichen sei oder umgekehrt. Die Aneignung von Mehrwert findet zwischen Klassen innerhalb der Länder wie auch zwischen den Ländern statt. Abhängigkeit ist ein Mittel und die Folge der Herrschaftssicherung der ausbeutenden Klassen. Entscheidende gedankliche Rohstoffe schöpft diese Theorierichtung in W. I. Lenins »Der Imperialismus als höchstes Stadium des Kapitalismus« (1916 in Zürich geschrieben, 1917 erschienen, 1951 vom Dietz Verlag, Berlin, neu aufgelegt), wo er namentlich auf den Seiten 95 und 96 wichtige Aussagen macht über internationale monopolistische Kapitalistenverbände.

Der beiden Richtungen gemeinsame Grundgedanke besteht darin, Unterentwicklung nicht als Folge interner Faktoren (z. B. Ressourcenmangel), sondern als Konsequenz der Einbettung in die Weltwirtschaft zu verstehen. Entwicklung und Unterentwicklung sind historisch gleichzeitige, funktional aufeinander bezogene Seiten desselben weltwirtschaftlichen Entwicklungsprozesses (Evers, Wogan). Dabei manifestiert sich die Dependenz in zwei wichtigen Strukturmerkmalen. Einmal in der weltmarktabhängigen Reproduktion (Amin), d. h. infolge einseitiger Produktionsstruktur fehlt namentlich die Fähigkeit zur Herstellung von Investitionsgütern, und zweitens in der strukturellen Heterogenität (Senghaas), im Dualismus, d. h. in der Existenz zweier auseinanderklaffender Sektoren, eines wenig produktiven traditionellen Sektors und einem modernen Bereich, der an die Industrieländer assoziiert ist. Diese beiden Strukturmerkmale sind zwar interner Art, doch entstanden sie durch internationale Einflüsse. Eine rasche »Abkoppelung« eines Landes von der Weltwirtschaft ist deshalb auch aus der Sicht der Dependenztheorie keine Lösung, denn die internen Deformationen blieben auch nach dem Übergang zur Autarkie für lange Zeit bestehen.

Mit einigen methodischen Bemerkungen und fünf Thesen möchte ich meine Sicht der Dinge formulieren. Das Ziel besteht nicht darin, jede einzelne Spielart der Dependenztheorie darzustellen und zu kritisieren, sondern die gesamte Problemstellung einer bestimmten, anderen Optik zu unterwerfen, jener der Ökonomie klassischer Prägung.

Verschiedene Fachdisziplinen haben verschiedene Sprachen. Bei der Lektüre von Dependenztheorien fällt immer wieder deren vorwurfsvoller, mitunter giftiger Ton auf. Für Tatbestände, die die Dependenztheorien hypothetisch erklären, finden sich stets Schuldige. Dies liegt m. E. am Umstand, daß die Dependenztheorien mehrheitlich von Politologen, Soziologen und Vertretern einer politischen Ökonomie formuliert wurden. Sie haben ein etwas anderes Grundverständnis ökonomischer Prozesse, einen anderen Bezugsrahmen der Welt als die Ökonomen. Letztere sehen in Angebots- und Nachfragekonstellationen, in Preisen und Kosten, kurz: in Märkten die erklärenden Mechanismen. Menschen und Institutionen spielen zwar eine wichtige Rolle, aber in bezug auf die wirtschaftlichen Abläufe ist deren determinierender Charakter untergeordnet, weil sie – einzeln – stets nur während ganz kurzen Zeitperioden über nur beschränkte Entscheidungsgewalt verfügen, um große, eingespielte Systeme fundamental zu verändern. Zwar sind sie die Schöpfer der herrschenden Wirtschaftssysteme, aber der einzelne steht der Resultante aus der Summe vieler Entscheidungen über Generationen gegenüber. In mehrfacher Erbfolge haben viele Menschen Systeme geschaffen, die einzelne kurzfristig nur kosmetisch zu ändern vermögen. Soziologen und Politologen ordnen m. E. dem Menschen eine höhere operative Macht zu als Ökonomen. Einzelpersonen, Interessen, Klassen, Bündnisse stehen in direkterem, zeitloserem Zusammenhang mit dem Geschehen in der Welt. Die Verursacher sind angeblich leicht identifizierbar und bilden daher meistens die Endstation der analytischen Spur. Wer hat dies verursacht, wer verfolgt welche Interessen, wessen Entscheid war es? Marktprozesse, Preise etc. sind in diesem Grundverständnis nur die Folge eruierbarer Verhaltensweisen von Menschen und ihren Organisationen; anonym wird der Markt nur deshalb, weil die Ökonomen angeblich die Marktmechanik isoliert, d. h.

ohne einen Blick hinter die Marktkulissen zu werfen, untersuchen. Dort stehen im dunkeln die Mächtigen, welche die Marktmechanismen zu ihrem eigenen Vorteil programmieren.

Ich glaube indessen, daß es immer schwierig ist, die oder den einzelnen zu identifizieren, und es ist unter Beweisnot nur ein kleiner Schritt zur Verallgemeinerung, zur Kategorienbildung: die Arbeitgeber, die Rohstoffhändler, die Banken, die transnationalen Unternehmen etc.

Ich bleibe beim Grundverständnis der Ökonomie und glaube, daß das Verständnis bestimmter Mechanismen die Konzipierung von Gegenmechanismen, manifest in wirtschaftspolitischen Verhaltensweisen, erlaubt. Dies entbindet einen nicht von der politischen Analyse, der Frage also, ob bestimmte wirtschaftspolitische Verhaltensoptionen mit faktischen Interessen kollidieren. Aber die Analyse sollte nicht versuchen, beides miteinander zu tun, weil solche integralen analytischen Instrumente fehlen. Aus dem dialektischen Wechselspiel ökonomischer und politischer Analyse verspreche ich mir mehr als von einer Trübung des Erkenntnisobjektes durch eine angeblich integrale Betrachtungsweise, die wir instrumental gar nicht beherrschen. Niemand ist befähigt zu sagen, »wie es ist«, jeder sagt, »wie er es sieht«.

Von dieser Grundlage ausgehend, sehe ich es folgendermaßen:

Vorstellung I: Ich sehe keine Verschwörung der Industrieländer gegen Lateinamerika.

Lateinamerika hat in einer langen Tradition *interner* sozialer Entwicklungen Besitz- und politische Entscheidungsstrukturen geschaffen, die für uns ungewöhnlich einseitig sind. Aber ich sehe keine dunklen Mächte, böse Machenschaften und konzertierte Aktionen des Auslands (von der Kolonialzeit abgesehen) zwecks systematischer Ausbeutung Lateinamerikas; ich sehe einen – ökonomisch betrachtet – seit jeher attraktiven Kontinent, und wo Märkte sind, da sind auch »Verkäufer«. Ich sehe die Macht der Märkte und – je nach Konstellation der Einflußfaktoren – die daraus entstehenden, subjektiven Ungerechtigkeiten und sozialen Verzerrungen; auch andere Länder unterliegen diesen Mechanismen im Positiven wie im Negativen.

Vorstellung II: Wer seine Arbeit international teilt, macht sich im Ausmaße der Teilung auch abhängig.
Ein Land, das beschließt, Teil der internationalen Arbeitsteilung zu werden, hat auch beschlossen, Abhängigkeiten in Kauf zu nehmen. Abhängigkeit ist Verlust an Entscheidungskompetenzen. Wer mit andern zusammenspannt, reduziert per Definition seine Autonomie.

Vorstellung III: Das spezifisch Lateinamerikanische ist nicht die hohe Dependenz, sondern der relativ hohe Entwicklungsstand.
Die Dependenztheorien wurden von Lateinamerikanern für Lateinamerika formuliert und bleiben in ihrer Anwendung auf Lateinamerika beschränkt. Es förderte die falsche Vorstellung, nur die lateinamerikanischen Entwicklungsländer unterlägen diesem Phänomen. Die Frage für mich lautet aber, weshalb Lateinamerika (möglicherweise) in besonderem Maße (im Vergleich zu Industrie- und anderen Entwicklungsländern) von der Weltwirtschaft abhängig ist? Meine Erklärung geht dahin, daß der durchschnittlich gesehen dreimal höhere ökonomische Entwicklungsstand des Kontinents (Pro-Kopf-Einkommen, Industrialisierungsgrad, Wertschöpfungsverteilung unter den Sektoren u.a.m.) im Vergleich zu Afrika und Asien und der dadurch entsprechend höhere bzw. intensivere internationale Verflechtungsgrad als Ursache einer höheren Dependenz verstanden werden muß. Höherer Entwicklungsstand läuft in der Regel (und besonders in Lateinamerika) parallel zur weltwirtschaftlichen Vernetzung und damit auch Dependenz. Wenn eine Volkswirtschaft am internationalen Handel teilnehmen will, wird sie gegenüber dessen Fluktuationen auch verletzbar (vulnerable), anfällig, schrieb Adam Smith 1776.

Vorstellung IV: Wirtschaftliche Abhängigkeit ist ein qualitatives Problem.
Auch Industrieländer sind abhängig, aber in einer anderen qualitativen Ausprägung. Wer am internationalen Arbeitsteilungsprozeß partizipiert, sollte sich nicht fragen, ob er abhängig ist, sondern über welches Potential er verfügt, um auch andere abhängig zu machen; wie können Dependenzbeziehungen in Interdependenzbeziehungen transformiert werden? Wie können m.a.W. die aus der internationalen

Arbeitsteilung erwarteten (und gewünschten) Vorteile einerseits maximiert und die unerwünschten Verluste an Entscheidungskompetenzen andererseits minimiert werden? Die Industrieländer verfügen für diese Optimierung über deutlich mehr Pfeile im Köcher als Entwicklungsländer; ihre Abhängigkeiten sind sehr intensiv, aber ihr Potential zur Kompensation ist es auch.

Vorstellung V: Die Dependenztheorien hinken hinter der Praxis her.
Die wirtschaftspolitischen Optimierungsprozesse zwecks besserer Kontrolle der Abhängigkeiten haben in den siebziger Jahren eine große Entwicklung durchgemacht, zum Teil bahnbrechender Art, und in den meisten Fällen nicht zur Freude des Auslandes. Die sehr substantiellen Veränderungen in den Gesetzgebungen bezüglich des Auslandskapitals sind von den Dependenztheorien kaum beachtet und verarbeitet worden. Sie haben vielmehr ihre Attraktivität deshalb erhalten, weil sie in den einfachen, griffigen Modellvorstellungen des »Mächtigeren« und des »Schwächeren« operieren; gleichzeitig haben sie aber auch an Glaubwürdigkeit bei jenen verloren, die in empirischer Arbeit die Realitäten stets von neuem aufarbeiten.

Gedankenskizze zur Qualifizierung von Dependenzen

Der Übergang vom Einsiedlertum (Autarkie) in ein größeres System mit Arbeitsteilung schafft neue Beziehungen, welche zwischen extrem einseitig bis zu ausgewogen mehrseitig oder vielseitig pendeln. Jede Einordnung in ein größeres System erfolgt aus bestimmten Nutzenerwartungen (Nutzung oder Schaffung von komparativen Vorteilen durch Spezialisierung, Erhöhung der Effizienz der Produktionsfaktoren und damit der Wohlfahrt); die Kehrseite davon ist die erhöhte Abhängigkeit. Diese muß gestaltet, nicht angeklagt werden. Abhängigkeiten sind Entscheidungsverluste, von gradueller bis zu prinzipieller Natur. Die Aufgabe besteht darin, private und gesellschaftliche Kosten und Nutzen der Einbettung in ein größeres System (regionale Wirtschaftsintegration oder gar Weltwirtschaft) zu ermitteln.

Nachfolgend befasse ich mich mit einem Konzept zur Qualifizierung der Abhängigkeit, ohne es systematisch mit empirischen Daten oder Beispielen zu füllen.
An den Anfang stelle ich eine *Zielsetzung,* die stets in einer Verbesserung der allgemeinen Lebensumstände besteht. Die Zielsetzung kann von einem einzelnen Projekt bis hin zu strategischen Fernzielen reichen. Man mag zu Recht argumentieren, bereits das Setzen von Zielen geschehe unter Entscheidungsverlusten, also in nur teilweiser Autonomie; hier wird die Zielsetzung trotzdem als autonome Variable verstanden, denn das Ziel der Überlegungen besteht nicht darin, Abhängigkeiten zu leugnen, sondern sie zu qualifizieren.
Zielsetzungen lassen *Problemfelder* entstehen, in welchen Gedanken über die grundsätzlichen Bedingungen und Wirkungen angestellt werden müssen, die durch Verfolgen dieser Zielsetzung entstehen. Welches sind die auf das Ausland bezogenen Voraussetzungen und Wirkungen

- beim gesellschaftlichen Eigenverständnis, bezüglich
  - kultureller Werte und Verhaltensweisen
  - gesellschaftlicher Organisationsformen bzw. wirtschaftlicher Ordnungsvorstellungen?
- bei den Investitionsentscheiden (und -möglichkeiten) privater und kollektiver Art? Dieser Fragenkomplex schließt die Problemstellung der Faktorkombination, also des Einsatzes von Arbeit, Kapital und einer bestimmten Technologie ein.
- im Bereich der Märkte? Dieser Fragenkomplex schließt die Beschaffungs- wie die Absatzmärkte ein.

Die Antworten auf diese Fragen sind nun unter dem Aspekt möglicher *Entscheidungsverluste* an das Ausland zu untersuchen. In welcher Art und in welchem Maß nimmt das Ausland in den drei Problemfeldern Einfluß? Welche ideologischen und ordnungspolitischen Auflagen sind mit der Zielerreichung verbunden? Welcher Art sind die Autonomieverluste bei Investitionen und welche strukturellen Folgen sind denkbar? In welchem Maße entscheidet das Ausland über die Nutzung einheimischen Potentials? Bei wem liegt die Entscheidungsgewalt, welche Märkte entwickelt, für welche Märkte produziert wird?
Möglichst konkrete Vorstellungen über das Maß und den Charakter der Entscheidungsverluste müßten nun in eine *Kosten-Nutzen-Analyse* einmünden. Das ist eine schwierige

Etappe. Sie besteht aus drei verschiedenen Schritten: der *Gewichtung* der Entscheidungsverluste, der quantitativen und qualitativen *Kosten- und Nutzenumschreibung* und schließlich der Überlegungen, wie sich diese Ergebnisse im *Zeitablauf* verändern könnten.

Der erste Schritt versucht dem Entscheidungsverlust eine Wertigkeit zu verleihen. Ein gegebenes regionales Projekt der Modernisierung der Milchversorgung mit Auslandshilfe hat in einem kleinen Land wie El Salvador eine andere Wertigkeit als in Brasilien. Die Gewichtung hat in erster Linie mit der Relation zwischen Landesgröße und Projektgröße zu tun. Sind die Entscheidungsverluste im Projekt zwar hoch, aber am Ganzen (Volkswirtschaft) gemessen marginal, wird man sich bei Wiederholung analoger Projekte Gedanken machen über die kritische Schwelle, die nicht überschritten werden sollte. Solche Schwellen kennen wir auch in der amerikanischen Antimonopolgesetzgebung oder bei der Zulassungspraxis ausländischer Arbeitskräfte in Industrieländern. Solche Schwellen widerspiegeln im Grunde genommen dahinter stehende Saldoüberlegungen zwischen Kosten und Nutzen. Die Wertigkeit kann aber nichts Absolutes sein, eine Frage, auf die wir zurückkommen.

Die Ermittlung der einzelnen Kosten und Nutzen ist weder soziologisch noch statistisch einfach. Beim ersteren scheint mir politische Brisanz zu liegen, denn volkswirtschaftliche Kosten und Nutzen werden verteilt. Wessen Kosten und wessen Nutzen berechnen wir? Aber der Versuch, hierüber Klarheit zu schaffen, würde höchst willkommene Hinweise für die später zu erörternde Gestaltung wirtschaftspolitischer Instrumente liefern, deren Aufgabe nicht nur darin besteht, externe Dependenzen zu steuern, sondern auch die positiven Wirkungen (Nutzen) nach innen zu lenken. Bezüglich der einzelnen Kosten und Nutzen darf man immerhin auf eine relativ breite Literatur hinweisen, die sich damit methodisch und inhaltlich beschäftigt hat. Man wird teilweise mit quantitativen Indikatoren arbeiten müssen wie beispielsweise mit realen Austauschverhältnissen zwischen Ländern, mit partiellen Wachstumsraten einzelner Branchen und ihren Rückwirkungen positiver und negativer Art auf die eigenen Faktor- und Gütermärkte mit allen Konsequenzen im Beschäftigungs- und Einkommensbereich, aber auch mit positiven und negativen Externalitäten etc. Vieles

wird aber qualitativ beurteilt werden müssen, etwa Lerneffekte, Einstellungsveränderungen und andere Modernisierungseffekte. Besonders anspruchsvoll dürfte es sein, diese Ergebnisse in einem mittelfristigen Zeitablauf zu sehen. Im Falle einer verbesserten Milchversorgung kann im Zeitablauf die Zahl einheimischer Konkurrenten wachsen und dadurch die Kosten-Nutzen-Ergebnisse, letztlich also die Wertigkeit des Projekts verändern. In diesem Falle bedeutete es eine Verminderung von Abhängigkeit. Wenn das Gegenteil eintritt und einheimische Konkurrenten verdrängt werden, wird man diese Steigerung der sozialen Kosten zu vermeiden suchen. Entweder läßt man die zu dieser Situation führenden Entscheidungsverluste nicht zu (z.B. Ausschluß von Auslandskapital aus bestimmten Sektoren) oder man unterwirft das Auslandskapital geeigneten wirtschaftspolitischen Lenkungsmaßnahmen (z.B. Zwang zur Partnerschaft mit einheimischen Investoren).
Mit Erwartungen bezüglich diverser privater und sozialer Kosten und Nutzen, gepaart mit einer Vorstellung über das heutige und mutmaßliche zukünftige Gewicht dieser Kosten und Nutzen müßte man sich schließlich der Frage zuwenden, welche *Transformationskosten* entstehen. Auch dieser Aspekt ist nicht ganz einfach erfaßbar. Es geht eigentlich um die Frage, welche Opportunitätskosten durch den zur Diskussion stehenden Entscheidungsverlust auftreten bzw. welche Kosten entstünden, um den status quo (Autonomie) wiederherzustellen. Die Sache ist deshalb kompliziert, weil ein status quo nicht ein Zurück zur alten Situation, sondern die Wiederherstellung einer Autonomie höheren Grades unter Aufrechterhaltung der inzwischen neu eingetretenen Situation bedeutet. In der Regel gibt es zwei Wege zu diesem Ziel: entweder entwickelt man die eigene Fähigkeit zur Imitation der ausländischen Tätigkeiten oder man verändert nachträglich die ursprünglich vereinbarte Entscheidungsteilung stärker zu den eigenen Gunsten. Im ersten Fall wird man die Kosten der Eigenanstrengung, im zweiten Fall jene der Verhandlungen einschließlich aller Retorsionsmaßnahmen interner Art (z.B. ausländische Firma schließt) und externer Art (Protektionismus, Krediterschwerungen etc.) berücksichtigen müssen. Man gewinnt ein Bild des notwendigen Aufwandes, um ein einmal eingegangenes Maß an Auslieferung an fremde Entscheidungsträger wieder in ein höheres Maß eigener Entscheidungsautonomie zu trans-

formieren. Es geht schließlich um die Frage, wie ein Land aus einer Arbeitsteilungssituation – einst mit positivem Kosten-Nutzen-Saldo – wieder auszubrechen vermag und zu welchen volkswirtschaftlichen Kosten?

Könnte man schon bei der vorgängig erörterten Stufe der eigentlichen Kosten-Nutzen-Analyse hellsehen, dann bräuchte man keine Transformationskostenuntersuchung. Aber niemand kann voraussagen, ob etwa eine neue »Politik« einzelner Industrieländer entsteht, neue Synthetika anstelle natürlicher Rohstoffe erfunden werden, Marktsättigungen spürbar werden, ob neue Konkurrenten mit Preisvorteilen auftreten oder ob unvorhersehbare Knappheiten bei Energiegütern oder anderen Produkten eingeschlagene Entwicklungspfade gefährden und zu Anpassungen zwingen.

Hierin liegt m. E. der entscheidende und zentrale Unterschied in der Qualität der Dependenz von Industrieländern im Vergleich zu jener von Entwicklungsländern. Die Abhängigkeit oder Vulnerabilität ist in allen Fällen gegeben, sobald eine Integration in die weltwirtschaftliche Arbeitsteilung eintritt. Diese wird deshalb gewählt, weil ein Land durch Konzentration auf komparative Produktionsvorteile eine effizientere Nutzung seiner Produktionsfaktoren und damit eine Wohlstandssteigerung erfährt; dafür nimmt man Verflechtungswirkungen in Kauf: Zulieferungen müssen klappen und Absatzmärkte müssen offen bleiben. Aber die eigentliche Schwierigkeit besteht darin, bei Änderungen solcher externer Einflußfaktoren intern jene Umstellungen, Anpassungen, innovativen Sprünge nach vorn oder allenfalls die Rückkehr zu einem status quo schnell bewerkstelligen zu können. Diese Fähigkeit ist in der Regel in Industrieländern unvergleichlich viel größer als in Entwicklungsländern. Es liegt an der Polyvalenz des Humankapitals und an der stark diversifizierten industriellen Infrastruktur.

Ich wage zu behaupten, daß die Dependenzen eines Industrielandes (mit Ausnahme der wenigen Großraumwirtschaften wie die USA und die UdSSR) größer sind als die des Durchschnitts von Entwicklungsländern. Ich bin außerdem der Auffassung, daß ein abrupter Übergang aller Länder zur Autarkie kurzfristig den Industrieländern sehr viel größere Produktionseinbußen und Wohlstandsverluste brächte als den Entwicklungsländern, deren Außensektor in der Regel bescheidener ist und deren Wohlstandsniveau viel tiefer liegt. Der massivste Beschäftigungs- und Einkommenseinbruch würde in Industrieländern erfolgen. Aber schließlich bin ich der Meinung, daß die Industrieländer über ein unvergleichlich viel größeres Potential verfügen, relativ schnell ihre wirtschaftlichen Tätigkeiten zu reorganisieren. Man kann deshalb sagen, daß Industrieländer sich die Risiken höherer Abhängigkeiten eher leisten können als Entwicklungsländer, weil sie über viel zahlreichere Auswege aus der Dependenzfalle verfügen. Es ist ökonomisch ein erheblicher Unterschied, ob ein Land z. B. auf die Fabrikation eines Zwischenproduktes verzichtet, weil dieses vom benachbarten Ausland billiger hergestellt werden kann oder ob es auf die Eigenproduktion verzichten muß, weil es selbst die Fähigkeiten dazu nicht besitzt. Wenn ein Land wie die Schweiz aus Kostengründen die Nutzfahrzeugproduktion aufgibt, dann steigert es dadurch seine volkswirtschaftliche Kapitalproduktivität, nimmt dafür aber gewisse Abhängigkeiten in Kauf. Wenn die Kosten-Nutzen-Analyse dieses Austauschs (trade-off) indessen negativ würde, wäre die Schweiz imstande, binnen sechs Monaten die eigene Nutzfahrzeugproduktion wieder aufzunehmen, zu Kosten allerdings, die im internationalen Vergleich zu hoch wären. Doch würden diesen Kosten auch entsprechend höhere Nutzen gegenüberstehen (Liefersicherheit für militärische Zwecke). Die Abhängigkeit ist eine solche auf Widerruf. Es gibt also ohne Zweifel deutliche qualitative Differenzen in der Dependenz unterschiedlich entwickelter Länder, und dies zuungunsten der Entwicklungsländer. Wenn dieser ökonomische Tatbestand aber in eine politische Anklage gegen die Industrieländer umgemünzt wird, vergißt man, daß ein Entwicklungsland bei seinem noch bescheidenerem Fähigkeits-, Technik-, Kommunikations- und Organisationspotential nicht jene internationalen Arbeitsteilungsmuster der Industrieländer übernehmen kann, um alsdann im gleichen Atemzug diesen Dominanz und Ausbeutung vorzuwerfen. Die wirklich relevante Frage wäre: in welchen Bereichen ökonomischer Aktivität und in welchem Maße kann sich ein Entwicklungsland internationale Arbeitsteilung erlauben, ohne – infolge noch geringerem Umstellungspotential bzw. höheren Transformationskosten – bei Auftreten exogener Störungen gewichtige Verluste seines potentiellen Sozialprodukts oder unliebsame strukturelle Entwicklungen in Kauf nehmen zu müssen? Die zweite Frage müßte lauten: wie kann ein Entwicklungsland sukzessive seine Transformationalelastizität erhöhen, um sich intensivere Verflechtungen bzw. höhere Abhängigkeiten erlauben zu können?

Erhöhung der Umstellungsfähigkeiten

Ich fasse also Dependenz als Entwicklungsverletzlichkeit auf und akzeptiere, daß diese ein konstitutives Element des Eintritts eines autarken Systems in ein supranationales System mit nur nationalen wirtschaftspolitischen Behörden darstellt. Die Aufgabe besteht darin, andauernd die eigene Transformationselastizität zu erhöhen, um sich steigende Vulnerabilität leisten zu können, die ihrerseits das unabdingbare Begleitelement des Nutzens internationaler Arbeitsteilung ist.

Die Lösungsszenarien der Dependenztheorien sind relativ grobmaschig. Die bürgerlich-nationalistische Richtung sieht den Ausweg in einer autonomen nationalen Entwicklung (was eine gelenkte Kooperation mit dem Ausland nicht ausschließt), während die marxistische Richtung für die sozialistische Revolution eintritt.

Ich schlage folgende Optik vor: wir können vereinfachend einen funktionalen Zusammenhang konstruieren einerseits zwischen dem Grad ausländischer Abhängigkeit und dem Diversifkationsgrad des Angebots (Endproduktstufe) einschließlich der Streuung der Handelspartner und anderseits dem Fähigkeitsgrad, die hintereinander geschalteten Produktionsstufen (die sogenannte sektorale Kohärenz) zu beherrschen. Es ist in beiden Fällen ein Verhältnis der umgekehrten Proportionalität, d.h. je diversifizierter das Angebot (und die Handelspartner) ist, desto geringer ist die Abhängigkeit bzw. je intensiver die Beherrschung der vertikalen Produktionsstufen bis zurück zur Forschung und Entwicklung ist, desto geringer ist wiederum die Abhängigkeit.

Es ist angezeigt, beide erklärenden Variablen simultan in Beziehung zum Grad der Abhängigkeit zu setzen, was im nachfolgenden Achsenkreuz mit vier Quadranten geschieht.

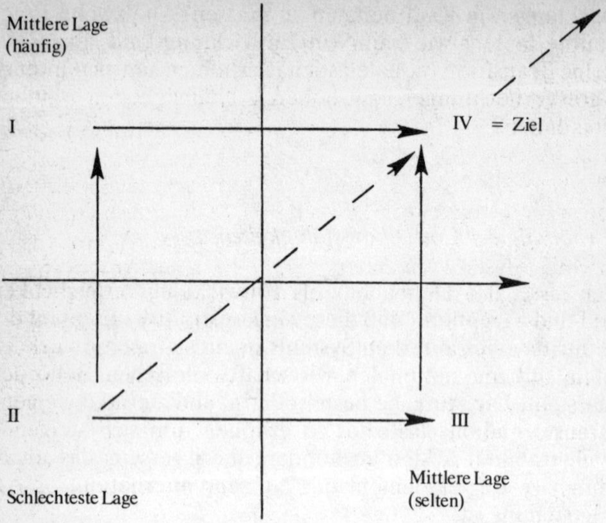

Vertikale Achse:	Diversifikationsgrad, also die angebotsmäßige Breitendimension der Volkswirtschaft
Horizontale Achse:	Grad der sektoralen Kohärenz, also die angebotsmäßige Tiefendimension der Volkswirtschaft
Schnittpunkt:	Durchschnitt aller Länder jeweils bezüglich des einen Kriteriums.

Die vertikale Achse verkörpert also im unteren Teil eine Monostruktur, im oberen Teil eine Polystruktur. Die horizontale Achse verkörpert im linken Teil einen geringen, im rechten Teil einen hohen Grad der Beherrschung vertikaler Produktionsstufen.

Quadrant I: Überdurchschnittliche Angebotsdiversifikation
Unterdurchschnittliche sektorale Kohärenz

Dies mag – ganz grob gesehen – etwa die Situation Brasiliens sein. Es wird wirtschaftspolitisch alle Anstrengungen unternehmen, um in den Quadranten IV zu wandern. Herstellung von Vor- und Zwischenprodukten, von Investitionsmitteln und Forschung und Entwicklung müssen stark gefördert werden.

Quadrant II: Geringe Angebotsdiversifikation
Geringe sektorale Kohärenz

Dies trifft auf die zentralamerikanischen Länder, aber auch auf Bolivien zu. Diese Länder haben drei mögliche strategische Pfade vor sich: zu Quadrant I hin (Importsubstitution vor allem im Konsumgüterbereich), zu Quadrant II hin (Förderung integraler Produktionsabfolgen für ausgewählte Produkte) oder die schrittweise Kombination beider Richtungen (durch den Schnittpunkt des Achsenkreuzes). Der empirisch häufigste Fall besteht in der Wanderung zu Quadrant I.

Quadrant III: Geringe Angebotsdiversifikation
Hohe sektorale Kohärenz

Wenn überhaupt ein Beispiel erlaubt ist, dann am ehesten Argentinien. Der künftige Entwicklungspfad kann nur noch zu Quadrant IV hin ausgerichtet sein.

Quadrant IV: Hohe Angebotsdiversifikation
Hohe sektorale Kohärenz

Diese strategische Lage kennzeichnet die Industrieländer. Deren Weiterentwicklung verläuft nach rechts oben unter ständiger Aufgabe älterer Produktionsverfahren und Produkte. Zur Zeit ist es aber unverkennbar, daß das Entwicklungstempo der Entwicklungsländer in Richtung des Quadranten IV größer ist als jenes der Industrieländer zu höheren Stufen innerhalb des Quadranten IV. Der weltweite Protektionismus der Industrieländer zwingt die aufholenden Länder zu Wanderungen zum Quadranten I. Für die Industrieländer ist dies offensichtlich das geringere Übel im Vergleich zu einer Stärkung der Entwicklungsländer im Quadranten III, denn die technologische Macht und der wirtschaftliche Vorsprung eines Landes besteht vor allem darin, die Produktion in ihrer Vertikalität zu beherrschen. Die Tiefendimension unter Kontrolle zu haben ist die erstbeste Lösung, die Breitendimension die zweitbeste Lösung, um Abhängigkeiten zu minimieren.

Dependenz ist ein komplexes Phänomen, das sich nicht einfach anhand ausgewählter Beispiele, die als Füllstoff des eigenen Hypothesengerüsts geschickt ausgewählt werden, beweisen läßt. Es gibt gute Beispiele zur positiven Verifikation der Dependenzthesen; aber es gibt ebenso viele Beispiele zu deren Falsifikation.

Eine Sammlung von Beispielen ergibt noch keine Theorie. Aber Beispiele inspirieren, stehen stellvertretend für Teilrealitäten, erlauben die Formulierung von Hypothesen. Alsdann braucht es aber tiefgründiges Studium von »Fällen«, und dies in wiederholtem Maße anhand zahlreicher Beispiele, bis man im Mikrobereich zu Ursachenketten, zur Essenz von Vorgängen und Verhaltensweisen vorstößt, bis man aus diesen Mikroerfahrungen induktiv Folgerungen für den Makrobereich ziehen kann.

Meines Erachtens wird in der Dependenzdiskussion viel zu oft ein internes Entwicklungsproblem, ein sozialer Mißstand u. a. m. in einem kausalen Kurzschlußverfahren auf ausländische Einflüsse zurückgeführt. Ich glaube, daß die Mehrheit der lateinamerikanischen Entwicklungsprobleme auf interne Faktoren zurückzuführen sind, die ihrerseits nicht auf externe Verursachung zurückgeführt werden können. Die Dependenztheorien haben stark den Blick von internen Problemen abgelenkt, umgelenkt auf das Ausland. Das hat zu einer ungeheuren Verzögerung angemessener Maßnahmen geführt und läßt sich als Entwicklungsschaden kaum beziffern.

Die zwei größten Hemmnisse einer beschleunigten Entwicklung in Lateinamerika dürften einmal die Bürokratie mit Korruption und zweitens der relativ schlechte Zugang zu Produktionsfaktoren für viele Menschen sein. Gäbe es in Lateinamerika diese zwei Phänomene nicht mehr, wenn das Auslandskapital abzöge und der Handel mit den Industriestaaten ein Ende fände? Gab es diese Phänomene nicht, solange das Ausland in Lateinamerika keine substantielle Präsenz aufwies? Ist die Tatsache, daß es auch Korruptionsfälle durch ausländische Unternehmen gibt, ein Beweis dafür, daß das Ausland der Verursacher dieses Phänomens ist? Mir scheint auch die Frage wichtig, ob mit solchen Problemfeldern überhaupt noch Dependenzprobleme aufgeworfen werden, oder ob diese Theorien zu einem Sammelbecken allen Übels überhaupt geworden sind? Muß man nicht sorgfältig unterscheiden zwischen einerseits effektiven ökonomischen Fakten und Mechanismen, welche ungleich lange Spieße der Konkur-

renten verursachen und unethischem Verhalten anderseits?
Schließlich möchte ich betonen, daß die Dependenztheorien meines Erachtens hinter der Praxis zurückblieben. Die wirtschaftspolitischen Behörden fast aller lateinamerikanischer Länder haben in den letzten fünfzehn Jahren Instrumente entwickelt und angewendet, die eine Optimierung zwischen Entscheidungsverlusten (Kosten) und Nutzen dank ausländischer Kooperation anstrebten. In vielen Bereichen hat die Wirtschaftspolitik überreagiert, in anderen zu wenig dezidiert agiert; aber prinzipiell zeigen die Gesetzgebungen über die Behandlung des Auslandskapitals deutlich, daß Lateinamerika gelernt hat, sein Schicksal zunehmend selbst zu bestimmen. Die Anhänger der Dependenztheorien werden argumentieren, die Gesetzgebungen über das Auslandskapital seien Pseudoeingriffe und würden letztlich durch die Interessenverbindung zwischen Ausland und herrschender Klasse in Lateinamerika gesteuert. Aber bei vertieftem Studium dieser Zusammenhänge entdeckt man plötzlich, daß Fakten von heute (als Summe früherer Entscheide) und Ziele für die Zukunft komplexe Puzzles für eine auf zunehmende Autonomie ausgerichtete Wirtschaftspolitik darstellen.
Die Komplexität der Aufgabenstellung besteht deshalb, weil fast alle Länder des Kontinents harmonische und konfligierende Ziele gleichzeitig zu erreichen trachten. Im Kern der Sache streben sie Modernisierung (namentlich weitere Industrialisierung) und gleichzeitig wachsende nationale Kontrolle über eben diesen Modernisierungsprozeß an. Beides sind legitime Ziele. Für die Modernisierung braucht Lateinamerika die Kooperation mit dem Ausland, denn ausländische Unternehmen verfügen über die Mittel dazu. Sie selbst sind in erster Linie an Zukunftsmärkten interessiert und daher grundsätzlich zur Modernisierungskooperation bereit. Hier liegt eine deutliche Interessenparallelität vor, eine zweiseitige Nutzenempfindung. Aber gleichzeitig besteht – in derselben Angelegenheit – ein Konflikt im Sinne eines ökonomischen Kostenelementes. Das lateinamerikanische Land will das Maß seiner nationalen Kontrolle erhöhen, während die ausländische Unternehmung eine möglichst starke Marktstellung (im wachsenden Zukunftsmarkt) anstrebt. Es braucht daher Regeln des Kompromisses. Beide Seiten nehmen ein gewisses Maß an Entscheidungs-

verlusten in Kauf, solange eine positive Nutzenempfindung auf der Ebene des Modernisierungs-Konsens noch besteht.
Dieses Verhalten erscheint mir in diesem Fall wie auch im allgemeinen vernünftig.

Schlußfolgerungen

Die Pauschalthese, Lateinamerika sei – im Unterschied zu anderen Regionen der Welt – ein dependenter Kontinent und damit ein Spielball der Mächtigen, lehne ich in dieser Form ab. Lateinamerika profitiert von und leidet unter internationalen *Verflechtungswirkungen*. Während der letzten 150 Jahre hat sich der Kontinent abwechselnd einmal mehr, einmal weniger in die Weltwirtschaft integriert.
Verpflichtungen und Risiken wurden eingegangen, die jetzt Hypotheken und Chancen sind. Fast alle Länder des Kontinents haben einen *Modernisierungspfad* der Entwicklung gewählt, und sie wußten, daß dies die Kooperation mit dem Ausland voraussetzt. Der Tatbestand der Verflechtungen mit der Weltwirtschaft wird in den Dependenztheorien ausschließlich unter dem Aspekt der Entwicklungsverhinderung und der strukturellen Deformation gesehen. Man müßte sich aber vorurteilsfrei auch einmal mit der Frage beschäftigen, ob der dreimal höhere wirtschaftliche Entwicklungsstand Lateinamerikas im Vergleich zu Asien und Afrika nicht auch mit der langanhaltenden *Kooperation* mit dem Ausland zu tun hat? Ich übersehe die sozialen Ungleichheiten nicht und ich billige sie auch nicht, jedoch gibt es diese auch in afrikanischen und asiatischen Ländern trotz viel geringerem durchschnittlichem Einkommen. Lateinamerika hat in den vergangenen 150 Jahren nicht auf Befehle, sondern auf *Marktsignale* reagiert. Die schnell wachsenden Nahrungsmittelexporte Argentiniens in den 1890er Jahren (Getreide, Fleisch) befriedigten eine explosiv zunehmende Importnachfrage europäischer Industrieländer. Hätte es Argentinien unterlassen sollen? Hingegen darf man den Standpunkt vertreten, die Erlöse hätten teilweise anders eingesetzt werden müssen. Eigene komparative Produktionsvorteile und entsprechend starke Stellung auf ex-

pandierenden Märkten entbindet nicht von der Aufgabe, private und soziale Kosten und Nutzen im Zeitablauf zu ermitteln. Es braucht dazu Kenntnisse über die eigenen *Schlüsselbereiche* und Schlüsselfaktoren, die selbst bei hohen gegenwärtigen Gewinnen nicht über Gebühr andern Entscheidungsträgern ausgeliefert werden dürfen. Es braucht vor allem und unverzüglich Investitionen zur Erhöhung der *Diversifikation* der Produkte und Wirtschaftspartner sowie solche zur Verbesserung der *sektoralen Kohärenz*. Wer nur konsumiert, ist zum Zeitpunkt des nächsten strukturellen Wandels zur Umstellung nicht fähig. Diesen Vorwurf kann man der politischen und wirtschaftlichen Elite Lateinamerikas, mindestens für die Zeitperiode von 1890 bis 1930, kaum ersparen. Aber in den letzten dreißig Jahren wurden in beiden genannten Richtungen unübersehbare Fortschritte gemacht. Dazu haben die *transnationalen Unternehmen* wesentlich beigetragen. Sie haben anderseits auch den *Verdrängungswettbewerb* beschleunigt, so wie in der Schweiz der Großverteiler Migros gegenüber zahlreichen Kleinverteilern. Die schwierige wirtschaftspolitische Aufgabe besteht in der *Optimierung* von Nutzen und Kosten, im Experiment sozialer Verhaltensweisen, eine oft nicht sehr attraktive Knochenarbeit der Praxis im Vergleich zu den schöngeistigen, heroischen Modellen vom Schreibtisch. Es ist schließlich auch an der Zeit, eine Gewichtung der von außen einfließenden Probleme im Vergleich zu den intern entstandenen Problemen vorzunehmen. Was intragesellschaftlich geraubt und wieder gegengeraubt wird, vom einfachen Polizisten bis zum Staatspräsidenten, ist vielerorts unbeschreiblich. Die plündernde und ökonomische Initiativen erschwerende eigene Bürokratie, die sich weder auf Geheiß noch zugunsten des Auslands schamlos bereichert, dürfte das größte Einzelhindernis wirtschaftlicher Entwicklung sein. Demgegenüber sind steuerlich hoch belastete Dividendentransfers, in vielen Ländern nahezu oder gar ganz verbotene Royaltyzahlungen, stark verminderte Möglichkeiten überhöhter Transferzahlungen infolge systematischer Preisvergleiche für Importwaren etc. bescheidene Problemkomplexe. Die internen sozialen und organisatorischen Stolperdrähte und Fallgruben haben im lateinamerikanischen Alltag einen unvergleichlich viel höheren Stellenwert als die angeblichen Machenschaften unsichtbarer ausländischer Drahtzieher. Die Abhängigkeit von Millionen

von Kleinbauern von der Handelsmafia, die Abhängigkeit der Einwohner von ihren Beamten, die häufige Rechtswillkür und die politische Inkompetenz vieler Machthaber haben vermutlich eine große Menge an Entwicklungsfortschritten zerstört; negative externe Effekte der ausländischen Tätigkeit in Lateinamerika nehmen sich daneben bescheiden aus.
Aber es finden auch *Lernprozesse* statt, die jede Theorie berücksichtigen muß. Eine optimale Kooperation ist schließlich auch eine Frage des gegenseitigen Vertrauens: jenes Ausland, jene Ausländer, welche die Unwissenheit, das Vertrauen und die Gutgläubigkeit lateinamerikanischer Partner oder Länder mißbrauchten, haben ihre Verantwortung nicht wahrgenommen. Man sollte sie indessen nicht als beweisende Evidenz der Dependenztheorie, sondern als immer wiederkehrende Exponenten unethischen Verhaltens verstehen.

Literaturhinweise

Amin, S.: Accumulation on a World Scale. London 1974.

Bloomfield, A. I.: Adam Smith and the Theory of International Trade. In: Essays on A. Smith, hrsg. von Skinner, S. A. et al., Oxford 1975.

Cardoso, F. H. / Faletto, E.: Dependencia y Desarrollo en América Latina. Buenos Aires 1973.

Córdova, A.: Strukturelle Heterogenität und wirtschaftliches Wachstum. Frankfurt 1973.

Ders.: Inversiones extranjeras y Subdesarrollo, el modelo primario exportador imperialista. Caracas 1973.

Dieterich, H.: Produktionsverhältnisse in Lateinamerika. Lahn–Gießen 1977.

Esser, K.: Industrialisierungsstrategien und Entwicklung. Frankfurt 1979.

Evers, T. T. / Wogan, P. von: Lateinamerikanische Theorien zur Unterentwicklung. In: Das Argument 79, Heft 4–6, 1973.

Furtado, C.: Underdevelopment and Dependence: The fundamental connection. Cambridge 1973.

Ianni, O. / Kaplan, M.: América Latina y Estados Unidos. Lima 1973.

Jaquaribe, H. / Ferrer, A. / Wionczek, M. S. / Dos Santos, Th.: La Dependencia político-económica de América Latina. México 1977.

Lenin, W. I.: Der Imperialismus als höchstes Stadium des Kapitalismus. Berlin 1951.

Rodríguez, O.: La teoría del subdesarrollo de la Cepal. Mexico 1981.

Schrage, B. (Hrsg.): Neueste Tendenzen der Entwicklung des abhängigen Kapitalismus in Lateinamerika. Rostock 1970.
Senghaas, D. (Hrsg.): Imperialismus und strukturelle Gewalt, Analysen über abhängige Reproduktion. Frankfurt 1976.
Smith, A.: An inquiry into the nature and causes of the wealth of nations. Hrsg. von Campell, R. H., Oxford 1976 (Vol. I.).

HARTMUT ELSENHANS / HARALD FUHR

Die neue Weltwirtschaftsordnung in Lateinamerika

Das Wirtschaftsjahr 1983 gilt nach dem neuesten Bericht der CEPAL (Comisión Económica para América Latina) als das düsterste Kapitel in der Wirtschaftsgeschichte Lateinamerikas der letzten 50 Jahre. Zum ersten Mal verzeichnet die Region mit –3,3% einen deutlichen Rückgang der Produktion. Rund 10 Millionen Lateinamerikaner sind als arbeitslos registriert; 20 bis 25 Millionen kommen als Unterbeschäftigte hinzu; etwa 35% der Lateinamerikaner – ca. 100 Millionen Menschen – werden als ›arm‹ bezeichnet.

Lateinamerika hat in den vergangenen zehn Jahren viele wirtschaftspolitische Experimente erlebt: Mexiko, Venezuela und Ecuador profitierten von hohen Erdöleinnahmen und erlaubten sich rasante Entwicklungsprojekte, Brasilien auf der anderen Seite litt deutlich unter hohen Energieimporten. Peru erlebte ein reformistisches Militärregime und danach einen Wirtschaftsliberalismus, der sich an die Modelle Chile und Argentinien anlehnte. Diese beiden autoritären Regimes, zu denen sich noch Uruguays und Boliviens Militärs gesellten, sehen sich inzwischen nach einem harten Austeritätskurs gezwungen, ›demokratische‹ Öffnungen einzuleiten. Nach Bolivien hat Argentinien hier mittlerweile einen weiteren Schritt unternommen, in Chile sind vorgezogene Neuwahlen ebenso denkbar wie in Uruguay. In Mittelamerika war das spektakulärste Ereignis der Sturz Somozas in Nicaragua, dem eine dauernde Instabilität in der gesamten Region folgte. Sie greift neuerdings auch auf Costa Rica, die ›Schweiz Lateinamerikas‹, mit seiner hohen Auslandsverschuldung über.

Die 70er Jahre insgesamt jedoch, wie schon das Jahrzehnt zuvor, brachten beachtliches Wirtschaftswachstum (6,1% pro Jahr) durch die Bereiche Bergbau und Erdöl und vor allem der verarbeitenden Industrie (6,5% pro Jahr). Dieses Wachstum war vor allem durch steigende Exporte gekenn-

zeichnet, hatte aber geringe Verflechtungseffekte im Innern. Deshalb stellt sich die Frage nach der Stellung der Länder des Subkontinents heute auf dem Weltmarkt, den sie – gefordert so vor allem von den Regierungen Venezuelas und Mexikos – ›neuordnen‹ wollen. Welche Veränderungen sind hier, vor allem seit der Energiekrise, zu beobachten und welche Optionen ergeben sich in den 80er Jahren für die Region, die zur Zeit unter Weltrezession, sinkenden Rohstofferlösen, hohem Zinsniveau, hoher Verschuldung und latenten sozialen und politischen Problemen zu ersticken droht?
Erstaunlich ist, daß die lateinamerikanischen Länder mit Ausnahme Venezuelas – dem oft vergessenen ursprünglichen Initiator der OPEC – und Mexikos bei der Forderung nach einer neuen Weltwirtschaftsordnung keine ihrem ökonomischen und politischen Gewicht innerhalb der Dritten Welt entsprechende Rolle gespielt haben, obwohl gerade die schärfsten Kritiker von Ausbeutung und Abhängigkeit aus dem lateinamerikanischen Raum stammen. Die Dependencia-Theorie wurde dort von Autoren wie Cardoso, Dos Santos, Faletto, Frank, Furtado, Quijano und Sunkel entwickelt. Lateinamerikaner haben als erste die neuen Tendenzen zur Veränderung der internationalen Arbeitsteilung (exportorientierte Industrialisierung als abhängige Entwicklung – ›desarrollo dependiente‹) und das neue Verhältnis zwischen dem Norden und dem Süden als ausgehandelte Abhängigkeit (›dependencia negociada‹) kritisiert. In Lateinamerika wurde Importsubstitution (›desarrollo hacia adentro‹) am weitesten vorangetrieben und selbst von ihren ursprünglichen Anhängern (Prebisch) am schärfsten kritisiert. Westeuropäische Intellektuelle stellten häufig mit Verwunderung fest, daß diese Kritik weit über den Kreis der Marxisten hinausging und die Marxisten in Lateinamerika weit vom ›reinen‹ Marxismus sowjetischer Prägung abwichen. Mehr als andere stehen die lateinamerikanischen Intellektuellen Pate an dem Konzept einer Neuen Weltwirtschaftsordnung.

Wachsendes politisches Gewicht und neue Wettbewerbsfähigkeit

Was seit den 70er Jahren gemeinhin unter ›Neuer Weltwirtschaftsordnung‹ von den unterschiedlichsten Schulen verstanden wird, kann vieles umfassen. Es gehören dazu mehr Wirtschaftshilfe, mehr technische Hilfe, bessere Konditionen bei der Umschuldung, bessere und stetigere Rohstoffpreise, Präferenzen beim Zugang zu den Märkten der Industrieländer für verarbeitete Produkte. Dieser (unvollständige) Forderungskatalog wird von einer Dritten Welt vorgebracht, deren politisches Gewicht gewachsen ist und die von nachhaltigen Veränderungen der internationalen Wettbewerbsfähigkeit von Produktionsstandorten in vielen Bereichen der verarbeitenden Industrie profitiert.
Die politischen Folgen des Zusammenbruchs der Kolonialreiche vor gut 20 Jahren holen uns zudem erst jetzt ein. Viele glaubten in der Endphase des Kolonialsystems, daß die Länder der Dritten Welt eine geschlossene Front gegen die Industrieländer darstellten, doch zeigte sich zunächst, daß diese Front Risse aufwies. Erst über die wirtschaftlichen Probleme fanden sich die unterentwickelten Länder Anfang der 70er Jahre wieder zusammen, am spektakulärsten in der Folge der Ölpreissteigerungen von 1973. Das internationale System erhielt nunmehr Strukturen, die eigentlich durch das Ende der Kolonialreiche hätten auftreten müssen. Zwei Supermächte, vielleicht sogar drei, rivalisieren nun um Einfluß und Sympathie in der Dritten Welt, und zwar nicht, weil sie dort mächtige Partner suchen. Die politischen Systeme und Ökonomien der Dritten Welt sind schwach und von äußeren Impulsen abhängig. Aber gerade dies vergrößert die außenpolitischen Möglichkeiten der Regierungen des Südens. Sie können mit ihrer Schwäche drohen. Ihren Forderungen wird dann nachgegeben, weil immer die Gefahr besteht, sie könnten zusammenbrechen – mit wirtschaftlichen Folgen für Einzelinteressen in den westlichen Industrieländern. Auch könnte es zu Verschiebungen im ›Machtgleichgewicht‹ kommen, wenn sie aufgrund dieser Schwierigkeiten sich zum jeweils anderen Rivalen innerhalb des Systems des Nordens hinorientieren. Selbst eingefleischte Anhänger des ›free-enterprise-system‹ dulden und fordern sogar in der Dritten Welt Staatseingriffe in die Wirtschaft. Wegen ihrer Schwäche können diese Länder einen – wenn auch begrenz-

ten – Transfer finanzieller Ressourcen zu ihren Gunsten organisieren. Die Ölkrise hat gezeigt, daß beim Auftauchen schwerer Krisen, die insbesondere prowestliche Regime erschüttern können, selbst die als so allmächtig angesehenen multinationalen Unternehmen gerne bereit sind, auf einen solchen Ressourcentransfer zu setzen, ihn einzukalkulieren und durch ihr ›tacit bargaining‹ den Regierungen im Süden zu signalisieren, daß sie bei ihren Forderungen nicht auf Widerstand stoßen werden. Trotz der Kritik, daß Entwicklungshilfe eher wachstumshemmende Strukturen verfestige, wird diese weiter gewährt und das Prinzip der Verantwortlichkeit des Westens für die Wirtschaftsprobleme des Südens nicht in Frage gestellt.

Die ›neue Wettbewerbsfähigkeit‹ von Produktionsstandorten in der Dritten Welt hätte die ›alten‹ Entwicklungspolitiker überraschen müssen, die lange zu Unrecht glaubten, daß die Kostennachteile der Dritten Welt für die Industrialisierung zu groß seien. Es gab historische Vorläufer: Schon am Ende des 19. Jh. hatte die indische Textilindustrie mit einheimischem und amerikanischem Kapital Wettbewerbsfähigkeit gegenüber der englischen Textilindustrie erreicht und dieser auf den ostasiatischen Märkten erhebliche Anteile abgejagt. Seit den 70er Jahren sind nun in vielen Branchen die Produktivitätsvorsprünge von Standorten im Westen gegenüber Standorten im Süden kleiner geworden als die noch hohe Differenz der Arbeitskosten.

Diese Tendenz wird beschleunigt dadurch, daß zumindest in der verarbeitenden Industrie Technologie immer leichter auch in die Dritte Welt transferierbar ist. Die Produktivitätsdifferenzen sind nicht nur kleiner geworden als die Reallohnunterschiede, sondern sie sind häufig auch absolut klein. Es kam zur Auslagerung von Produktionsbereichen aus Industrieländern in Billiglohnländer der Dritten Welt, die zu einem nicht unerheblichen Teil die Arbeitsmarktprobleme in den Industrieländern verschärfte – in der Dritten Welt allerdings kaum abmilderte.

Die besondere Ausprägung des Exportwachstums der lateinamerikanischen Länder

Für die exportorientierte Industrialisierung bringt Lateinamerika in der Gruppe der Entwicklungsländer besonders gute Voraussetzungen mit. Zwar ist das Lohnniveau in Lateinamerika höher als in manchen Ländern Südostasiens, doch ist Lateinamerika unter den unterentwickelten Regionen der Dritten Welt die am stärksten industrialisierte. Schon das Pro-Kopf-Bruttosozialprodukt zeigt einen deutlichen Vorsprung der lateinamerikanischen Länder gegenüber dem Rest der Dritten Welt, insbesondere gegenüber Afrika und Asien. Lateinamerika ist in der Gruppe der Länder mit mittlerem Einkommen besonders stark vertreten. Fast zwei Drittel der Lateinamerikaner leben in Brasilien, Mexiko und Argentinien.

Dieser Vorsprung ist nicht zufällig. Industrialisierungsprozesse haben in Lateinamerika schon Ende des 19. Jahrhunderts eingesetzt, (so die Textilindustrie in Brasilien). Diese Ansätze wurden während des Ersten Weltkrieges, vor allem aber in der Weltwirtschaftskrise der 30er Jahre verstärkt, als die Rohstoffpreise drastisch fielen und dadurch die relativen Kosten von importierten Fertigprodukten im Verhältnis zu den Exportprodukten um etwa 100 % stiegen. Dieser Industrialisierungsschub wurde weitergetragen durch die Lieferunfähigkeit der kriegführenden kapitalistischen Länder 1939 bis 1945 und durch die relativ gute Devisenlage bis zum Verfall der Rohstoffpreise nach dem Koreakrieg. Während dieser Zeit ist im wesentlichen eine Strategie der Ersetzung von bisher importierten Gütern durch lokal gefertigte betrieben worden, die sogenannte Importsubstitutionsindustrialisierung. Sie ist teilweise auf Marktprozesse zurückzuführen, nämlich die Veränderung von relativen Preisen und die Erweiterung von Binnenmärkten aufgrund zunehmender Rohstoffexporte. Zumindest seit den 30er Jahren ist sie von vielen Regierungen bewußt gestützt worden: durch Außenwirtschaftskontrollen und staatliche Investitionshilfen, ja sogar durch den Aufbau staatlicher Unternehmen in Schlüsselsektoren. Die Importsubstitutionsindustrialisierung hat die wirtschaftliche Infrastruktur und das Qualifikationsniveau einer beträchtlichen Zahl von Arbeitskräften verändert. Sie kann deshalb – wie derzeit in Lateinamerika durchaus zu beobachten – Grundlage für

Tabelle 1: Bruttosozialprodukt (BSP) und Bedeutung des Industriesektors. Lateinamerika im Vergleich

	Bevölkerung in Mio. (1981)	BSP/Kopf US-$ (1981)	Durchschnittl. jährl. Zuwachs BSP/Kopf in % (1960–80)	Anteil des verarb. Gewerbes am BIP in %		Anteil der Erwerbspersonen im Industriesektor	
				1960	1981	1960	1980
Länder mit niedrigem Einkommen	2211	270	2,9	11	16	9	15
Indien	690	260	1,4	14	18	11	13
Übrige Länder ohne China	529	240	0,8	9	10	7	11
Länder mit mittlerem Einkommen	1128	1500	3,7	20	22	15	21
Ägypten	43,3	650	3,5	20	32	12	30
Korea, Rep.	38,9	1700	6,9	14	28	9	29
Brasilien	120,5	2220	5,1	26	27	15	24
Mexiko	71,2	2250	3,8	19	22	20	26
Argentinien	28,2	2560	1,9	32	25	36	28
Singapur	2,4	5240	7,4	12	30	23	39
Marktwirtschaftliche Industrieländer	720	11120	3,4	30	25	38	38

Quelle: Weltbank, Weltentwicklungsbericht 1983, Washington 1983.

eine effiziente Förderung von Industriewarenexporten sein. Gleichzeitig hat die importsubstitutierende Industrialisierung zu breit diskutierten Widersprüchen geführt: geringe Zahl von Arbeitsplätzen, hohe Kapitalintensität der Produktion, relativ hohe Kosten der Produktion und eine sogenannte Spar- und Devisenlücke. Die im Rahmen der Importsubstitution aufgebauten Industrien benötigten importierte Vorprodukte und Investitionsgüter, verdienten aber auf dem Weltmarkt keine zusätzlichen Devisen. Hieraus ergab sich dann eine Tendenz zur Fortführung der Industrialisierung über die Importsubstitution hinaus, was eine Öffnung gegenüber dem Weltmarkt erforderte. Diese Modifikation der Strategie hat eine ganze Reihe von Autoren in Lateinamerika in Zusammenhang mit dem Wiederaufstieg diktatorischer Regime gebracht, die angesichts der Schwierigkeiten der Importsubstitution die Öffnung gegenüber dem Weltmarkt dadurch absichern, daß sie die Arbeitskosten, und dies bedeutet die Reallöhne, in ihren Ländern mit ›terroristischen‹ Mitteln niedrighalten. James Petras[1] hat dieses Argument am weitesten geführt, indem er die These aufgestellt hat, daß die Hinwendung zum Export verarbeiteter Produkte ›faschistischen Terror‹ erfordere, um den Wert der Ware ›Arbeitskraft‹ ausreichend zu senken und damit auf dem Weltmarkt wettbewerbsfähig zu sein.
Betrachtet man die tatsächlichen wirtschaftlichen Verflechtungen Lateinamerikas mit dem Rest der Welt, bzw. der lateinamerikanischen Länder untereinander, dann ergibt sich ein erheblich differenzierteres Bild. Lateinamerika hat trotz einer hohen Wachstumsrate seiner Exporte einen sinkenden Anteil am Weltexport.
Ganz im Gegensatz zu den Theoretikern der Abhängigkeit ist dieser Rückgang Lateinamerikas am Weltexport vor allem Folge abnehmender Exporte in die Industrieländer. Ihr Anteil an den lateinamerikanischen Exporten (mit Ausnahme der lateinamerikanischen Ölländer) sinkt; gleichzeitig steigt der Anteil der Dritten Welt. Lateinamerika wendet sich von einer reinen Nord-Süd-Beziehung ab. Die Zunahme des Handels mit der Dritten Welt geht allerdings vor allem auf den Handel zwischen lateinamerikanischen Ländern, insbesondere innerhalb der lateinamerikanischen Integrationsvereinigung LAIA (früher LAFTA) und des zentralamerikanischen gemeinsamen Marktes (CACM) zurück. Den lateinamerikanischen Ländern ist die von vielen

Tabelle 2: Anteil der Exporte Lateinamerikas am Weltexport und deren Aufteilung nach Regionen (in %)

	1950	1960	1970	1973	1975	1978	1980	1982*
Anteil der EL-Exporte an Weltexporten	30,8	21,1	17,3	19,1	24,0	23,3	28,0	26,1
Anteil der LA-Exporte an Weltexporten	12,4	7,8	5,7	4,9	5,4	5,1	5,5	5,8
Exporte Lateinamerikas nach								
– Industrieländer			74,6	72,2	66,9	66,3	64,6	66,8
– Entwicklungsländer			19,2	21,5	24,4	23,9	26,2	26,3
OPEC			1,1	1,8	3,2	4,4	4,2	3,3
Lateinamerika			16,9	17,6	20,2	18,9	20,4	21,4
Lateinamerika in % der Exporte in EL			88,0	81,9	82,2	79,1	77,9	81,4
Exporte der LAFTA nach								
– Lateinamerika			18,9	18,5	25,0	21,5	23,5	23,2
– LAFTA			10,2	10,6	13,3	13,1	13,7	12,5

Quelle: United Nations, Yearbook of International Trade Statistics 1979, New York 1980, Monthly Bulletin of Statistics 1983 (No. 1–4).
UNCTAD, Handbook on International Trade and Development Statistics, Suppl. 1980, New York 1980.

* geschätzt

Tabelle 3: Importe der OPEC nach Herkunftsländern (in Mrd. US-$ cif und in %)

	1975	1977	1979	1981
Total (in Mrd. US-$)	51,3	84,1	102,1	160,2
Anteil (in %)				
Mittlerer Osten	2,5	2,0	1,6	1,4
Lateinamerika	2,5	2,4	2,4	2,1
Asien	6,0	6,9	7,3	7,4

Quelle: International Monetary Fund, Directions of Trade Statistics 1975–1981, New York 1982.

Kritikern der Abhängigkeit geforderte verstärkte regionale Kooperation zwischen unterentwickelten Ländern wenigstens teilweise gelungen.
Von einer wichtigen Entwicklung haben die lateinamerikanischen Länder nicht nennenswert profitiert, nämlich von der Ausweitung der Importnachfrage der OPEC Länder. Deren Anteil am lateinamerikanischen Export liegt inzwischen bei 3,3 % (Tab. 2). Die Marktanteile Lateinamerikas ohne Venezuela an den OPEC-Einfuhren liegen unter 3 %. Bei den lateinamerikanischen Industriewarenexporten handelt es sich um technisch relativ hochstehende Güter, die die reichen Ölländer in noch besserer Qualität zu beliebigen Preisen in den westlichen Industrieländern kaufen, während bei technisch weniger ausgefeilten Produkten die Weltmarktfabriken in Südost- und Ostasien wettbewerbsfähiger sind.
Die Kooperation in der Region nimmt zu, der Anteil am Welthandel ab: Lateinamerika scheint sich als Region aus dem Weltmarkt hinauszuintegrieren, weil es von anderen Ländern der Dritten Welt auf den Märkten des Westens verdrängt wird.
Dieses Muster von Verflechtungen gilt nur bedingt für die Fertigwarenexporte Lateinamerikas. Mehrere lateinamerikanische Länder waren außerordentlich erfolgreich beim Übergang von Rohstoffexport zum Fertigwarenexport.
Lateinamerikas fallender Anteil am Weltexport ist weniger Zeichen einer fehlenden Effizienz bei der Entwicklung der Industrie, sondern Folge des überdurchschnittlichen Rückgangs seiner Rohstoffexporte zugunsten anderer Länder der Dritten Welt. Der Anteil Lateinamerikas am Weltexport von Fertigwaren nahm von 1970 1 % auf 1981 1,6 % zu und

stieg jährlich im Durchschnitt um 23,1 %, allerdings langsamer als die Fertigwarenexporte aller Entwicklungsländer (+25,3 %). Dabei gehörten die wichtigsten Fertigwarenexporteure Lateinamerikas nicht zu den typischen Exportökonomien wie Südkorea, Hongkong, Singapur und Taiwan. Zwar sank der Anteil Lateinamerikas an den Fertigwarenexporten der Dritten Welt von 1970 20,4 % auf 1981 16,1 %, doch ist dieser Rückgang nach Warengruppen unterschiedlich. Am stärksten ist der Rückgang bei Chemikalien und bei einfachen verarbeiteten Produkten, am schwächsten bei den Maschinen und Transportausrüstungen.

Bei den Exporten verarbeiteter Produkte fällt als Erfolg vor allem das hohe Wachstum der Maschinen und Transportausrüstungen auf (SITC 7). Automobilexporte sind hier von besonderem Gewicht. Auch Waffen gehören zu dieser Warengruppe. Ihr Anteil ist verständlicherweise nicht quantifizierbar. Zumindest Argentinien und noch mehr Brasilien verdienen inzwischen an der Aufrüstung im Mittleren Osten mit. Auf Maschinen und Transportausrüstungen entfallen schon 7 % aller argentinischen Exporte und damit ein Drittel aller argentinischen Industriewarenexporte. Für Brasilien sind die Werte 17 % der Exporte und 44 % der Industriewarenexporte, für Mexiko 19 % (niedrig, weil Mexiko ein Ölexporteur ist) und die Hälfte der Industriewarenexporte (Tab. 4).

Gerade bei den technisch anspruchsvolleren Produkten sind die Anteile Lateinamerikas an den Fertigwarenexporten der Dritten Welt besonders hoch: 36 % aller Exporte nichtelektrischer Maschinen aus der Dritten Welt, 49,6 % aller Automobilexporte kamen 1977 aus lateinamerikanischen Ländern, während bei den einfacheren elektrischen Ausrüstungen (Telekommunikation, nichtspezifizierte elektrische Maschinen) der Anteil der lateinamerikanischen Länder 1977 unter 10 % lag.

Dieser Export von Maschinen und Transportausrüstungen, des Wachstumssektors der lateinamerikanischen Fertigwarenexporte geht überdurchschnittlich in die Dritte Welt. Der Anteil der Dritten Welt beträgt im Durchschnitt der Fertigwarenexporte Lateinamerikas 1981 46 % (Tab. 5) (Durchschnitt Dritte Welt 30,3 %), der Anteil an den Exporten von Maschinen und Transportausrüstungen 59 %.

Tabelle 4: Exportstruktur Lateinamerikas (Anteile an den Gesamtexporten in %)

	Brennstoffe Mineralien Metalle		Sonstige Rohstoffe		Textilien Bekleidung		Maschinenbau Elektrotechnik Fahrzeuge		Sonstige Fertigwaren	
	1960	1980	1960	1980	1960	1980	1960	1980	1960	1980
Argentinien	1	6	95	71	0	2	0	7	4	14
Brasilien	8	11	89	50	0	4	0	17	3	18
Chile	92	(59)	4	21	0	.	0	1	4	19
Kolumbien	19	3	79	77	0	6	0	2	2	12
Mexiko	24	(39)	64	22	4	3	1	19	7	17
Peru	49	64	50	20	0	6	0	2	1	8

Quelle: Weltbank, Weltentwicklungsbericht 1983, Washington 1983.

Angaben in Klammern = 1979

Tabelle 5: Exporte verarbeiteter Produkte (SITC 5–8) Lateinamerikas in % der Gesamtexporte und Verteilung nach Regionen (in %) und durchschnittliches jährliches Wachstum der Exporte nach Warengruppen

	1970	1973	1975	1977	1979	1981
Exporte Lateinamerikas total in Mrd. $ fob	17,5	29,5	47,5	66,1	85,1	118,1
Anteil der verarbeiteten Produkte (in %)	19	21	16	17	22	19
Regionale Verteilung						
Exporte verarbeiteter Produkte (SITC 5–8) LA's nach						
– IL (in %)	71	66	54	57	55	52
– EL (in %)	27	31	42	40	42	46
– Lateinamerika (in %)	26	28	39	36	35	38

Durchschnittliches jährliches Wachstum 1970–1981

	SITC	1970–73	1973–78	1978–81
Weltexporte	0–9	22,4	17,7	14,7
	5	22,1	19,0	13,9
	7	22,3	18,2	11,1
	6+8	20,8	16,1	11,1

(Forts. Tabelle 5)

Exporte aus Entwicklungsländern	0–9	25,3	22,5	21,7
	5	22,5	20,5	22,5
	7	47,3	28,0	24,8
	6+8	24,7	18,6	17,8
Exporte aus Lateinamerika	0–9	18,1	17,5	21,0
	5	15,9	20,1	22,5
	7	43,8	24,0	22,1
	6+8	19,4	14,2	14,0
Exporte aus LAFTA	0–9	19,0	15,3	24,3
	5	28,4	15,2	28,6
	7	48,7	24,2	21,8
	6+8	20,2	13,8	14,3

Quelle: United Nations, Yearbook of International Trade Statistics 1979, New York 1980, Monthly Bulletin of Statistics 1983 (No. 1–4).

Damit nimmt der Fertigwarenexport in Länder außerhalb Lateinamerikas zu. Der Anteil des innerlateinamerikanischen Handels an den lateinamerikanischen Fertigwarenexporten stellte bei einfachen Produkten (SITC 6 + 8, ohne 68) 1981 86,1% (1970 94,0%), bei Chemikalien (SITC 5), 89,9% (1970 94,3%), bei Maschinen und Transportausrüstungen aber nur 78,6% (1970 96,3%). Das durchschnittliche jährliche Wachstum (1970 bis 1981) der Exporte von Maschinen und Transportausrüstungen in die Dritte Welt lag mit 30,8% deutlich über dem Wachstum des Fertigwarenhandels innerhalb der Dritten Welt (26,8%) und noch über dem Wachstum des Exports von Maschinen und Transportausrüstungen aus den süd- und südostasiatischen Entwicklungsländern in die Dritte Welt (30,4%), wobei die Exporte Lateinamerikas bei dieser Warengruppe in unterentwickelte Länder außerhalb der Region von 1970 3 Mio. $ auf 1971 783 Mio. $ (insbesondere nach Afrika) um jährlich 65,8% stiegen. (Alle Berechnungen nach UN Monthly Bulletin Statistics, Mai 1983.)
Lateinamerikas exportorientierte Industrialisierung entspricht nicht dem gängigen Muster. Es handelt sich nicht um die Auslagerung von Produktionsstätten in die Dritte Welt, die arbeitsintensiv Textilien, Schuhe, Chips für elektronische Geräte oder auch elektrische Haushaltsgeräte produzieren. Diese meistgenannten Produkte der exportorientierten Industrialisierung sind trotz manchmal jeweils hoher Anteile Lateinamerikas innerhalb der Gesamtexporte für die betreffenden Länder nicht von Bedeutung. Immerhin tauchen Brasilien und Argentinien bei einigen technologisch einfachen Fertigwarenexporten der Dritten Welt unter den drei wichtigsten Lieferantenländern auf: Brasilien bei Leder, Textilgarnen und Fäden, Argentinien bei Leder (1977).

Exportorientierung und ausländisches Kapital

Mit dem Muster der Exportverflechtung Lateinamerikas scheint das Muster der Abhängigkeit von ausländischen Investoren nicht übereinzustimmen. Ausreichend detaillierte Angaben liegen nur für die Direktinvestitionen aus den USA in Lateinamerika vor. Dies ist allerdings der wichtigste ausländische Investor. Lateinamerika hält seinen Anteil an den US-amerikanischen Auslandsinvestitionen weltweit, sogar seinen Anteil an den US-amerikanischen Investitionen in der Dritten Welt, allerdings ausschließlich aufgrund der statistischen Erfassung der Steueroase der Bermudas. Wird sie nicht berücksichtigt, dann wachsen die US-amerikanischen Direktinvestitionen in Lateinamerika von 1970 bis 1980 nur noch von 18 Mrd. $ auf 28 Mrd. $, während sie sich 1970 bis 1980 in der Dritten Welt und in den Industrieländern ungefähr verdoppeln. Relativ zu anderen Regionen nimmt also die Abhängigkeit Lateinamerikas von den Investitionen multinationaler Unternehmen ab. Diese Schlußfolgerung ist insofern vorschnell, als der überwiegende Teil der Direktinvestitionen US-amerikanischer Unternehmen in Lateinamerika – und dies gilt auch für die Bundesrepublik und Japan sowie für Großbritannien – in der verarbeitenden Industrie erfolgt. Relativ konstant um 82% der US-amerikanischen Direktinvestitionen in der verarbeitenden Industrie der Dritten Welt sind in Lateinamerika. Für Großbritannien (trotz einer relativ großen Bedeutung Indiens) ist Lateinamerika das wichtigste Anlagegebiet für Kapital in der verarbeitenden Industrie Ende der 70er Jahre. Für Japan ist Asien wichtiger, jedoch im wesentlichen aufgrund hoher japanischer Investitionen in wenig technologieintensiven Bereichen, wie der Textilindustrie. Bei den technologisch anspruchsvolleren Produkten ist auch für Japan Lateinamerika das wichtigste Anlagegebiet in der verarbeitenden Industrie.[2]

Dagegen stagnieren die Investitionen im Rohstoffbereich. Die Investitionen im Dienstleistungsbereich nehmen nicht zu und gehen überwiegend in drei Länder, Brasilien, Mexiko und Panama, während der Rest quantitativ zu vernachlässigen ist. Die Branchenstruktur der US-amerikanischen Direktinvestitionen in Südost- und Ostasien unterscheidet sich nicht wesentlich von den US-amerikanischen Direktinvestitionen in der verarbeitenden Industrie Lateinamerikas, obwohl das Exportmuster Lateinamerikas durch die Industrialisierung in Brasilien, Mexiko und Argentinien stärker auf die Warengruppe SITC 7 ausgerichtet ist. Trotz des hohen Anteils dieser Warengruppe an den Exporten sind die US-amerikanischen Direktinvestitionen (im Unterschied zu den japanischen) in Lateinamerika nur zu 29% in diesem Bereich, in Asien hingegen zu 35%. Diesen Prozentsatz überschreiten Brasilien und Mexiko nur knapp. Dieser Befund bedarf einer sorgfältigen Interpretation. Zunächst könnte vermutet werden, daß die ausländischen Investoren im Maschinen- und Fahrzeugbau eine höhere Exportneigung als in anderen Bereichen haben. Eine alternative Hypothese wäre, daß an diesen Exporten überproportional nationale, private oder öffentliche, weniger aber Filialen ausländischer Unternehmen beteiligt sind. Statistische Evidenz für die zweite Hypothese gibt es für Brasilien und Argentinien.[3] Am plausibelsten scheint jedoch folgende Interpretation. Das überdurchschnittliche Wachstum der Exporte von Maschinen und Transportausrüstungen in die Dritte Welt erfolgt aus zwei unterschiedlichen Gründen: Aufgrund der relativ hohen Einkommen der Oberschichten in Lateinamerika haben multinationale Unternehmen im Rahmen der Importsubstitution zur Marktsicherung in Produktionszweigen der Warengruppe 7 investiert. Durch Maßnahmen zur Sicherung des Zahlungsbilanzgleichgewichts ist es gelungen, diese Unternehmen schrittweise zu einer Verstärkung ihrer Exporte zu bewegen. Gleichzeitig haben dieselben Maßnahmen (Bindung der Importrechte an Exporterlöse der betreffenden Firmen) zur Folge, daß diese Firmen verstärkt auf inländische Lieferanten bei Vorprodukten zurückgreifen. Dadurch ändert sich zumindest in einem – im Vergleich zu anderen Ländern der Dritten Welt – größeren Bereich die technische Kompetenz innerhalb des Produktionsapparats. Zugleich sind auch durch staatliche Maßnahmen zugunsten nationaler Unternehmen (auch durch den Aufbau von Staatsbetrieben in Schlüsselsektoren und die Förderung der Technologieproduktion) eigene Produktionskapazitäten beim Maschinenbau und bei Investitionsgütern entstanden, die durch die innere Nachfrage gestützt werden und Exportfähigkeit erreichen.[4] Der Einstieg der multinationalen Unternehmen in den Bereich der dauerhaften Konsumgüter (aufgrund einer ungleichen Einkommensverteilung) führt zum Wachstum der Exporte der Filialen multinationaler Unternehmen und zum Wachstum der Investitionsgüterexporte nationaler Unternehmen, die zunächst über den Binnenmarkt – z. T. über Zulieferungen an Töchter multinationaler Unternehmen – gewachsen sind.

Trotz des unbestreitbaren Erfolgs beim ›upgrading‹ der Produktion, d.h. des Einstiegs in immer kompliziertere Produktionsverfahren, haben unter dem Gesichtspunkt des Ausgleichs der Handels- und Zahlungsbilanz gerade die bei der Industrialisierung erfolgreicheren Länder besondere Probleme. Die Importe steigen in den 70er Jahren schneller als die Exporte. Der Deckungsgrad der lateinamerikanischen Importe (Exporte: Importe, in %) betrug 1950 für den gesamten lateinamerikanischen Bereich 1,08, – 1980 gerade 0,8. Das Verhältnis zwischen Importen und Exporten ist inzwischen gerade auch für die großen Länder bedrohlich. Allerdings entstehen die Hauptdefizite für Lateinamerika nicht durch übermäßige Importe von Investitionsgütern, sondern durch die Energieimporte. 20% der Importe Lateinamerikas sind Öl (Tab. 7), nur 3,3% der lateinamerikanischen Exporte werden von den OPEC-Ländern abgenommen (Tab. 2).

Gegenüber den westlichen Industrieländern sind die Dekkungsquoten dafür günstiger. Gemindert werden diese Defizite gegenüber den westlichen Industrieländern und den OPEC-Ländern durch Überschüsse mit dem Rest der Dritten Welt. Der stark auf Länder der Dritten Welt ausgerichtete Wachstumssektor Maschinenbau, Fahrzeugbau und Waffen kann zwar die Lücke nicht schließen. Er zeigt aber, daß die lateinamerikanischen Länder in einem strategischen Aspekt ihrer weltwirtschaftlichen Verflechtung inzwischen von Ländern der Dritten Welt abhängig sind. Kann es gelingen, gerade aufgrund des Exports zwar moderner, aber nicht modernster Technologien auf den Märkten des Restes der Dritten Welt wettbewerbsfähig zu werden und auf diese Weise sich zwischen die heute auf höchste Technologie spezialisierten westlichen Industrieländer und die ärmeren Entwicklungsländer zu schieben? Wie wird dieser Prozeß durch Einkommenssteigerungen im Rest der Dritten Welt beeinflußt? Die Ölkrise hat gezeigt, daß bei zu hohen Einnahmen aus Rohstoffexporten die Tendenz zum Import modernster Technologie verstärkt wird. Hat Lateinamerika angesichts des Rückgangs seiner Rohstoffexporte und angesichts seiner Konkurrenzfähigkeit bei technisch anspruchsvollen, aber nicht modernsten Produkten nicht ein Interesse an – allerdings gemäßigten – Rohstoffpreissteigerungen zugun-

Tabelle 6: Verhältnis der Exporte zu den Importen Lateinamerikas

	1950	1960	1970	1974	1976	1978	1980	1981
Exporte/Importe Lateinamerika	1,08	0,83	0,86	0,75	0,81	0,88	0,81	0,80
Argentinien	1,22	0,86	1,05	1,08	1,29	1,36[a]	1,17	0,76
Brasilien	1,25	0,87	0,96	0,56	0,74	0,84	0,81	0,97
Mexiko	0,96	0,64	0,57	0,49	0,57	0,79	0,80	0,81

Quelle: International Financial Statistics, Supplement on Trade Statistics 1982, New York 1982.

a = 1977

Tabelle 7: Importe Lateinamerikas nach Herkunftsländern (in Mrd. US-$ cif und in % der Gesamtimporte)

	1975	1977	1979	1981
Total (in Mrd. US-$)	47,2	50,5	77,6	117,4
Anteil				
– Industrieländer (in %)	64	58	59	62
– OPEC (in %)	21	23	22	21

Quelle: International Monetary Fund, Directions of Trade Statistics 1975–1981, New York 1982.

sten des Restes der Dritten Welt und an einer Öffnung der Märkte der Industrieländer für sehr einfache Produkte, die den Technologieimport der auf diese Waren spezialisierten Länder zugunsten Lateinamerikas vergrößern könnte? Lateinamerikas Stellung als Lieferant mittlerer Technologie bedingt ein Interesse am Wachstum der Einnahmen der übrigen Dritten Welt, die jedoch so begrenzt bleiben müssen, daß diese sich nur die im Verhältnis zu den Industrieländern billigeren Produkte der lateinamerikanischen Maschinen- und Fahrzeugindustrie leisten kann.
Die starke Belastung der Zahlungsbilanzen einzelner lateinamerikanischer Länder durch höhere Ölpreise wird sich mittelfristig vermindern, weil der Subkontinent entgegen der Schulbuchweisheit relativ große Energiereserven hat. Ein lateinamerikanisches Land ist zwar mit Rücksicht auf seine Beziehungen zu den Vereinigten Staaten nicht Mitglied der OPEC, nämlich Mexiko, aber inzwischen der wichtigste Erdölproduzent Lateinamerikas und liegt an zweiter Stelle unter den Entwicklungsländern. Mexiko produziert schon mehr Öl als das OPEC-Land Venezuela. Genauso haben die steigenden Energiepreise dazu geführt, daß auch Kohle ›entdeckt‹ worden ist, z. B. in Kolumbien, wo in den nächsten Jahren der Kohleexport in die Vereinigten Staaten einen bedeutenden Umfang erreichen soll. Weitere wichtige Ölländer sind Ecuador, das Erdöl exportiert, und Argentinien, das sich zur Erweiterung seiner Rohölproduktion wieder ausländischem Kapital geöffnet hat und inzwischen nahezu Selbstversorger geworden ist. Bis zur Produktion aufgrund dieser Investitionen werden noch bis zu sieben Jahre vergehen. Diese Investitionen sind verzögert worden, weil das Nahostöl bis 1973 so billig war und die Bedingungen für

die Tätigkeit der Ölkonzerne sich zuerst in Lateinamerika verschlechtert hatten.
Mittelfristig wird aufgrund der geringen Deckungsquote der Importe die Verschuldung einzelner wichtiger lateinamerikanischer Länder weiterhin zunehmen, selbst wenn die Importe gesenkt werden (wegen der Höhe des Schuldendienstes). Von 669 Mrd. US-$ Schulden der Dritten Welt 1983 sind ungefähr 350 Mrd. US-$ Schulden lateinamerikanischer Länder. Mexiko liegt nach unterschiedlichen Angaben bei ungefähr 90 Mrd. US-$, Brasilien bei 97 Mrd. US-$, Argentinien bei 97 Mrd. US-$ und Venezuela bei 43 Mrd. US-$. Insgesamt schuldet Lateinamerika ausländischen Kreditgebern ungefähr die Summe der Exporterlöse von drei Jahren – mit abnehmender Fristdauer der ausstehenden Rückzahlungen.
Die Erfolge der lateinamerikanischen Länder bei der Industrialisierung sind erkauft worden mit einer massiven Verschuldung in einer Periode negativer internationaler Realzinsen (Zins niedriger als Inflationsrate). Diese Verschuldung führt inzwischen zu einem Abstoppen des Wachstumsprozesses. 1980 bis 1981 sind die Importe der nicht Öl-exportierenden Länder Lateinamerikas um 7% gesunken. Die Erdöl-exportierenden Länder haben noch um 32% ihre Importe gesteigert. 1981 bis 1982 haben aber alle Länder einen Rückgang der Importe von durchschnittlich 19% aufzuweisen, 1983 schließlich um 29%. Dieses Abstoppen der Importe trotz Fortdauer des Exportwachstums hat 1983 in nahezu allen Ländern (Brasilien −5%, Mexiko −4%, Durchschnitt der Region −3,3%) zu negativen Wachstumsraten geführt. Diese Tendenz wurde 1983 nur in Argentinien, Kolumbien und Nicargua leicht gebrochen.
Die unbestreitbaren Erfolge bei der Industrialisierung – selbst bei einer stärkeren Verflechtung mit dem Süden gerade bei den für selbsttragendes Wachstum interessanten Produktionszweigen – haben offenbar im Saldo Lateinamerikas Problem der Eingliederung in den Weltmarkt nicht gelöst, sondern eine Schuldenkrise verursacht. Auch binnenwirtschaftlich hat die rasche Industrialisierung das wesentliche Problem der Unterentwicklung, nämlich die Unterbeschäftigung nicht beseitigen können. Nach Schätzungen der PREALC schwankt die offene Arbeitslosigkeit zwischen 1950 und 1980 um 20%. Unter diesen Voraussetzungen ge-

hen wir davon aus, daß ohne Einkommenssteigerungen für den Rest der Dritten Welt, durch die sich erhebliche zusätzliche Märkte für die lateinamerikanische Maschinen- und Fahrzeugbauindustrie ergeben könnten, Lateinamerika in den nächsten Jahren sich wieder verstärkt der Entwicklung des Binnenmarkts zuwenden wird, allerdings auf der Grundlage eines relativ diversifizierten Produktionsapparates.

Rückkehr zu binnenmarktorientierter Entwicklung – eine Chance zur Überwindung von Unterentwicklung

Die mangelnde Importkapazität aufgrund der Verschuldungskrise muß nicht nur als Wachstumshemmnis interpretiert werden. Die Verschuldungsindustrialisierung war verknüpft mit weit höheren Wachstumsraten der Investitionen im Vergleich zu den Wachstumsraten der Produktion (mit Ausnahme Brasiliens). Der Weltwährungsfonds und die Regierung der USA wollen das Verschuldungsproblem mit einschneidenden Kürzungen des Massenkonsums lösen. Die lateinamerikanischen Länder haben jüngst auf die Gefahr sozialer Krisen durch diese Auflagen hingewiesen. Eine Verminderung des Importbedarfs kann dann nur über eine Effektivierung des Produktionsapparats und die Stärkung der eigenen Investitionsgüterproduktion erfolgen.
Soll eine solche Strategie nicht an den schon erwähnten Widersprüchen der importsubstituierenden Industrialisierung scheitern, muß sie auf die Umstrukturierung des Produktionsapparats auf Massenkonsum setzen. Eine solche Strategie kann industrielles Wachstum auf doppelte Weise fördern. Die Nachfrage der unteren Einkommensschichten nach industriellen Produkten ist homogener als die Nachfrage der Bezieher hoher Einkommen. Mehr Konsumenten fragen eine kleinere Palette von Produkten nach; weniger unterschiedliche Investitionsgüter und Vorprodukte werden benötigt; Skalenerträge in der Konsumgüter- und in der Investitionsgüterproduktion können genutzt werden, senken die Kosten, schaffen Rentabilität von Investitionen und damit Arbeitsplätze. Die Nachfrage der unteren Einkommensschichten richtet sich auf industrielle Konsumgüter ge-

ringerer Qualität im Vergleich zur Nachfrage der Reichen. Dann sind auch die Ansprüche an das technische Niveau der Investitionsgüter niedriger. Viele von ärmeren Bevölkerungsgruppen nachgefragte gewerbliche Produkte können von dem überall existierenden kleingewerblichen Sektor arbeitsintensiv produziert werden, so daß die Ausweitung der Massennachfrage hier Arbeitsplätze für gering qualifizierte Arbeitskräfte schafft. Die Steigerung der Produktion und der Produktivität dieses Sektors hängt vom Einsatz einfacher Werkzeuge und Maschinen ab, die lokal produziert werden könnten. Alle diese Mechanismen fördern die Produktion lokaler Technologie, die oft an traditionelle Verfahren anknüpfen kann. Die Qualifikation der Arbeitskräfte nimmt zu.

Die Umorientierung des Produktionsapparates erfordert staatliche Planung. In Chile wurden 1970 bis 1973 Einkommen umverteilt. Als dann die vorhandenen Kapazitäten ausgelastet waren, führte die weitere Ausweitung der Massennachfrage zu Inflation und Handelsbilanzdefiziten. In unterentwickelten Ländern erfordert die Steigerung der Massennachfrage daher eine vorherige Umstrukturierung des Produktionsapparates. Sie wird erleichtert, wenn Kapazitäten zur Produktion von Investitionsgütern, insbesondere metallverarbeitende Betriebe, schon vorhanden sind.

Wir haben gezeigt, daß in einzelnen Ländern Lateinamerikas solche Betriebe entstanden sind und sogar Exportfähigkeit erreicht haben. Wer Autos und Maschinen exportieren kann, könnte auch einfache Maschinen für die Errichtung von großbetrieblichen Produktionsanlagen für Massenkonsumgüter und für die Dynamisierung des kleingewerblichen Sektors herstellen.

Wer auf Massenkonsum für die Industrialisierung setzt, muß seine Landwirtschaft dynamisieren. Die unteren Einkommensschichten geben um 50% ihrer zusätzlichen Einkommen für Nahrungsmittel aus. Da die armen Bevölkerungsgruppen überwiegend auf dem Land leben und Kleinbauern stets höhere Bodenerträge erzielen als Großgrundbesitzer, müssen Agrarreformen durchgeführt werden. Sie sind zu ergänzen durch den Einsatz neuer Vorprodukte, für deren Produktion lokale Kapazitäten vorhanden sein müssen. Eine solche Umwandlung der Landwirtschaft schafft zusätzliche Produktion und zusätzliche Einkommen, durch die ein Massenmarkt für einfache Produkte entsteht.

Die verringerte Importkapazität kann angesichts des sozialen Drucks ›von unten‹ die Regierungen Lateinamerikas zwingen, sich auf eine neue Form der Importsubstitution umzuorientieren, die auf wachsende Massenmärkte ausgerichtet ist. Die Notwendigkeit von Agrarreformen wird erneut diskutiert werden. Heute sollen in Brasilien – und ähnlich in Argentinien – die unteren Löhne stärker der Inflation angepaßt werden als die höheren Einkommen.
Für eine Umstrukturierung des Produktionsapparats gibt es heute in Lateinamerika eine besonders interessante politische Konstellation. An anderer Stelle ist bereits dargestellt worden, daß die dazu erforderliche Planung eine Herausbildung von ›Staatsklassen‹ fördert, die in Lateinamerika schon an der Macht sind.[5] Staatsklassen eignen sich den überwiegenden Teil des Mehrprodukts an und sind in Segmente gespalten, die miteinander um Einkommen, Einfluß und Macht streiten. Sie sind für die Überwindung von Unterentwicklung eine Chance und eine Gefahr. Die Chance besteht darin, daß solche Staatsklassen nicht an kurzfristige Rentabilität gebunden sind und im Hinblick auf eine zukünftige Nachfrage investieren können, die auftreten wird, wenn gesellschaftliche Strukturreformen durchgeführt werden. Die Gefahr besteht darin, daß die Staatsklassen ökonomisch nicht durch den Markt und – aufgrund der klientelistischen Anbindung anderer Gesellschaftsklassen – politisch nicht kontrolliert werden, also angeeignetes Mehrprodukt durchaus vergeuden können. Die spezifische Konstellation in Lateinamerika scheint dadurch gekennzeichnet, daß durch die Erfolge bei der Industrialisierung der Druck ›von unten‹ zunimmt und durch die Verschuldung der Verteilungsspielraum für die Staatsklasse abnimmt. Ökonomisch ist in einigen Ländern die industrielle Basis groß und breit genug, um Produktionsgüter für eine Umstrukturierung des Produktionsapparats zur Verfügung zu stellen. Politisch kann dann offenbar der Druck von unten kurzfristig nur durch eine politische Öffnung aufgefangen werden.[6] Sie könnte zur Bildung von Institutionen führen, in denen eine konkrete Mitwirkung der Bevölkerung eingeleitet und Tendenzen zur Selbstprivilegierung der Staatsklasse dauerhaft entgegengewirkt wird.
Dann könnte die politische Öffnung gestützt auf eine für unterentwickelte Länder breite industrielle Basis den Prozeß einer wirtschaftlichen Umstrukturierung in Gang setzen,

durch die die Überwindung von Unterentwicklung durch Massenproduktion für Massenbedarf[7] gerade wegen der außenwirtschaftlichen Schwierigkeiten möglich wird. Ob eine solche Strategie durchgesetzt werden kann, hängt auch davon ab, wie umgeschuldet wird. Werden die Industrieländer bereit sein, jenen Ländern günstigere Bedingungen zu geben, die die Probleme der Armut und Arbeitslosigkeit effektiv angehen? Ein Interesse hätten sie daran: Die neue Wettbewerbsfähigkeit von Produktionsstandorten in der Dritten Welt löst das Problem der Arbeitslosigkeit in der Dritten Welt nicht. Es gibt 65 Mio. Arbeitsplätze in der verarbeitenden Industrie der westlichen Industrieländer und 700 Mio. Arbeitslose in der Dritten Welt. Selbst die Auslagerung aller Arbeitsplätze aus den westlichen Industrieländern schafft nicht Vollbeschäftigung in der Dritten Welt. Unqualifizierte oder gering qualifizierte Arbeitskraft bleibt billig. Reallohnerhöhungen in den Industrieländern beschleunigen den Prozeß der Auslagerung. Die Hoffnung auf den Einsatz von Mikroprozessoren ist trügerisch. Einerseits erlauben diese eine Verlagerung von Produktionsstätten in die Dritte Welt, weil dann weniger qualifizierte Arbeitskräfte eingesetzt werden können. Andererseits steigern sie die Produktivität in einem solchen Ausmaß, daß die Reallohnerhöhungen / Arbeitszeitverkürzungen in den Industrieländern zur Abstimmung zwischen Produktions- und Konsumptionskapazität sehr hoch sein müssen. Reallohnverzicht vermindert dagegen die effektive Nachfrage. Die Ersetzung gut bezahlter Arbeitskräfte in den westlichen Industrieländern durch niedrig entlohnte Arbeitskräfte in der exportorientierten Industrie der Dritten Welt führt zur weltweiten Verminderung der Verbrauchsnachfrage und zu unterkonsumptionistischen Tendenzen. Sie könnten überwunden werden, wenn durch Strategien der Überwindung von Unterentwicklung durch Massenproduktion für Massenkonsum das Beschäftigungsproblem der Dritten Welt gelöst würde und bei tendenzieller Vollbeschäftigung Impulse (durch ausländische Direktinvestitionen und zusätzliche Exporte) zur Steigerung der Reallöhne für dann knappe Arbeit, auch unqualifizierte Arbeit, führen würden. Die Verhandlungsmacht der Gewerkschaften in den westlichen Industrieländern könnte dadurch wieder hergestellt werden. Der für die westlichen Industrieländer konstitutive Mechanismus der Abstimmung von Produktion und Konsumption durch wachsende Arbeitseinkommen / Arbeitszeitverkürzung bliebe erhalten. Der Westen und der Süden könnten im Fall von Strukturreformen im Süden eine Wachstumsgemeinschaft bilden, wobei sowohl quantitatives wie qualitatives Wachstum Ziel sein könnten.

Anmerkungen

1 Petras, James: Neo-Fascism: Capital Accumulation and Class Struggle in the Third World. In: Journal of Contemporary Asia (10–1/2), 1980; S. 119–129.
Vgl. auch die lateinamerikanischen Arbeiten: O'Donnell, Guillermo A.: Modernization and Bureaucratic-Authoritarianism. Studies in South American Politics. Institute of International Studies, University of California. Berkeley 1973. Malloy, James M. (Hrsg.): Authoritarianism and Corporatism in Latin America. Pittsburgh 1977. Collier, David (Hrsg.): The New Authoritarianism in Latin America. Princeton (N. J.) 1979.

2 Berechnet nach: Wichard, Obie G.: U. S. Direct Investment Abroad in 1981. In: Survey of Current Business (62–8), August 1982; S. 11–29. Krägenau, Henry: Internationale Direktinvestitionen. Ergänzungsband 1982. Weltarchiv. Hamburg 1982.

3 Vgl. den Überblick bei: Perrin, J.: De nouveaux exportateurs de technologies: Les pays sémi-industrialisés. In: La documentation française, problèmes économiques, Nr. 1705, 7. Januar 1981; S. 16–21.

4 Erber, Fábio: Technology Issues in the Capital Goods Sector: A Case Study of Leading Industrial Machinery Producers in Brazil. UNCTAD. Genf, 19. Mai 1982.

5 Elsenhans, Hartmut: Abhängiger Kapitalismus oder bürokratische Entwicklungsgesellschaft. Versuch über den Staat in der Dritten Welt. Frankfurt 1981.

6 Vgl. die Beiträge in: América Latina 80: Democracia y Movimiento Popular. Desco. Lima 1981.

7 Elsenhans, H.: Die Überwindung von Unterentwicklung durch Massenproduktion für Massenbedarf – Weiterentwicklung eines Ansatzes. In: Nohlen, Dieter / Nuscheler, Franz (Hrsg.): Handbuch der Dritten Welt. Unterentwicklung und Entwicklung; Theorien – Strategien – Indikatoren. Hamburg 1982; S. 152–182.

CEPAL-Jahresberichte (›La evolución económica de América Latina ...‹) in Trimestre Económico 49–1982–196 und in Comercio Exterior 33–1982–2.

SITC	Ausfuhrgüter
5	Chemische Produkte
6	Einfache verarbeitete Produkte

5–8	Verarbeitete Produkte (Fertigwaren)
65	Textilien, Garne, Fasern
68	Nichteisenmetalle
7	Maschinen, Elektrotechnik und Fahrzeuge
8	Sonstige verarbeitete Produkte

URS HAYMOZ

Lateinamerika in der Schuldenkrise

»Wir werden unser Bestes versuchen,
die Namen derer bekannt zu machen,
die Vermögen zusammengerafft haben
auf Kosten unserer Völker
und von uns bezahlter Steuern.
Wir werden – so wie Ihr auch –
mit allen Mitteln, die wir haben, kämpfen, kämpfen dafür,
daß diese Vermögen den Völkern zurückgegeben werden,
so daß wir endlich beginnen können,
unsere Zukunft zu bauen.«

(Auszug aus einem Gedicht einer Angestellten
einer Schweizer Bank in Panama-City, 1980)

Wie der Titel schon sagt: Lateinamerika steckt in einer tiefen Schuldenkrise; die Dritte Welt als ganzes steckt in einer Schuldenkrise. Lateinamerika ist insofern von besonderer Bedeutung, als sich auf diesem Kontinent die Schuldentürme in schwindelerregende Höhen erheben. Zwei Drittel der Schulden von Entwicklungsländern sind bei lateinamerikanischen Banken, Regierungen und Firmen verbucht. Die heutige, schleichende Schuldenkrise trägt den Kern einer weltweiten Finanzkrise in sich, den Kern des allseits gefürchteten Bankenkrachs. Sollte diese Art des größtmöglichen Unfalls eintreten, so hieße dies, daß die bestehenden Schulden nicht mehr im Rahmen üblicher, geordneter Finanzierungsregeln abgebaut werden könnten; sie würden dann über eine offene, weltweite Finanzkrise spontan, anarchisch »geregelt«. Es gibt heute genügend Experten aller Schattierungen, die die entsprechenden Zeichen an der Wand zu erkennen vermögen.
Die Vertreter der Bankenwelt und der betroffenen Regierungen bemühen sich unter Anwendung subtiler Sprachregelung um Beruhigung der Öffentlichkeit. Man macht sich

gegenseitig Mut und versucht mit traditionellen Wirtschaftsstrategien das Ende des Tunnels zu erreichen. So können mit Umschuldungen lediglich die Rückzahlungsfristen gestreckt und die Bedingungen für neue Kredite verbessert werden. Die verschuldeten Länder sind dadurch aber nicht besser in der Lage, mit Exporten die dringend nötigen Devisen einzubringen, geschweige denn die Schulden zurückzubezahlen. Solange es diesen Ländern nicht gelingt, ihre Exportprodukte in den Industrieländern abzusetzen, oder nur zu sinkenden Preisen, werden die Deviseneinnahmen nicht genügen, die horrenden Zahlungspflichten zu erfüllen. Folge: alle Welt hofft auf einen wirtschaftlichen Wachstumsschub, auf die »Belebung der Konjunktur«, auf Nachfrage nach Gütern und Dienstleistungen. Die Verschuldung Lateinamerikas ist deshalb von zentraler Bedeutung, weil es um Länder geht, welche als die wachstumsträchtigsten Regionen der Weltwirtschaft gelten, Entwicklungsländer wie Brasilien, Mexiko, Argentinien, Venezuela, an der »Schwelle« zu Industrieländern. Es ist, als wäre die Speerspitze der Weltwirtschaft gebrochen. Die aktuelle Schuldenkrise und ihre Bewältigung ist nicht einfach eine Frage falscher oder richtiger wirtschaftspolitischer Entscheide; diese Krise trägt das Potential in sich, das herrschende Paradigma der Ökonomie über den Haufen zu werfen: Wachstum um jeden Preis und wirtschaftliche Entwicklung auf Pump.
Die Verschuldungsfrage wird bedrohlich über unserem Jahrzehnt hängenbleiben. Die internationalen Finanzmärkte und besonders Finanztransaktionen zwischen Banken sind ein Abstraktum, eine ungeheure Anhäufung von Buchungen, Gegenbuchungen, Terminen, wechselnden Zinssätzen, kurz: Buchungsoperationen zwischen Bankcomputern. In den letzten fünfzehn Jahren sind mehrere Hundert Milliarden Computerdollars geschaffen worden, die finanziellen Buchmittel, mit denen die Schuldentürme Lateinamerikas angehäuft wurden. Den Schulden in lateinamerikanischen Computern entsprechen Guthaben in nordamerikanischen und europäischen Computern. Und es bestehen keine Garantien dafür, daß die internationalen Bankinstitute, der Internationale Währungsfonds (IWF) oder die Bank für Internationalen Zahlungsausgleich (BIZ) das Geschehen transparent machen können, geschweige denn im Griff haben. Die Finanzsphäre der Weltwirtschaft hat sich von den zugrunde liegenden wirtschaftlichen Rea-

litäten gelöst und verselbständigt. Kapital ist in diesem Geschäft zu einem Rohstoff geworden, der pulverisiert, anonymisiert, in Computern vermehrt, hin- und hergeschoben wird – zunehmend ohne Bezug zur Produktionssphäre, der Herstellung real existierender, handelbarer und verbrauchbarer Produkte. Falls die Verschuldung das Stadium der offenen Krise erreichen wird, der Bankkrach also manifest werden sollte, dann wird die Krise auf den Terminals der Bankcomputersysteme ausbrechen und etwas später das übrige Wirtschaftsleben sukzessive lahmlegen. Hinter den lateinamerikanischen Computern stehen Schuldner wie Banken, Regierungen, Großunternehmungen, aber auch Landwirtschaftsbetriebe und Handelsfirmen. Ihre Schulden sind da verbucht. Am Schluß der Schuldnerkette hängt die Masse des Volkes: Konsumenten, Fabrik- und Landarbeiter, Kleinhändler und Gewerbetreibende – und jener, die gar nichts haben.

Hinter den nordamerikanischen und europäischen Bankcomputern stehen Anleger wie die Banken selber, Multis, Finanzgesellschaften, Anlagefonds, Pensionskassen, Versicherungsgesellschaften und individuelle Anleger. Im Fall des offenen Bankkrachs werden die Guthaben und Schulden buchmäßig mehr oder weniger rasch entwertet – allerdings mit einem wichtigen Unterschied in den ökonomischen Auswirkungen: die Schuldner werden reicher, indem die Schulden schrumpfen, die Anleger werden ärmer, indem die Guthaben schwinden. Ob diese Entwicklung so stattfinden wird oder nicht, ist eigentlich unerheblich. Ökonomisch gesehen wird das Resultat dasselbe sein: ein schöner, noch unbekannter Teil der lateinamerikanischen Schulden wird gestrichen werden müssen, entweder auf dem Weg von Verhandlungen und/oder der Schaffung einer neuen Währungsordnung oder spontan, durch den unkontrollierten Verlauf eines offenen Bankkrachs, dem weltweiten Zusammenbruch von Banken, Finanz- und Versicherungsgesellschaften. Und dem zwangsläufig folgenden wirtschaftlichen und politischen Hauen und Stechen aller gegen alle in Wirtschaft und Politik. Wie ist es soweit gekommen?

*Tabelle 1: Die Schulden Lateinamerikas**

Jahr	Mrd. US-$
1972	27,0
1974	46,0
1976	79,0
1978	123,7
1980	169,3
1981	201,6
1982**	282,7

* staatlich garantierte öffentliche und private Schulden sowie Privatschulden ohne staatliche Garantie gegenüber dem Ausland
** Schätzung

Quelle: Boletin estatistico de la OEA, julio–diciembre 1982

Die Fakten

Die Verschuldung Lateinamerikas gegenüber dem Ausland beträgt heute rund 300 Milliarden US-$. Innert nur zehn Jahren hat sich dieser Schuldenberg mehr als verzehnfacht!
Tabellen, wie die hier wiedergegebene, sind mit Vorsicht zu genießen, da sie selten wirklich genaue Angaben enthalten. Es gibt durchwegs eine Dunkelziffer von Schulden, die jeweils erst dann offengelegt wird, wenn die Zahlungsunfähigkeit eines Schuldners virulent geworden ist.
Wichtig ist vor allem die Zusammensetzung der Schulden, und die Frage, wer denn eigentlich bei wem und in welchem Ausmaß verschuldet ist. Auf der Seite der Schuldnerländer sind es die Regierungen und/oder parastaatliche Institutionen, Banken und Großunternehmen. Auf der Seite der Gläubiger sind es internationale Organisationen wie Weltbank, IDA, regionale Entwicklungsbanken, die für ihre Ausleihungen alle mit gewissen staatlichen Garantien rechnen können. Dann sind es mit zunehmender Wichtigkeit die privaten, international tätigen Geschäftsbanken, die zumeist auf eigenes Risiko operieren. Die hier genannten Gläubiger- und Schuldnergruppen sind natürlich nur Repräsentanten von Anlegern und Schuldnern. Alle die genannten Institutionen arbeiten zum kleinsten Teil mit eigenem Kapital. Sie sind ihrerseits Gläubiger bzw. Schuldner von Anlegern und Sparern und in ein enges Haftungsnetz eingebunden. Das Netz von gegenseitigen Verbindlichkeiten ist

derart groß und umfassend, daß es nicht mehr ohne weiteres möglich ist zu sagen, wer wem netto wieviel schuldet. Diese Tatsache macht es äußerst schwierig, Transparenz ins Finanzsystem zu bringen.

Die absoluten Zahlen der Verschuldung sagen daher über die möglichen Auswirkungen von Rückzahlungsschwierigkeiten wenig aus, aber in Lateinamerika liegt ohne Zweifel der Schlüssel zur Lösung der Verschuldungsprobleme der Dritten Welt. Dies wird dann klar, wenn man berücksichtigt, daß Lateinamerika zwei Drittel der Schulden der gesamten Dritten Welt angehäuft hat. Eine kleine Gruppe lateinamerikanischer Länder steht heute mit mehr als der Hälfte aller Schulden von Entwicklungsländern bei internationalen Banken in der Kreide. Alle jene Kredite, welche bei ausländischen Geschäftsbanken des Nordens ausstehen, wurden zu marktüblichen Zinssätzen und Rückzahlungsbedingungen gewährt. Die Bedeutung dieser Tatsache wird deutlich, wenn wir berücksichtigen, daß zwischen 1978 und 1981 über 57 % der neuen Kredite an lateinamerikanische Schuldner von internationalen Geschäftsbanken stammten. Im Durchschnitt der Jahre 1961 bis 1970 waren es noch etwas über 8 %. In den letzten zehn Jahren haben sich zudem die Bedingungen für Kredite an Lateinamerikas Schuldner laufend verschlechtert: die Laufzeiten wurden immer kürzer und die Zinssätze immer höher. Anfangs der 80er Jahre plazierten die internationalen Geschäftsbanken Eurokredite an lateinamerikanische Schuldner zu Zinssätzen von 15–20 % jährlich und zu 6monatigen Laufzeiten (Roll-over-credits), Kredite, welche alle sechs Monate entweder erneuert oder zurückbezahlt werden müssen. Wegen der kommerziell drückenden Bankkredite wurden die Bankschulden Lateinamerikas immer bedrohlicher. Die kurzfristig fälligen Schuldenrückzahlungen sind förmlich explodiert und haben den Prozeß hin zum Staatsbankrott enorm beschleunigt.

Im Durchschnitt der lateinamerikanischen Länder waren 1981 knapp die Hälfte der ausstehenden Schulden bei internationalen Banken innert 12 Monaten rückzahlbar oder zu verlängern. In Prozent der Exporte lagen die Rückzahlungsverpflichtungen zwischen 70 und 100 %. Diese Angaben machen deutlich, daß es nicht die statistischen Durchschnittszahlen sind, welche Ausdruck der realen Entwicklungen im Finanzsektor sind. Es sind vielmehr einzelne besonders gefährdete Spitzenbereiche der Verschuldung, welche zu Kri-

Tabelle 2: Schuldendienst der größten Schuldner, 1982

	in % der Warenexporte
Mexiko	73,1
Brasilien	85,0
Argentinien	63,3
Venezuela	17,8
Chile	79,7
Peru	49,1

Quelle: Boletin estatistico de la OEA, julio–diciembre 1982

senmotoren werden und die Entwicklung dominieren und bestimmen. Längere Perioden an Schuldendienstverpflichtungen über 80 % sind ohne neue Kredite nicht durchstehbar, besonders dann nicht, wenn die Währungs- und Goldreserven der Nationalbanken Lateinamerikas sehr niedrig sind, wenn gleichzeitig die Preise wichtiger Devisenbringer an den Weltmärkten (Rohstoffe) dauernd sinken und wenn neue Kredite ausbleiben. Und wenn die Importe immer teurer werden oder aus Versorgungsgründen nicht gedrosselt werden können. Der Ausweg aus diesem finanziellen Teufelskreis ist die Neuverschuldung an den internationalen Kreditmärkten und/oder Umschuldungsverhandlungen mit dem Ziel, die Rückzahlungsfristen zu strecken, die Stunde der Wahrheit zu vertagen. Die Krise ist im Falle Mexikos ausgebrochen, und zwar im kommerziellen Bereich der Finanzmärkte. Staatliche und private Schuldner Mexikos mußten die Schuldendienste gegenüber ausländischen Geschäftsbanken aus Mangel an Devisen plötzlich einstellen. 1980 wären etwa 12 Mrd. US-$ fällig geworden, drei Viertel der damaligen Exporterlöse. Die Zahlungsunfähigkeit mexikanischer Schuldner führte zu neuen Großkrediten, zu Umschuldungsverhandlungen und zu wirtschaftspolitischen Auflagen durch den IWF, als Gegenleistung zur Gewährung von Stützungskrediten. Seither fügt sich ein Land ans andere in die Schlange der bankrotten Staaten, und immer wiederholt sich die gleiche Prozedur. Für die Sanierungsbemühungen der Krise sind die kommerziellen Bedingungen der internationalen Geschäftsbanken ausschlaggebend und nicht die Rückzahlungsnormen internationaler Organisationen. Die private Bankenwelt bemüht sich, wenn immer möglich, die Spielregeln und den Anschein völliger Normalität aufrechtzuerhalten: bei Umschuldungen werden höchstens die Rückzahlungsfristen gestreckt, bestimmte sofort fällige Zinszahlungen evtl. gestundet oder auf später verschoben. Aber an den vertraglich fixierten Zinssätzen oder gar an der Höhe der Schulden wird nicht gerüttelt. Es sind also die Konditionen der internationalen Geschäftsbanken, welche letztlich den Verlauf der gegenwärtigen Verschuldungskrise ökonomisch diktieren. Politisch sieht es etwas anders aus.

Damit rückt ein weiterer Bereich in den Zusammenhang der Verschuldungskrise: die Wirtschafts- und Währungspolitik der USA. Die USA besitzen den Schlüssel zum Währungshimmel. Der Dollar als Zahlungsmittel ist Leitwährung des bestehenden Finanzsystems. Daher sind Änderungen in der amerikanischen Wirtschafts- und Währungspolitik auch immer Änderungen der wirtschaftlichen Lebensbedingungen in anderen Ländern – auch bei uns. 1979 fand in den USA ein währungspolitischer Kurswechsel statt, indem die amerikanische Notenbank dazu überging, den Dollar systematisch zu verteuern, und zwar dadurch, daß sie den Geschäftsbanken für ihre Kredite gewisse Mindestreservepflichten auferlegte. Damit wird das Geld automatisch teurer und die Zinssätze für Dollar gehen in die Höhe, je nach Änderung des Mindestreservesatzes. Reagan ist zudem mit dem Ziel angetreten, die USA wirtschaftlich, politisch und militärisch wieder zur Weltmacht Nummer eins zu machen. Eine zentrale Strategie war es, den Kurs des Dollars im Vergleich zu den übrigen Währungen in die Höhe zu schrauben und gleichzeitig die Inflation, d. h. die Geldentwertung, in den USA zu senken. Der Effekt beider Maßnahmen ließ nicht lange auf sich warten: Für Dollars wurden immer höhere Zinsen bezahlt, der Kurs des Dollars begann zu steigen, Dutzende von Milliarden Dollar wurden von Ausländern innert kürzester Zeit in den USA angelegt. Gleichzeitig trat die US-Regierung als Großschuldner auf und verursachte einen weiteren Zustrom ausländischen Kapitals auf den amerikanischen Kapitalmarkt. Die gewaltigen Rüstungsprogramme der US-Regierung und die horrenden Staatsdefizite haben dazu geführt, daß die Verschuldung des amerikanischen Staates heute rund 950 Milliarden Dollar beträgt! Etwa gleichviel wie die Dritte Welt Schulden hat! Die Zinshausse in den Dollarmärkten hat den lateinamerikanischen Ländern finanziell das Genick gebrochen. Denn mit jeder Kurssteigerung des Dollars und

jedem höheren Zinspunkt für Dollars stiegen die Schulden und Schuldenrückzahlungsverpflichtungen der Schuldnerländer.
Hier manifestiert sich die harte Machtpolitik der US-Regierung. Offenbar hat man sich in den führenden politischen und wirtschaftlichen Kreisen der USA entschlossen, über die Mechanismen der Finanzmärkte, gefährdete Entwicklungsländer in einen schleichenden Konkurs zu treiben und gleichzeitig anlagesuchende Milliardenbeträge auf den nationalen Finanzmarkt der USA zu dirigieren. Was politisch nicht gelingen will, nämlich die politische Kontrolle Lateinamerikas, soll auf wirtschaftlichem Weg erzwungen werden – bei gleichzeitigem Zurückdrängen der europäischen und japanischen Wirtschaft.

Die Ursachen

Die Schuldenkrise ist der finanzielle Aspekt einer schweren Wachstums- und Entwicklungskrise. Mitte der 70er Jahre begannen in den Industrieländern die Phasen wirtschaftlicher Schwierigkeiten. Die Wachstumsphasen der 50er und 60er Jahre gerieten ins Stocken. Wichtige Branchen wie die Automobil-, die Haushaltsapparate- und die Textilindustrie konnten ihr Wachstumstempo nicht mehr aufrechterhalten. Die Märkte waren mehr oder weniger gesättigt oder wurden vor allem durch japanische und andere fernöstliche Hersteller förmlich aufgerollt. Die Konzerne Europas und Amerikas begannen auf die Märkte der Dritten Welt auszuweichen und hier Fuß zu fassen. Über staatlich geförderte Exportkredite und die finanzielle Beteiligung an internationalen Entwicklungsbanken (Weltbank, regionale Entwicklungsbanken), alles unter dem politisch hoch legitimierten Schlagwort der Entwicklungshilfe, wurde der fehlende Absatz in der Dritten Welt realisiert und mit Krediten vorfinanziert. Parallel dazu steckten ambitiöse und durchweg nicht demokratisch legitimierte Regierungen Lateinamerikas Milliarden von Dollars in gigantische Großprojekte, deren wirtschaftliche Rentabilität ungenügend erwiesen war oder überhaupt fehlte. Die Importschleusen für Luxusprodukte, teure Spitzentechnologie und Rüstungsgüter wurden weit geöffnet und nicht zuletzt versickerten Milliarden innerhalb

der herrschenden politischen Clans in Form von Korruption und Vetternwirtschaft.
Die hier skizzierte Entwicklung fiel zeitlich mit dem Aufsteigen der arabischen Erdölstaaten zu Finanz-Großmächten zusammen. Aufgrund massiv heraufgeschraubter Ölpreise flossen innert kürzester Zeit Milliarden von Dollars in die OPEC-Staaten. Die Möglichkeiten, diesen Dollarregen in produktive Investitionen umzuwandeln, sind innerhalb der Ölländer beschränkt. Die Herrscherfamilien der arabischen Ölländer kauften Unmengen von Rüstungsgütern, stampften milliardenschwere Investitionsprojekte aus dem Wüstenboden, umlagert von absatzhungrigen Industrien des Nordens, und machten einen Großteil der eigenen Bevölkerung zu jugendlichen Rentnern. Ein Großteil der anfallenden Öl-Dollars mußte, mangels direkt produktiver Anlagemöglichkeiten, auf die Konten der internationalen Geschäftsbanken geschleust werden. Die Banken ihrerseits rissen sich förmlich um den Dollarregen, denn die Petrodollars garantierten rasantes Wachstum der Bilanzen und steigende Anlagemacht. Die Banken versuchten mit allen Mitteln, teilweise unter Mißachtung elementarster Vorsichtsregeln, diese Milliarden zu guten Zinsen anzulegen. Das Schlagwort des »Recycling der Petrodollars« machte in der Finanzpresse und an internationalen Konferenzen die Runde. Die Suche nach Anlagemöglichkeiten wurde immer aggressiver, in den Banken wurde eine ganze Generation jüngerer Spezialisten für Syndikatsfinanzierungen herangezüchtet, eine Generation von Nachwuchs, die in nonchalanter Art mit fremden Millionen jonglierte. Einige nordamerikanische Banken wie die Citibank, die Chase Manhattan Bank und die Bank of America pumpten Milliardenkredite in die wachstumsträchtigen Länder Lateinamerikas. Wirtschaftsideologisch wurde der Prozeß der Fremdfinanzierung der Entwicklungsländer mit dem Schlagwort von Wachstum und Entwicklung abgesegnet und die Integration der Schwellenländer in den Weltmarkt zu Ziel und Zweck der Nord-Süd-Politik deklariert. Lateinamerika forcierte eine Politik der Exportförderung. Riesige Landflächen wurden dazu hergerichtet, Nahrungsmittel und Rohstoffe in die Industrieländer zu exportieren. Landwirtschaftliche Grundstoffe wie Weizen, Mais, Soja, Gemüse, Früchte und Beeren gegen Maschinen, Chemikalien, Konsumgüter usw. Auch die Rohstoffindustrien forcierten die Ausbeutung der Boden-

schätze, selbst vor dem massiven Abholzen der riesigen Regenwälder wurde nicht haltgemacht. Unterstützt wurde die forcierte Exportstrategie nahezu von allen offiziellen Machtträgern in Nord und Süd: von Regierungen, internationalen Organisationen, der Privatwirtschaft und den Medien. Exporteinnahmen sind für Entwicklungsländer die wichtigste Quelle für die Beschaffung von Devisen, für jene Devisen nämlich, die für Zinsleistung und Kreditrückzahlungen benötigt werden. Die internationalen Geschäftsbanken finanzierten das zukünftige Exportvolumen dieser Länder. Sehr deutlich wurde dies im Fall von Mexiko, das über eigene Ölquellen verfügt und dessen wirtschaftlicher Boom mit Checks auf die Zukunft angekurbelt wurde. Mexiko hat die Ölförderung auf Jahre hinaus verpfändet und niemand rechnete mit dem Sinken des Erdölpreises. Es zeigte sich jedoch, daß die Austauschverhältnisse zwischen Import- und Exportgütern für Lateinamerika immer schlechter wurden. Für eine Maschine aus dem Norden mußte mengenmäßig immer mehr exportiert werden. Immer größer klaffende außenwirtschaftliche Finanzierungslücken waren die Folge. Die entstandenen Lücken mußten mit ständig neuen Krediten, d.h. mit weiterer Verschuldung, geschlossen werden. Und alles in der Hoffnung, durch Wachstum und Export in der nahen Zukunft zurückzahlen zu können. Die Pumpwirtschaft wurde in Nord und Süd zum tragenden Prinzip des wirtschaftlichen Erfolges.

Die hier skizzierte »Strategie« der Vorfinanzierung zukünftiger Entwicklung kann nur funktionieren, wenn die wachstumsgünstigen Rahmenbedingungen stabil bleiben: politische Stabilität, was zu sozialen Bedingungen Lateinamerikas Unterdrückung und Diktatur, zumindest autoritäre Ordnung heißt, möglichst freier Import ausländischer Güter, auch dann, wenn inländische Produzenten an die Wand gedrückt werden, freier Kapital- und Devisenverkehr, was die Rückführung von Gewinnen und die Kapitalflucht ermöglicht, freie Investitionsmöglichkeiten für ausländische Investoren, suspendierte Gewerkschaftsrechte, tiefes Lohnniveau, möglichst wenig Staatseingriffe usw. Und damit handelt es sich eigentlich um eine »Nicht-Strategie«, denn die hier beschriebenen wirtschaftlichen und politischen Bedingungen sind der Kern freier kapitalistischer Wirtschaftsideologie des letzten Jahrhunderts. Es ist diese Entwicklungsideologie, welche, angereichert um wirtschaftliche

Erfolgsrezepte der europäischen Nachkriegszeit, auf Lateinamerika zeitlich und räumlich ausgedehnt worden ist. Die dominierende Entwicklungsstrategie wurde jene des Finanzkolonialismus, die Schaffung politischer und wirtschaftlicher Abhängigkeit über Milliardenkredite, finanziert durch die Überschüsse des internationalen Bankensystems, ordnungspolitisch abgesegnet durch den IWF und die ihn dominierenden Regierungen der Industrieländer, oder anders gesagt: die Integration Lateinamerikas in die Weltwirtschaft. Schon vor Jahren gab es in Lateinamerika Stimmen, die vor den politischen und ökonomischen Folgen der sich aufbauenden Schuldenkrise warnten.

Die Schuldenkrise Lateinamerikas und das Scheitern des außenfinanzierten Wachstumsmodells haben sogar zweiseitige Abhängigkeiten geschaffen. Das Ausmaß der Verschuldung Lateinamerikas und das Ausmaß der Kreditgewährung einer bedeutenden Gruppe international tätiger Banken hat derartige Dimensionen angenommen, daß das Überleben des weltweiten Finanzsystems gegenwärtig auf dem Spiel steht. Wer einer Großbank mehrere Millionen Franken schuldet, hat Probleme; wenn eine Bank Milliardenkredite beim gleichen Schuldner ausstehen hat, so hat die Bank Probleme. Und so ist heute die Situation. Es ist die zweiseitige Abhängigkeit, welche die Verschuldung der Entwicklungsländer zur Krise gemacht hat; die akut gewordenen Liquiditätskrisen einiger Länder sind höchstens manifester Ausdruck eben dieser fragilen Situation, in der beide Seiten stecken. Aktueller Ausdruck der gegenseitigen Abhängigkeit ist die Tatsache, daß der internationale Finanzsektor die ökonomischen Vorgaben für die zukünftige Entwicklung sowohl in Lateinamerika als auch in den USA und Europa bestimmt. Der Finanzsektor hat sich Mitte der 70er Jahre vom Produktionssektor der Weltwirtschaft emanzipiert und dominiert jetzt mit ausschließlich finanzieller und vermögensrechtlicher Optik das wirtschaftliche Geschehen der Zukunft. Die Gesetze der Finanzsphäre schlagen auf Produktion und Konsumation der Völker brutal zurück. Es sind selbstverständlich nicht einfach Finanzregeln, die voll ihre Wirkung entfalten; es sind die Eigentümer vermögensrechtlicher Forderungen gegenüber Lateinamerika, welche zunehmend auch das politische Geschehen bestimmen, also Investoren wie private und staatliche Banken, Konzerne und Regierungen. Diese Kreise versuchen, mit altbewährten, auf Wachstum getrimmten Rezepten der Nachkriegsjahre die Produktion weltweit wieder anzukurbeln und an die Vorgaben des Finanzsektors anzupassen. Was wir heute in den Spalten der Wirtschaftsblätter lesen, ist die Geschichte eben dieser Versuche: Umschuldungen, d. h. Streckung der Rückzahlungsfristen, Gewährung von Überbrükkungskrediten, Großkredite privater Banken, Sanierungsprogramme des IWF usw. Es ist der Versuch, die Situation im Griff zu behalten, ohne sie grundsätzlich in Frage stellen zu müssen, der Versuch, das Prinzip der Pumpwirtschaft über das angebrochene Jahrzehnt zu retten. Es ist der pragmatische Weg des geringsten Widerstandes, ein Weg, der vor nicht viel mehr als vier Jahrzehnten in einer Sackgasse steckenblieb. Es ist zudem der Weg brutaler finanzieller Machtentfaltung gegenüber Lateinamerika und der Dritten Welt überhaupt.

Die Folgen

Folge dieser Machtentfaltung sind die wirtschaftlichen Roßkuren, welche den Völkern Lateinamerikas aufgezwungen werden. Halten wir uns vor Augen: es sind nicht die reichen Oberschichten, die Herrschenden, welche in Lateinamerika die Zeche zahlen, sich die Rückzahlungsverpflichtungen ihrer Länder am Mund absparen müssen, es sind vielmehr die Massen der Armen, der teilweise Beschäftigten, der Arbeitslosen, der Lohnabhängigen und Kleinbauern, welche bis an den Rand ihrer Existenzmöglichkeiten beitragen müssen dafür, daß die Bankenwelt des Nordens stabil bleibt, daß der größtmögliche Unfall, der weltweite Bankkrach, nicht doch noch passiert. Es sind jene am Schluß der Schuldnerkette in der Dritten Welt, die dazu gezwungen werden, die Rückflüsse an Zinsen und Schuldentilgungen hin zu »unseren« Banken von ihrer täglichen Existenz abzusparen!

Die Bevölkerungen der lateinamerikanischen Länder erleben heute das, was ein Direktionsmitglied der schweizerischen Nationalbank vor wenigen Monaten maliziös eine Schlankheitskur nannte. Die Dominanz wirtschaftlicher Vorgaben aus der Finanzwelt führt zu Anpassungspro-

grammen, welche Millionen von Menschen in die Armut treiben und sozial marginalisieren werden. Hunderttausende von Arbeitsplätzen werden vernichtet, Tausende von Betrieben in den Bankrott getrieben. Für die Betroffenen ist es letztlich unerheblich, wer diese Anpassungsprogramme durchsetzt: die eigene Regierung, der IWF, ausländische Banken, es bleiben allemal Roßkuren auf dem Buckel der bereits Armen und Ärmsten. Die Mechanismen dieser Anpassung sind vielfältig; ich möchte sie hier nicht umfassend darlegen. Sie sind täglich in Form nüchterner Berichterstattung der Wirtschaftspresse zu entnehmen. Bedeutend weniger oft werden sie sichtbar aufgrund von Ereignissen mehr politischer Natur: bei Streiks von Arbeitern, gewerkschaftlichem Abwehrkampf in den Schlüsselbranchen etwa Brasiliens und Argentiniens, der aufflakkernden Plünderungen von Geschäften, Polizeieinsätzen, den Verhaftungen Oppositioneller usw. In unseren Medien sind die Vorgänge nur gefiltert, tropfenweise wahrnehmbar.
Für die jungen Völker Lateinamerikas sind die Zukunftsaussichten trist, sehr trist. Die Schuldenkrise wird ihre Entwicklungsmöglichkeiten für die nächsten Jahre drastisch einschränken. Mit wachsendem wirtschaftlichen Druck aus dem Norden wird auch der politische Druck der Gläubigerländer zunehmen. Die Geschehnisse in Zentralamerika können durchaus als Vorboten möglicher zukünftiger Entwicklungen interpretiert werden. Und trotzdem, in jeder Krise steckt auch die Chance der Emanzipation vom Bewährten. Die Schuldenkrise Lateinamerikas trägt auch dazu bei, die politischen und wirtschaftlichen Integrationsmöglichkeiten auf diesem Kontinent genauer zu prüfen und voranzutreiben. Eine mögliche Form gemeinsamer Interessenwahrung gegenüber den Gläubigern und den Gläubigerländern kann ein Schuldnerkartell sein. Nichts fürchten die Banken der Industrieländer so sehr wie eine politisch bewußt angesteuerte Entwicklung in diese Richtung. Sollten zudem die politischen Strukturen in den lateinamerikanischen Schuldnerländern ins Rutschen geraten und politische Emanzipationsprozesse zugunsten der unteren Schichten in Gang kommen, so könnten Forderungen nach teilweiser oder gänzlicher Nichtanerkennung bestehender Schulden leicht Auftrieb erhalten. Zumindest als Druckmittel, diskret eingesetzt bei politischen und wirtschaft-

lichen Verhandlungen mit Gläubigerländern, sind derartige Szenarien durchaus geeignet, gewisse Erfolge zu erzielen. Es ist bekannt, daß sie derzeit auch eingesetzt werden. Solange sie im Hintergrund und gewissermaßen als Drohung aufrechterhalten bleiben, wirken sie auf die Gläubiger disziplinierend. Es ist meines Erachtens nicht möglich, die Schuldenkrise auf die Dauer ohne massive Abschreibungen bei Guthaben in Entwicklungsländern zu bewältigen, vor allem dann nicht, wenn keine Aussichten bestehen, die wirtschaftliche Wachstumsphase nach dem Zweiten Weltkrieg wiederholen zu können. Und die bestehen nicht. Wenn es dazu kommt, daß die Anleger Verluste verbuchen müssen, so wird dies zuerst die arabischen Staaten, welche Milliardenguthaben bei westlichen Banken haben, in zweiter Linie die Großanleger der Industrieländer, d. h. die Konzerne, Versicherungen und Pensionskassen treffen. Und natürlich die exponierten Banken selber. Was all dies wirtschaftlich, politisch und im Extremfall militärisch bedeuten könnte, dürfte aufgrund geschichtlicher Erfahrung klar sein. Die Umverteilung gesellschaftlichen Reichtums hat geschichtlich gesehen in den seltensten Fällen geordnet und ohne ernsthafte politische Auseinandersetzungen stattgefunden. Und in irgendeiner Form muß in den nächsten Jahren zwischen Nord und Süd umverteilt werden, weil die gegenwärtige Situation jede zukünftige Entwicklung blockiert. Das Prinzip der wirtschaftlichen Entwicklung auf Pump muß abgelöst werden durch eine Entwicklung, die sich vermehrt am wirtschaftlich real Möglichen und bezüglich der sozialen Kosten am verantwortbaren Maß orientiert. Wie das geschehen soll, ist (noch) nicht zu erkennen. Die Träger wirtschaftlicher und politischer Entscheidungen sind vorläufig nicht in der Lage, angesichts der Problemlage, den notwendigen Paradigmenwechsel zu vollziehen. In der Schuldenkrise Lateinamerikas und der Dritten Welt als gesamtes steckt also einerseits die Möglichkeit des offenen weltweiten Bankenkrachs mit allen Folgen, aber auch die Möglichkeit einer Entwicklung, welche Lateinamerika zu mehr wirtschaftlicher und politischer Unabhängigkeit führen wird. Ob dies gelingt, hängt nicht zuletzt von den Möglichkeiten der Industrieländer ab, finanzielle Forderungen abzutreten, und auf aggressives Wirtschaftswachstum zu verzichten. Und auch davon, ob wirtschaftliche Unvernunft durch politisch tragfähige Lösungen unter Akzeptierung der vitalen Interessen der lateinamerikanischen Völker abgelöst werden kann. Der Zerfall politischer Weitsicht und das Unvermögen der amerikanischen Regierung, soziale Vorgänge als solche zu erkennen und zu akzeptieren – das Einreißen von Wild-West-Methoden in Zentralamerika – läßt für die Zukunft allerdings wenig Spielraum für an sich berechtigte Hoffnungen.

Literaturhinweise

Gerster, R.: Fallstricke der Verschuldung. Basel 1982.
Haymoz, Urs: Verschuldete Dritte Welt und die Folgen. Erklärung von Bern, Zürich 1982.
ders.: Nicaragua, Geschichte einer Umschuldung. Erklärung von Bern, Zürich 1982.

DIETER NOHLEN

Chile – Das Scheitern von Entwicklungsmodellen

Unsere nachfolgenden Überlegungen kreisen um die seit 1964 in Chile angewandten, grundverschiedenen Entwicklungsmodelle, die alle als gescheitert betrachtet werden. Es handelt sich um 1. das Reformvorhaben des christlich-demokratischen Präsidenten Eduardo Frei, der Chile von 1964 bis 1970 regierte; 2. das Programm und die Praxis gesellschaftlicher Revolution des Sozialisten Salvador Allende, Präsident von 1970 bis zum Militärputsch am 11. September 1973; 3. das Wachstums- und Stabilisierungsprojekt des Militärregimes unter Augusto Pinochet, der eine persönliche Diktatur, gestützt auf das Militär, errichtete und seit nunmehr zehn Jahren die politische Macht in Chile ausübt. Betrachtungen über die politische Zukunft des Landes gegen Ende des Pinochet-Regimes müssen bei den mit diesen Entwicklungsmodellen gemachten historischen Erfahrungen ansetzen.

Im Scheitern der drei Experimente könnte nun ein substantielles Argument gegen die Annahme gesehen werden, es habe sich jeweils um »Entwicklungs*modelle*« gehandelt. So wird denn auch gelegentlich in Frage gestellt, daß der »chilenische Weg zum Sozialismus« als Modell sozialistischer Entwicklung gelten könne. Als theoretisches Modell sei er hinfällig, weil er sich als praktisch nicht durchführbar erwiesen habe. Und es wird auch argumentiert, der »chilenische Weg zum Sozialismus« habe scheitern müssen, weil er theoretisch nicht widerspruchsfrei gewesen sei. Auf diese kurzschlüssige Diskussion möchte ich mich hier nicht einlassen. Tatsache ist, daß die politisch Handelnden sehr wohl den Anspruch erhoben, modellhafte d. h. erfolgreich beschreitbare und auf andere Länder übertragbare Entwicklungswege zu entwerfen. Eduardo Frei begriff seine sozialreformerische Politik als Gegenmodell zur kubanischen Revolution und verlieh ihr den Namen »Revolution in Freiheit«. Salvador Allende erdachte einen »chilenischen Weg zum Sozialismus«. Auch wenn er die speziellen Bedingungen Chiles für die Anwendbarkeit dieser Strategie betonte, so stand doch der Modellcharakter des Experiments außer Frage und erklärt die große internationale Aufmerksamkeit, die Chile unter seiner Regierung zuteil wurde. Im Zusammenhang mit dem Pinochet-Regime wird das Modellhafte in der Regel auf das Ökonomische reduziert. Das »ökonomische Modell« versprach Entwicklung im Sinne von Wachstum. Vielerorts angewandt ist es nicht eigentlich spezifisch chilenisch. Jedoch wird Chile als ein herausragender Fall monetaristischer Wirtschaftspolitik in einem Entwicklungsland betrachtet.

Diese Überlegungen verweisen darauf, daß den drei Modellen ein recht unterschiedlicher Begriff von Entwicklung zugrunde liegt. Die Bewertung von Erfolg und Mißerfolg der Entwicklungsmodelle will ich deshalb nicht an einem bestimmten Entwicklungsbegriff festmachen. Als Maßstab wähle ich vielmehr vor allem die immanente Zielsetzung der verschiedenen Regierungen. Dabei leugne ich nicht, daß die anvisierten Ziele und die eingesetzten Mittel eine sehr unterschiedliche »Entwicklungsqualität« aufweisen, wenn man sie an einem Entwicklungsbegriff mißt, der neben Wachstum als gleichberechtigte Ziele soziale Gerechtigkeit, Arbeit, Partizipation und nationale Unabhängigkeit enthält. Das ökonomische und politische Modell der Militärs – ohne Partizipation im Sinne von Teilnahme (an politischen Entscheidungen) und Teilhabe (an erwirtschafteten Gütern) – wäre nach diesem international anerkannten Maßstab von vorneherein nicht als *Entwicklung*smodell annehmbar. Indem jedoch die Entwicklungsziele der jeweiligen Regierungen zur Meßlatte erhoben werden, kann auch differenzierter das Ausmaß des Scheiterns der Entwicklungsmodelle in Chile bestimmt werden. Hier sei bereits auf die großen Unterschiede in den politischen und sozialen Konsequenzen des Scheiterns in den Einzelfällen aufmerksam gemacht.

Entwicklungsmodelle in Lateinamerika: Grenzen ihres Erfolgs

Unser Interesse gilt zunächst systematischen Überlegungen, welche die drei Entwicklungsmodelle Chiles grob einzuordnen gestatten, und Fragen nach den immanenten Erfolgsgrenzen, die offensichtlich den Entwicklungsmodellen in Lateinamerika gesetzt sind. Das Lateinamerikanische Institut für Wirtschaftliche und Soziale Planung (ILPES) der Vereinten Nationen hat Elemente von in Lateinamerika angewandten Entwicklungsmodellen zu definieren versucht und auf drei Ebenen verortet, auf denen gefragt wird (A) nach dem Muster der Ressourcenallokation, (B) nach dem Muster, nach welchem die soziale Entwicklung in die Wege geleitet wird, und (C) nach dem Muster der Behandlung des Auslandskapitals und der Verbindung eines Landes mit dem Weltmarkt. Auf den drei Ebenen ergeben sich drei mehr oder weniger klar umrissene Möglichkeiten politischer Entscheidungen. Die Ressourcenallokation kann entweder 1. dem freien Markt überlassen werden, oder 2. der Staat interveniert, oder 3. er übernimmt eine regulierende Funktion. Die Alternativen auf der Ebene der sozialen Entwicklung ergeben sich aus Annahmen über das Verhältnis von Wachstum und Verteilung. Es wird angenommen, daß 1. entweder das Wachstum selbst langfristig Verteilung hervorrufe (Trickle-down-Annahme) oder 2. daß es keine automatische Beziehung zwischen Wachstum und Verteilung gebe und der Staat nachträglich korrigierend einzugreifen habe oder 3. daß die Ex-post-Korrektur nicht ausreiche, sondern daß der Staat soziale Zieldaten zu setzen und den Wachstumsprozeß auf die Erreichung dieser Ziele hin zu orientieren habe. Auf der dritten Ebene schließlich werden hinsichtlich der Rolle des Auslandskapitals und der außenwirtschaftlichen Beziehungen eines Landes drei Möglichkeiten genannt: 1. eine unbegrenzte Öffnung, 2. eine geregelte Öffnung mit einigen Beschränkungen, 3. eine beschränkte Öffnung. Das nachfolgende Schema verdeutlicht die Alternativen.

Die drei Alternativen auf den drei Ebenen lassen sich nun zu drei Entwicklungsmodellen (oder Entwicklungsstilen, wie ILPES mit Vorliebe spricht) zusammenfügen: Entwicklungsstil 1 verbindet den freien Markt mit subsidiärer sozialer Entwicklung und weiter Öffnung der Wirtschaft nach au-

Elemente von Entwicklungsmodellen

		Merkmale eines jeden Elements		
		1	2	3
Muster der Ressourcen-allokation	A	freier Markt, Staat subsidiär	Markt staatl. interveniert	staatl. regulierter Markt (Plan)
soziale Entwicklung	B	subsidäre soziale Politik	komplementäre soziale Politik	direkte soziale Zielsetzung
Öffnung gegenüber Auslands-kapital und Weltmarkt	C	weite Öffnung	geregelte Öffnung	beschränkte Öffnung

ßen. Entwicklungsstil 2 verknüpft den staatlich intervenierten Markt mit komplementärer sozialer Entwicklung und geregelter Öffnung zum Weltmarkt (Zölle, Beschränkungen für das Auslandskapital). Entwicklungsstil 3 favorisiert den (wie es bei ILPES heißt) regulierten Markt, d.h. den Plan, und enthält des weiteren die direkte Verfolgung sozialer Ziele und die nur beschränkte Öffnung gegenüber dem Auslandskapital und dem Weltmarkt. Im Blick auf Lateinamerika in den vergangenen Jahrzehnten hat ILPES festgestellt, daß nur die Entwicklungsstile 1 und 2 angewandt worden seien, mit der einzigen Ausnahme Kuba, das sich Entwicklungsstil 3 verschrieben habe. Wenden wir die kategoriale Unterscheidung auf Chile und seinen Entwicklungsprozeß seit 1964 an, so ergibt sich: Das Freische Entwicklungskonzept folgte mehr oder weniger dem 2. Entwicklungsstil; Allende begann auf dieser Basis und versuchte, eine Neuorientierung zugunsten des 3. Entwicklungsstils herbeizuführen; das Militärregime warf das Ruder herum und wandte den 1. Entwicklungsstil an.

Auf dieser allgemeinen Vergleichsebene von Entwicklungsstilen lassen sich bereits entscheidende Gründe für das Scheitern von Entwicklungsmodellen in Lateinamerika herausstellen, die auch für den Fall Chile relevant sind. Was den 1. Entwicklungsstil (also den Fall Pinochet) anbelangt, so fehlen ILPES zufolge die strukturellen sozioökonomischen, politischen und rechtlichen Voraussetzungen für ein erfolgreiches Funktionieren des Marktmechanismus in Lateinamerika. Das wirtschaftliche Wachstum, erzielt in den modernen, kapitalintensiven, exportorientierten Sektoren, angelegt auf die Befriedigung einer sozial eng begrenzten einheimischen Nachfrage, hat keine oder nur geringe Ausdehnungschancen. Die Masse der Bevölkerung hat am Wohlstandszuwachs keinen Anteil. Im Gegenteil: Das realisierte Wachstum wirkt einkommenskonzentrierend, zumal die sehr ungleiche Einkommensverteilung ihrerseits notwendig ist, um den einheimischen Markt für die an gehobenen Ansprüchen orientierte Produktion aufrechtzuerhalten. Im 2. Entwicklungsstil (die Fälle Frei und Allende) sind die Ex-post-Umverteilungen tendenziell nicht geeignet, die aus dem Wachstumsmodell herrührende Armut der Massen zu beheben, da der Staat mit seinen Interventionen den Rahmen dieses Modells nicht eigentlich verlassen kann. Nur in den seltensten Fällen partizipieren die wirklich Bedürftigen an den verteilungspolitischen Maßnahmen, am Ausbau der sozialen Infrastruktur und an der Sozialpolitik. Diese Leistungen werden vielmehr – wie inzwischen etliche Studien belegen – zum allergrößten Teil von den mittleren bis gehobenen Schichten in Anspruch genommen, von gesellschaftlichen Schichten also, von denen laut Entwicklungsstil der Verzicht auf einen Teil ihres Einkommens zugunsten der armen Bevölkerungsgruppen erwartet wird. Diese Schichten besitzen jedoch den höchsten Organisationsgrad und das höchste Interessendurchsetzungsvermögen. Die bestehenden gesellschaftlichen und politischen Machtverhältnisse schließen in der Regel die Anwendung des 3. Entwicklungsstils aus. Der Fall Allende ist eine Ausnahme von dieser Regel, insofern der Übergang zum 3. Entwicklungsstil demokratisch vereinbart wurde, und scheint sie doch zu bestätigen, insofern argumentiert werden kann, daß die gesellschaftlichen Machtverhältnisse ihn letztendlich vereitelten.

zeigt sich nun, daß die abstrahierende Betrachtung der in Lateinamerika präsenten Entwicklungsmodelle – und ihrer immanenten, durch die Wirtschafts- und Sozialstrukturen gesetzten Grenzen, die Entwicklungsprobleme des Subkontinents zu überwinden – zur Analyse des einzelnen Falles nicht ausreicht. Zwar wird ein Bewußtsein dafür geschaffen, daß Entwicklungsländer-Ökonomien als strukturell heterogene Ökonomien nicht ohne weiteres empfänglich sind für Entwicklungsmodelle, die andernorts erfolgreich waren.

Andererseits werden die sozioökonomischen und historisch-politischen Besonderheiten eines Entwicklungslandes zu wenig berücksichtigt, die relative Offenheit historischer Situationen vernachlässigt und tendenziell ein historischer Determinismus gefördert, der politisch in die Sackgasse führt, etwa wenn grundsätzlich, ja definitorisch nur noch von der Revolution (und nicht mehr von strukturellen Reformen innerhalb des Systems) die Überwindung der Unterentwicklung erwartet wird.

Einige Besonderheiten der chilenischen Situation

Gerade Chile ist nun ein Land mit – im lateinamerikanischen Vergleich – etlichen Besonderheiten, u. a. einer langen demokratischen Tradition und einem breiten politischen Pluralismus, dem ein relativ stabiles Parteiensystem entspricht. Darüber sind wir einigermaßen gut informiert.
Ein anderes hervorstechendes Merkmal ist die Rolle des Staates im Entwicklungsprozeß. In keinem anderen Land Lateinamerikas außer Kuba besaß der Staat im Jahre 1970, also noch vor der Regierungsübernahme durch Allende, eine so große Beteiligung im ökonomischen Bereich wie in Chile. Dabei hat die Übernahme finanzieller und produktiver Funktionen des Staates in der Wirtschaft in Chile kaum im Konflikt der Parteien gestanden. Der Staat übernahm seit den 30er Jahren die Rolle des Motors im Prozeß wirtschaftlicher Entwicklung. Er stimulierte und förderte wirtschaftliche Aktivitäten der Privatwirtschaft, schuf im infrastrukturellen Bereich Vorleistungen für private Investitionen, betätigte sich als Financier der Privatindustrie und gründete eigene Betriebe im Grundstoff- und Dienstleistungsbereich. Zugleich dehnte er seine bereits traditionelle verteilungspolitische Funktion aus, zum einen durch vermehrte Bereitstellung von Arbeitsplätzen (vor allem für die in sichere, statusträchtige Positionen drängenden Mittelschichten), zum anderen durch Sozialgesetzgebung (für eben diese Mittelschichten). Dabei setzte der Staat in zunehmendem Maße die Akzente im Wachstumsprozeß, einerseits durch den Aufbau von Planungsbehörden, andererseits dadurch, daß er faktisch in jeder Hinsicht seine volkswirtschaftliche Bedeutung gegenüber der Privatindustrie

ausdehnen konnte, sei es im Anteil des staatlichen Sektors am BIP, sei es hinsichtlich der Schaffung neuer Arbeitsplätze, sei es im Anteil des Staates an der Kapitalbildung.
Der Staatsinterventionismus wurde von allen politischen Parteien, die an die Regierung gelangten, aktiv vertreten. Bezeichnend dafür ist, daß die Gesetzgebung über die automatische Anpassung von Löhnen und Gehältern an die Inflationsrate Anfang der 30er Jahre von der 2. Regierung des älteren (liberalen) Alessandri herbeigeführt wurde. Unter der Volksfront wurde nach 1938 der Umfang der staatlichen Aktivitäten in der Wirtschaft rasch ausgedehnt und von den folgenden konservativen Regierungen aufrechterhalten. Seit Mitte der 60er Jahre erfolgte dann eine neue Ausweitung des staatlichen Sektors, zumal nun die Nationalisierung des Kupferbergbaus anstand.
Die demokratische und die staatsinterventionistische Tradition Chiles begründeten die Aussicht darauf, daß nicht nur das Freische Programm, sondern auch die tiefgreifenden Strukturreformen Allendes, die auf die Dauer einen Wechsel des Entwicklungsstils beinhaltet hätten, ohne Bruch mit der chilenischen Geschichte würden herbeigeführt werden können. Für eigentlich alle anderen Länder Lateinamerikas schien ein vergleichbarer Wechsel im Entwicklungsmodell in den 70er Jahren ähnlich wie gut ein Jahrzehnt früher in Kuba nur über den revolutionären Umsturz möglich. So müssen denn auch der Militärputsch und seine politischen und wirtschafts- bzw. entwicklungspolitischen Folgen als der einschneidende, konterrevolutionäre Bruch in der chilenischen Geschichte verstanden werden.
Haben wir bisher Chile anderen lateinamerikanischen Ländern gegenübergestellt, so führt uns diese Überlegung dazu, die unterschiedlichen historischen Situationen und Faktoren zu berücksichtigen, auf die die drei Entwicklungsmodelle treffen. Ganz allgemein kann das historisch-politische *timing* von Entwicklungsmodellen bedeutsam sein, d. h. die Zeit kann reif sein für bestimmte Reformen, die politisch möglicherweise per Konsens vereinbart werden können, während sie zu einem anderen Zeitpunkt nur äußerst konfliktiv oder überhaupt nicht durchzusetzen wären. Beispielsweise hätte innenpolitisch in Chile die Nationalisierung des Kupfers sehr viel weniger konfliktiv sein können, als sie es aufgrund der ideologischen und machtpolitischen Überfrachtung der Frage durch die politischen Parteien bis 1971

war, da die Nationalisierung auf der Tagungsordnung der Geschichte jener Jahre stand. Nach den Reformen von Frei schien das Allende-Programm historisch gut *»getimt«*. Doch beide Entwicklungsmodelle unterlagen dem politischen Kräftespiel und den präsidentiellen Regierungssystemen eigenen *checks and balances*. Frei und Allende besaßen keine Mehrheit im Parlament. Das Entwicklungsmodell der Militärs hingegen wurde autoritär durchgesetzt und konnte unter außergewöhnlicher Autonomie der politisch Handelnden angewandt und entsprechend den Erfordernissen der Praxis revidiert werden, ohne daß sonderlich auf die Bevölkerung, auf die Interessen besonders konfliktfähiger Gruppen Rücksicht genommen werden mußte. Die innenpolitischen Variablen müssen zudem mit den internationalen, die nicht rein außenpolitische sind, verbunden werden. Die Einstellung und das Verhalten internationaler Akteure (Staaten, transnationaler Konzerne, internationaler Entwicklungsagenturen) gegenüber den verschiedenen Entwicklungsmodellen ist von großer Bedeutung für Erfolg oder Mißerfolg von Entwicklungsmodellen, erklärt im chilenischen Fall ohne Zweifel je nach Entwicklungsmodell unterschiedlich viel, im Falle des Scheiterns von Allende mehr als in dem der Militärs. In keinem Falle sind die externen Faktoren jedoch hinreichend, zumal dann nicht, wenn – wie im Falle Allendes – eine Politik der *self-fulfilling-prophecy* getrieben wurde.

Die Politik von Frei und Allende im Vergleich

In einer mittel- bis langzyklisch angelegten Betrachtung der chilenischen Geschichte stehen die Regierungen Frei und Allende für *einen* Prozeß beschleunigten sozioökonomischen Wandels. Andererseits bilden sie unterschiedliche, in Konkurrenz zueinander entworfene und sich vor allem ideologisch heftig bekämpfende Alternativen sozioökonomischer Transformation. Kaum bedacht wurde, daß die erbittert geführte Auseinandersetzung zwischen den die Regierungen Frei und Allende stützenden Lagern bestimmend wurde für die Realisierungschance einer jeden der beiden Strategien. Dabei hätte es angesichts der vielen programmatischen Übereinstimmungen zu Kompromissen und Absprachen zugunsten struktureller Reformen kommen können. Frei und Allende propagierten die Wiedergewinnung der Verfügungsgewalt über die wichtigste wirtschaftliche Ressource des Landes, das Kupfer, eine Agrarreform, den weiteren Ausbau des staatlichen Sektors, Umverteilungsmaßnahmen, die Verbesserung der sozialen Infrastruktur und die Mobilisierung der marginalen Bevölkerung mit dem Ziel, ihre »Politikfähigkeit« zu erhöhen. Der wesentliche Unterschied zwischen beiden Projekten lag in den gesellschaftspolitischen Zielvorstellungen: Frei dachte in den Kategorien der liberalen Demokratie und des kapitalistischen Systems. Mittels Reformen sollte die diagnostizierte »integrale Krise« des bestehenden Systems überwunden werden. Allende setzte sich zum Ziel, den Sozialismus in Chile einzuführen, das bestehende System zu überwinden unter Ausnutzung der überkommenen institutionellen Ordnung. Diese grundlegende Differenz beinhaltete Unterschiede in der Stoßrichtung, Radikalität und Funktion der ergriffenen Maßnahmen.

Die Regierung Frei leitete eine Politik schrittweiser, aufeinander abgestimmter Reformen ein: Teilnationalisierung des Kupfers, Agrarreform, Verfassungsreform, Gemeindeentwicklung *(promoción popular)*. Die wirtschaftlichen Strukturreformen sollten mit Investitionsprogrammen (für Petrochemie, Kraftfahrzeugbau, Kupferindustrie) und Produktionssteigerungen insbesondere in der Landwirtschaft einhergehen. Außenpolitisch versuchte Frei, die Beziehungen zu diversifizieren und vor allem die lateinamerikanische Integration (Andenpakt) und Solidarität (namentlich gegenüber den USA: Konsensus von Viña del Mar) sowie die Interessenabstimmung zwischen Rohstoffexporteuren (hier: der Kupfer exportierenden Länder, Gründung der CIPEC 1967) zu fördern.

Die Regierung Allende verfolgte eine Politik der raschen Transformation fast sämtlicher Bereiche, ohne daß auf die Koordination verschiedener Ziele innerhalb der Bereiche (Strukturreform *und* Produktionssteigerung) oder zwischen den Bereichen (etwa: Kupferpolitik und Entwicklungsfinanzierung) sonderlich geachtet wurde. Ohne diese Rücksichtnahme führte sie einen im Vergleich zur Frei-Administration wesentlich schnelleren Strukturwandel herbei: vollständige Nationalisierung des Kupfers, Beendigung der Agrarreform, Ausbau des staatlichen Wirtschaftssektors

(Industriereform, Verstaatlichung der Banken und des Außenhandels), Reorientierung der Außenpolitik etc. Die leitende Idee dieser die gesellschaftlichen und politischen Konflikte ungemein zuspitzenden Strategie bestand in der Zielsetzung, möglichst rasch die politische Machtfrage endgültig zu entscheiden. Frei blieb in etlichen Bereichen hinter den Zieldaten seines Regierungsprogramms zurück. Immerhin konnte er die Verabschiedung des Agrarreformgesetzes, die Teilnationalisierung des Kupfers, ein umfangreiches Investitionsprogramm für den Kupferbergbau und eine Verfassungsreform durchsetzen, Ergebnisse, welche die nachfolgende Regierung nutzen konnte. Frei erreichte somit in der Auseinandersetzung mit der wieder erstarkenden und sich energisch zur Wehr setzenden politischen Rechten, mit den radikalere Reformen fordernden marxistischen Parteien sowie mit der einen nicht-kapitalistischen Entwicklungsweg fordernden Opposition im eigenen Lager sehr viel mehr, als seine vielen Kritiker je zuzugeben bereit sein könnten, zu wenig freilich, um die Weiterverfolgung der Reformstrategie zu ermöglichen. Frei scheiterte, weil die politischen Bedingungen der Fortsetzung des Reformprojekts nicht aufrechterhalten werden konnten. Indem die Präsidentschaftswahlen von 1970 verlorengingen, wurde die Anwendung des Entwicklungsmodells der chilenischen Christdemokraten praktisch abgebrochen. Diese Präzisierung dessen, worin Frei eigentlich scheiterte, ist um so berechtigter, als Frei am Ende seines Mandats, das durch Wahlen zu verlängern die Verfassung untersagte, den vorliegenden Umfragen zufolge noch eine hohe Zustimmung der Wählerschaft besaß, diese Zustimmung aber nicht auf den christdemokratischen Nachfolgekandidaten, Radomiro Tomic, übertragbar war.
Auch Allende scheiterte darin, die politischen Bedingungen für den »chilenischen Weg zum Sozialismus« aufrechtzuerhalten oder erst zu schaffen, nimmt man als Kriterium, den politischen *point of no return* zu erreichen. Doch sein Scheitern war nicht begrenzt auf eine Wahlniederlage, sondern bedeutete den Niedergang der Demokratie in Chile, hatte deren brutale Zerschlagung durch das Militär zum Ergebnis. Die Ursachen dieses folgenschweren Scheiterns sind vielschichtig. In der Literatur werden folgende Erklärungsansätze genannt: 1. Die theoretischen Verkürzungen des »chilenischen Weges zum Sozialismus«, die zu der Annahme be-

rechtigten, daß er nicht gangbar sei, und die in der Praxis unbewältigte Schwierigkeit, die reformerische Linie (innerhalb des bürgerlichen Staates verfolgte Umwälzung) mit der revolutionären Linie der direkten Aktion und des Aufbaus der Volksmacht *(poder popular)* in Übereinstimmung zu bringen; 2. eine fehlerhafte parteipolitische Bündnispolitik der Volkseinheit (ohne bzw. gegen die Christdemokraten, aber mit der bürgerlichen Radikalen Partei) und die folgenschwere Unfähigkeit der Allende-Regierung, die Mittelschichten dauerhaft für sich zu gewinnen; 3. die fehlende Koordination der Maßnahmen struktureller Umgestaltung der chilenischen Ökonomie untereinander und mit wirtschaftlichem Wachstum und damit eine aufgrund wachsender Ungleichgewichte zwangsläufig in die Krise führende wirtschaftliche Entwicklung; 4. die Interventionen in- und ausländischer Kräfte in den politischen Prozeß (parlamentarische Obstruktionspolitik der Oppositionsparteien, Streiks inländischer Unternehmer, CIA-Destabilisierungspolitik, internationale Kreditsperre, niedrige Kupfernotierung auf dem Weltmarkt etc.), die vielfach auf Begriffe wie Verschwörung, Blockade, Dollarimperialismus gebracht wurden.

Selbst wenn es sich bei diesen Ansätzen um Ursachenbündel handelt, innerhalb derer noch unterschiedliche Akzente gesetzt werden können, so reichen sie für sich genommen nicht aus, um das Scheitern Allendes zu erklären. Verschiedene Faktoren müssen prozeßdynamisch miteinander verknüpft werden, und es muß bedacht werden, daß ihre Bedeutung historisch variiert. Die Gefahr ist groß, daß diejenigen Faktoren, die im letzten Regierungsjahr Allendes auftraten, in der Ursachenbestimmung seines Scheiterns überbewertet werden. So ist hervorzuheben, daß dieselben Christdemokraten, die 1973 eine Entschließung des Parlaments herbeiführten, die Allende-Regierung sei illegal, ihm 1970 mit ihren Stimmen erst zum Präsidentenamt verhalfen. Auch ist nicht zu vergessen, daß das Militär 1970 nicht gegen Allende putschte, als es extern (ITT-Komplott) und intern (Ermordung des Oberbefehlshabers Schneider durch Rechtsextremisten) dazu ermuntert wurde, vielmehr 1972 nach einer schweren Regierungskrise zur Stützung der Allende-Administration in das Kabinett eintrat. Die Frage Allendes am Tag des Putsches, eingeschlossen im Regierungspalast, an einen seiner Mitarbeiter, ob man denn wisse, wo der »arme

Augusto« (Pinochet) sei, verweist auf die lange Loyalität des Militärs zu Allende und (methodisch betrachtet) auf die Notwendigkeit, einen retrospektiven Determinismus zu vermeiden.
Der prozeßdynamische Zusammenhang, der die verschiedenen Faktoren historisch einfängt und gewichtet, ist (meine verschiedenen Untersuchungen dazu resümierend) folgender: Der »chilenische Weg zum Sozialismus« bildete kein theoretisches Konzept, auf das die politische Linke in Chile in ihrer politischen Praxis hätte verpflichtet werden können. Radikalisierte Teile der Sozialisten, der Partei Allendes, die in den 70er Jahren unter den Einfluß des Castrismus – der gewaltsam revolutionären Veränderung von Staat, Wirtschaft und Gesellschaft – geraten waren, anerkannten ebensowenig den legalen Weg wie die von Allende legalisierte Bewegung der Revolutionären Linken, MIR. Die Volkseinheit war ideologisch und politisch heterogen; sie war hinsichtlich der zu verfolgenden Strategie gespalten, und sie besaß im bürgerlichen Institutionensystem keine Mehrheit. Die zunächst noch flexiblen innenpolitischen Fronten (Zustimmung der Christdemokraten zu Allende im zweiten Wahlgang) verhärteten sich bereits wenige Monate nach Regierungsantritt, als Allende direkte Landnahmen revolutionärer Gruppen duldete und mit der Verstaatlichung von Industriebetrieben ohne gesetzliche Grundlage begann. Die eingeschlagene Wirtschaftspolitik zielte auf Konsumsteigerung mittels Einkommensumverteilung. Sie ermöglichte zwar die Auslastung der vorhandenen Kapazitäten (Phase wirtschaftlichen Wachstums), regte aber wegen der Rechtsunsicherheit (Verstaatlichungswelle) nicht zu den notwendigen Investitionen an, um Ungleichgewichte zwischen Konsumfähigkeit und Produktion zu verhindern, die nach einigen Monaten wirtschaftlichen Aufschwungs einsetzten und zu wachsender Güterverknappung und Inflation führten. Die scharfe Konfrontation mit dem Auslandskapital in Form der entschädigungslosen Nationalisierung des Kupferbergbaus, welche im Kongreß die einstimmige Zustimmung aller Parteien fand, verringerte den Zustrom ausländischen Kapitals und auch ausländischer Kredite, die in Höhe und Konditionen nicht den wachsenden Bedürfnissen Chiles entsprachen. Der Verfall der Kupferpreise auf dem Weltmarkt sowie Ersatzteil- und Management-Probleme im Kupferbergbau verhinderten, daß das Kupfer die ihm zuge-

dachte Rolle als Devisenbringer und Finanzierungsquelle für die in Angriff genommenen Reformen spielen konnte. Die Agrarreform wurde in dem Teil, der die Schaffung neuer Besitzverhältnisse betraf, rasch zu Ende geführt, doch zu Lasten der Produktion, die rapide abnahm. In den staatlichen Sektor der Wirtschaft, der laut Regierungsprogramm nur sog. strategische Unternehmen enthalten sollte, wurden ziemlich ungeplant auch bankrotte Firmen aufgenommen, so daß die mangelnde Rentabilität vieler Betriebe des staatlichen Sektors, der statt geplanter 91 auf etwa 500 Betriebe anwuchs, den Staatshaushalt ins Defizit trieb. Die stetig zunehmenden wirtschaftlichen Probleme verringerten die politische Basis der Regierung und ermöglichten es der in- und ausländischen Opposition, mit ihren teilweise illegalen, überwiegend aber durchaus legalen Aktionen (beispielsweise Streiks, parlamentarische Abstimmungsniederlagen, Ministeranklagen) den Spielraum Allendes immer mehr einzuengen. Angesichts dieser Entwicklung, der Aussichtslosigkeit, Wahlen oder Referenda gegen die Christdemokraten und die Nationalen, die inzwischen einen Oppositionsblock gebildet hatten, gewinnen zu können, verstärkte sich innerhalb und außerhalb des Linksbündnisses die Strategie der revolutionären Machtergreifung. Damit erschöpften sich rasch die noch verbliebenen geringen Möglichkeiten, innerhalb des demokratischen Systems zu Kompromissen zu gelangen, die dessen Fortgeltung möglicherweise hätten sichern können. Als beide politischen Lager zu der Überzeugung gekommen waren, daß nur noch die Waffen entscheiden könnten, putschte das Militär.
Wie die Analyse zeigt, liegt das Scheitern des Entwicklungsmodells des »chilenischen Weges zum Sozialismus« nicht im Militärputsch begründet, sondern der Militärputsch im Scheitern Allendes. Verschiedentlich wurde zudem die These vertreten, daß der »chilenische Weg«, wie er programmatisch entworfen war, in der Praxis gar nicht beschritten wurde. Diese These besagt, daß Allende scheiterte, nicht aber das Entwicklungsmodell sozialistischer Orientierung, das konsequent auf demokratisch (mehrheitlich) vereinbarte, gesetzlich durchgeführte Strukturreformen abzielt. Auf die mögliche Bedeutung dieser Unterscheidung für die politische Entwicklung nach Ende der Militärherrschaft werde ich noch zurückkommen.

Das in Chile nach 1973 angewandte ökonomische Modell ist eine extreme Form des Monetarismus. Inspiriert und »wissenschaftlich begleitet« von der Friedmanschen Schule (Chicago), antwortet es nicht allein auf die durch Hyperinflation, hohes Handelsbilanzdefizit, Versorgungsengpässe und hohe Staatsverschuldung geprägte wirtschaftliche Situation in den Monaten vor dem Putsch. Es entspricht vielmehr wirtschaftlichen Grundpositionen chilenischer konservativer Politiker und Volkswirtschaftler, die bereits in den 60er Jahren mit scharfer Kritik am Staatsinterventionismus in Chile hervorgetreten waren. Das »erzliberale« Wirtschaftsmodell weist – ganz entsprechend dem oben dargestellten 1. Entwicklungsstil – vier grundlegende Elemente auf: das Prinzip der Subsidiarität des Staates als dominierendes Element; strikte Freihandelspolitik; Förderung des Privatunternehmers als tragende Säule einer dynamischen wirtschaftlichen Entwicklung; Schaffung eines freien Marktes ohne Kontrollen und Hemmnisse. Für die Charakterisierung des Modells als »erzliberal« oder als extremer Fall von Monetarismus sprechen – im Vergleich zu Argentinien und Uruguay, wo ähnliche Politiken angewandt wurden – drei Argumente: 1. der Umfang der Rolle, die dem freien Markt zugewiesen wurde, was einen drastischen Rückzug des Staates aus bereits traditionellen Aktivitäten in Chile bedeutete; 2. die umfassende Privatisierung der Produktionsmittel; davon ausgespart blieb allein der Kupfersektor (doch wurde dem Auslandskapital in der Kupferindustrie wieder zu investieren erlaubt); 3. die tiefgreifende Veränderung der chilenischen Sozialstruktur als Ergebnis der strukturellen Veränderungen in der Wirtschaft. Legt man die Maßstäbe an, denen zufolge Monetaristen die Ergebnisse wirtschaftlicher Entwicklung bewerten, so zeigten sich gegen Ende der 70er Jahre gewisse wirtschaftliche Erfolge. Die extreme Inflation (Dez. 1973 über 700%) konnte auf eine Rate von 30% im Dez. 1980 und unter 20% für das Jahr 1981 gesenkt werden. Die Staatsverschuldung wurde abgebaut, die Zahlungsbilanz wies nach 1975 positive Werte auf, und das BSP, das 1975 noch eine Einbuße von −17,5% erlitt, stieg nach 1977 kontinuierlich an. Um diese Ergebnisse zu erreichen, wurden jedoch eine ganze Reihe von Nebenwirkungen in Kauf genommen, die bereits die eng ökonomisch argumentierenden Beobachter hätten nachdenklich stimmen müssen. Aufgrund der rigide liberalen Außenhandelspolitik konnten die niedrigeren internationalen Preise voll auf den chilenischen Markt durchschlagen. Diese durch den freien Wechselkurs der einheimischen Währung geförderte Politik bewirkte, daß 1977 82 % der in Chile umgesetzten Konsumgüter (außer Nahrungsmitteln) importiert waren. Dem Konkurrenzdruck ausländischer Produkte konnten einheimische Unternehmen nicht standhalten, so daß es zu einer großen Zahl von Unternehmenszusammenbrüchen kam, was den wirtschaftlichen Konzentrationsprozeß verstärkte und eine De-Industrialisierung Chiles nach sich zog. Die Steigerung der Importe vergrößerte das Defizit in der Handelsbilanz, das mit Auslandskrediten vor allem privater Banken (Anteil 1977: 81 %) gedeckt werden mußte. Um die Zahlungsbilanz positiv zu gestalten (es wurden sogar Devisenreserven angelegt), wurde die Auslandsverschuldung in die Höhe getrieben. Sie erreichte 1980 11,2 Mrd. US-$. Durch Nichtberücksichtigung kurzfristiger Kredite von einer Laufzeit von weniger als einem Jahr versuchte der Banco Central, ein günstigeres Bild der Auslandsverschuldung zu zeichnen, und gab diese für 1980 mit 9,41 Mrd. US-$ an. Auch diese Summe ergab einen Schuldendienstquotienten von 40,4 %, einer der seinerzeit höchsten Lateinamerikas.

Bereits bei den ökonomischen Indikatoren traten somit Ergebnisse auf, die das schönfärberische Bild vom erfolgreichen Monetarismus in Chile, das international und vor allem in den USA propagiert wurde, hätten zurechtrücken müssen. Dehnt man die Betrachtung indes auf den sozialen Bereich aus – was notwendig ist, um von Entwicklung sprechen zu können –, so kann man nicht umhin, den Erfolg des Entwicklungsmodells in Chile von Anfang an zu negieren. Die sozialen Folgen waren katastrophal: geringere Realeinkommen, hohe Arbeitslosigkeit, Abbau der sozialen Infrastruktur, Verteuerung von Erziehung, Gesundheit, sozialer Sicherheit, scharfe Konzentrationseffekte in der Einkommensverteilung. Da diese Konsequenzen im Modell selbst angelegt sind, können sie nicht als politische Erblast, als zufällig und grundsätzlich behebbar abgetan werden. Die realen Wohlstandseinbußen reichten bis in die gehobenen Mittelschichten hinein. Dramatischer freilich verliefen die absoluten Verelendungsprozesse bei den unteren sozialen

Schichten, die zugleich jeglicher Instrumente beraubt wurden, sich gegen eine Politik zur Wehr zu setzen, die rücksichtslos den aus dem Monetarismus gezogenen wirtschaftspolitischen Lehrsätzen folgte. Trotzdem ist nicht zu verkennen, daß in Chile die Hoffnung breiter Bevölkerungskreise auf einen Erfolg des ökonomischen Modells aufrechterhalten blieb. Andererseits ist unbestritten, daß das ökonomische Modell des Monetarismus nur unter den politischen Bedingungen einer Militärdiktatur durchgesetzt werden konnte. Hier liegt ein wesentlicher Unterschied zu den beiden anderen Entwicklungsmodellen, die nicht nur demokratisch vereinbart wurden, sondern stets der Sanktion des Wählervotums unterworfen blieben. Zweifellos wurde von seiten der das Regime tragenden Kräfte gehofft, daß der wirtschaftliche Erfolg des Modells kurz- bis mittelfristig das autoritäre Regime legitimieren und den Weg bereiten könnte für eine langfristig angelegte Rückkehr zu demokratischeren Formen der Herrschaftsausübung. Diese Intention lag der neuen Verfassung von 1980 zugrunde, die in der besten Phase des ökonomischen Modells in Chile verabschiedet wurde und insbesondere die Funktion hatte, die internationale Reputation des autoritären Regimes, angeschlagen durch die ständigen Menschenrechtsverletzungen, aufzubessern. Die interne Repressionspolitik blieb jedoch im wesentlichen aufrechterhalten, zumal die Verfassung in ihren Übergangsbestimmungen, die sofort in Kraft traten, den bestehenden Ausnahmezustand und die Sondervollmachten für den Präsidenten legalisierte.
Angesichts dieser Befunde, der Stabilisierung von Wirtschaft und politischer Herrschaftsausübung durch das Militär Ende der 70er, Anfang der 80er Jahre, stellt sich das Erklärungsproblem für Pinochet zunächst anders als für Frei und Allende. Wo liegen die Gründe für die Kontinuität des Regimes, von dem die Fortsetzung des ökonomischen Modells abhängt? Sie liegen nicht allein in der Repressionspolitik. Eine Vielzahl anderer Ursachen tritt hinzu, u.a. die überwiegend negativ besetzte Erinnerung an das Chile unmittelbar vor dem Putsch, die Unterstützung der Militärs durch sämtliche Fraktionen der politischen Rechten, die Fähigkeit Pinochets, seine Führungsrolle im Militär zu festigen und Kontrahenten auszuschalten, der Immobilismus der Oppositionsparteien und insbesondere der Arbeiterbewegung aufgrund der Auswirkungen der Wirtschaftspolitik,

vor allem der hohen Arbeitslosigkeit, schließlich die Angst der Mittelschichten vor neuem, tiefgreifenden Wandel. Den Militärs gelang die Depolitisierung einer verängstigten Bevölkerung. Politisch lähmend wirkte auch die vorrangige Beschäftigung der Oppositionsparteien mit der Allende-Zeit und das Fortwirken der seinerzeitigen Konfliktstrukturen, so daß eine Alternative zum Militärregime nicht sichtbar wurde.

Erst mit der rapiden Verschlechterung der wirtschaftlichen Lage seit 1982/83 (Wachstumseinbußen, Inflation, Arbeitslosigkeit von über 30%, verringerte Investitionstätigkeit, erhöhte, kritische Auslandsverschuldung, größere Verletzlichkeit der chilenischen Wirtschaft) verflüchtigte sich rasch die Hoffnung auf einen fortgesetzten wirtschaftlichen Aufschwung und setzte sich national und international die Einschätzung durch, daß das ökonomische Modell in Chile gescheitert sei. In der Verelendungskrise veränderte sich die innenpolitische Situation des Landes grundlegend. Die Regierung büßte weiter an Zustimmung von seiten sozialer Gruppen ein, die sie bislang unterstützt hatten, in den Betrieben kam es zu Streiks, die politischen Parteien regten sich und rückten näher aneinander, Gewerkschaften und Parteien organisierten monatliche Nationale Protesttage, und die Bevölkerung begann, politisches Mißfallen und politischen Protest öffentlich kundzutun. In der Demokratischen Allianz, in der sich Parteien der gemäßigten Rechten bis zur sozialistischen Linken zusammengefunden haben (im einzelnen sind dies Teile der ehemaligen Nationalen Partei, die Christdemokraten, die Radikale Partei, die Sozialdemokraten, ein Teil der Sozialistischen Partei, die Christliche Linke und beide Flügel des MAPU) und die unter Führung der Christdemokraten steht, hat sich eine politische Alternative zum Militärregime gebildet, die es Pinochet unmöglich macht, die Mittelschichten weiter mit der Formel »ich oder das Chaos« einzuschüchtern. Nach dem Scheitern des ökonomischen Modells begann damit die politische Auseinandersetzung um die Überwindung der bestehenden Herrschaftsverhältnisse in Chile.

Das Militärregime ist wirtschaftlich und politisch gescheitert – und doch hält es sich noch an der Macht. Zwar mußte Pinochet Konzessionen machen, etwa indem er im August 1983 einen Zivilisten mit dem Innenministerium betraute, der Vertreter der Demokratischen Allianz empfing, nachdem er eine baldige demokratische Öffnung zugesagt hatte. Indes scheint es Pinochet selbst nur darum zu gehen, Zeit zu gewinnen. Das Regime sucht nach einem Ausgang aus der Krise unter Aufrechterhaltung der bestehenden Machtverhältnisse. Doch wie sich ehemals das politische und ökonomische Modell der Militärs gegenseitig gestützt haben, scheinen sie sich nun – beide in der Krise befindlich – gegenseitig daran zu hindern, diese für sich jeweils zu lösen. Das mangelnde Vertrauen in das Regime führt zu weiterer Zurückhaltung des in- und ausländischen Kapitals, und die katastrophale Wirtschaftslage zusammen mit der starken Politisierung der Bevölkerung läßt das Regime keine Stabilität mehr gewinnen. Der Prozeß der Agonie des Regimes kann sich jedoch noch länger hinziehen, als manche Beobachter meinen – mit weiteren schmerzlichen Folgen für Chile und wachsenden Belastungen für die Demokratisierung.

Derweil zeichnet sich für den Entwicklungsweg Chiles nach Pinochet eine Rückbesinnung auf die früheren Modelle ab. In der Erklärung der Demokratischen Allianz vom August 1983 – welche die Forderung nach einer Übergangsregierung von 18 Monaten zur Wiederherstellung der Demokratie in Chile erhebt – wird eine gemischte Wirtschaftsverfassung *(mixed economy)* vorgeschlagen, des weiteren eine Politik der Schaffung von Arbeitsplätzen und der »Dekonzentration« der Eigentumsverhältnisse. Es wird eine konzertierte Aktion von Staat, Unternehmern und Arbeitnehmern ins Auge gefaßt. Anerkannt wird »die bedeutende Rolle des Staates nicht nur in der Orientierung und Regulierung der Wirtschaft, sondern auch in der indikativen Planung der gesamten und der sektoralen Wirtschaftsaktivitäten sowie der Produktion in strategischen Bereichen«. Mit einigen neuen Elementen (konzertierte Aktion) setzen die Parteien der Demokratischen Allianz damit wieder auf Staatsinterventionismus und Reform. Hier scheint nun die obige Differenzierung wichtig zu werden, die besagt, daß die traditionellen Konzepte in den 60er und Anfang der 70er Jahre nicht als solche scheiterten, sondern daß vielmehr entweder die politischen Rahmenbedingungen nicht aufrechterhalten wurden oder der Reformweg in der Praxis nicht konsequent (möglicherweise überhaupt nicht) beschritten wurde, sondern einer anderen Strategie Platz machte. Als Folge vor allem des Scheiterns von Allende scheint heute das Bewußtsein unter den parteipolitischen Akteuren gewachsen, Kompromisse schließen zu müssen. Konkordanzdemokratische Konfliktschlichtungsmuster könnten dazu beitragen, unter zweifellos extrem schwierigen gesellschaftlichen und politischen Bedingungen, den Erblasten der Militärdiktatur, einen neuen demokratischen Anfang in Chile zu erleichtern, in welchem Entwicklung im Sinne von Wachstum und sozialer Gerechtigkeit, Arbeit, Partizipation und nationaler Unabhängigkeit verstanden werden muß.

Literaturhinweise

Bitar, Sergio: Chile: liberalismo económico y dictadura política. Lima 1980.

Collier, David / Cotler, Julio (Hrsg.): The New Authoritarianism in Latin America. Princeton 1979.

Foxley, Alejandro u.a.: Cinco estudios sobre la economía chilena desde 1973. Estudios CIEPLAN 4, 1980.

Ders. u.a.: Reconstrucción económica para la democracia. Santiago 1983.

Friedmann, Reinhard: Die Kupferpolitik Chiles (1964–1973). Heidelberg 1983.

Huneeus, Carlos: Der Zusammenbruch der Demokratie in Chile. Heidelberg 1981.

Nohlen, Dieter: Chile. Das sozialistische Experiment. Hamburg 1973.

Ders.: Regimewechsel in Lateinamerika? Überlegungen zur Demokratisierung autoritärer Regime. In: Lindenberg, Klaus (Hrsg.): Lateinamerika. Herrschaft, Gewalt und internationale Abhängigkeit. Bonn 1982.

Ders.: Chile. In: Nohlen, Dieter / Nuscheler, Franz (Hrsg.): Handbuch der Dritten Welt, Bd. 2. Hamburg ^{2}1982, S. 177ff.

O'Donnell, Guillermo: Modernization and Bureaucratic-Authoritarianism. Studies in South American Politics, Berkeley 1973.

LUCIUS CAFLISCH

Der Falkland-Konflikt und seine Hintergründe

Einleitung

Am 14. Juni 1982 hat die bewaffnete Auseinandersetzung zwischen Großbritannien und Argentinien um die Falkland-Inseln (oder Malwinen) und ihre Dependenzen (Südgeorgien und die südlichen Sandwich-Inseln) ihr Ende gefunden. Die seither verstrichene Zeit und die damit geschaffene Distanz erlauben es, dieser Auseinandersetzung, die die Weltöffentlichkeit bewegte, einige Betrachtungen zu widmen. Dabei gilt es nicht nur, die verschlungene Geschichte dieses nunmehr 150 Jahre alten Streits zwischen den beiden Ländern zu entwirren und den völkerrechtlichen Standpunkt der Streitparteien zu erläutern oder den Ablauf der Feindseligkeiten einmal mehr nachzuzeichnen. Um darzutun, weshalb einige kärgliche, im Südatlantik verlorene und vor allem von Schafen oder Pinguinen bevölkerte Eilande es vermochten, den Weltfrieden nicht unerheblich zu gefährden, ist es unumgänglich, auf bekannte und auch weniger bekannte Hintergründe des Konflikts näher einzugehen. Zu diesen Hintergründen gehören: 1. die allgemeine politische Konstellation im Südatlantikraum; 2. die am 10. Dezember 1982 zur Unterzeichnung aufgelegte neue Seerechtskonvention der Vereinten Nationen und deren Bestimmungen über die Ausbeutung des Festlandsockels sowie über die Schaffung einer ausschließlichen, dem Küstenstaat zugeordnete Wirtschaftszone von 200 Meilen; 3. die Rivalität zwischen Chile und Argentinien im Südatlantik; die im Konflikt um den *Beagle Channel* ihren Niederschlag fand und noch findet; und 4. die rivalisierenden Ansprüche Großbritanniens, Argentiniens und Chiles auf ausgedehnte Sektoren der Antarktis. Dem letztgenannten Element soll besondere Aufmerksamkeit gelten, denn es zeigt, daß der Falkland-Streit und der von ihm hervorgerufene Waffengang nicht nur die Frucht

schulmeisterischer Zwängerei oder eines übersteigerten Nationalismus ist.
Zum Verständnis der Situation ist es notwendig, in einem ersten Teil die geographische Lage und wirtschaftliche Bedeutung der Falklands und ihrer Dependenzen zu umreißen, die Geschichte des Konflikts bis zur Krise von 1982 in Erinnerung zu rufen und die von den Parteien zur Erhärtung ihrer Hoheitsansprüche ins Feld geführten Thesen zusammenzufassen. Ein zweiter Teil wird den bereits erwähnten Hintergründen des Streits gelten, nämlich der allgemeinen politischen Lage in der südatlantischen Region, den Auswirkungen der neuen Seerechtskonvention in dieser Region, den Folgen der Auseinandersetzung um den *Beagle Channel* und endlich den von Argentinien, Großbritannien und Chile angemeldeten Ansprüchen auf Teile des antarktischen Kontinents.

Die Falkland-Inseln und der Verlauf des Konflikts

Geographische Lage und wirtschaftliche Bedeutung der Inseln

Der Falkland-Archipel, bestehend aus Ost- und West-Falkland sowie einer Vielzahl kleiner Inseln (Karte 1), hat eine Ausdehnung von ungefähr 12000 km^2 und befindet sich im Südatlantik, etwa 250 Seemeilen östlich des Eingangs der Magellanstraße in Südpatagonien. Er beherbergt ca. 1800 Einwohner meist britischer Abstammung, deren Großteil sich der Schafzucht und der Wollerzeugung widmet. Die Fischbestände der Inselgewässer scheinen bedeutend zu sein, und im den Archipel umgebenden Meeresboden werden Ölvorkommen vermutet.
Die Dependenzen, von denen Südgeorgien und die südlichen Sandwich-Inseln hier interessieren, sind etwa 800 bzw. 1200 Seemeilen südöstlich der Falklands gelegen. Sie werden von Großbritannien von den Falklands aus verwaltet, deren Gouverneur auch für die britischen Gebiete der Antarktis zuständig ist.

Der Verlauf des Konflikts

Die Geschichte des Konflikts um den Falkland-Archipel zerfällt in sechs Hauptphasen: 1. Die gleichzeitige Koloni-

Figur 1 : Die Falkland-Inseln (Malwinen)

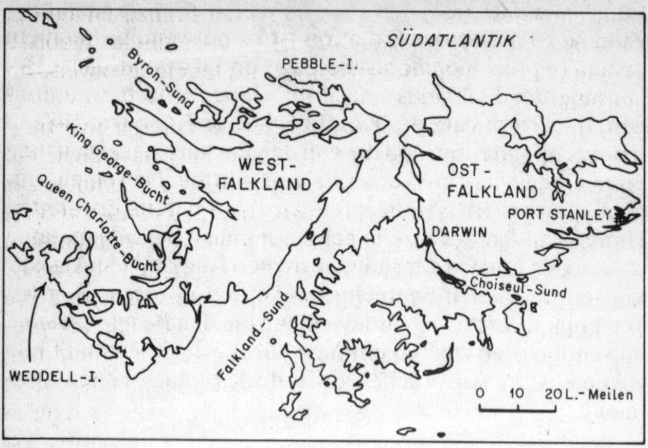

sierung der Falklands durch Frankreich und England (1764 bis 1765); 2. der spanisch-britische Streit um die Inseln (1767 bis 1774); 3. die Loslösung Argentiniens vom spanischen Staatsverband und die damit verbundene Übernahme des spanischen Anspruchs auf die Falklands durch Argentinien (1810 bis 1833); 4. die gewaltsame Vertreibung der Argentinier durch die Briten (1833); 5. die Behandlung der Falkland-Frage durch die Vollversammlung der Vereinten Nationen (seit 1964), gefolgt von direkten Verhandlungen zwischen den Streitparteien; und schließlich 6. die bewaffnete Auseinandersetzung zwischen Argentinien und Großbritannien (1982).

Ob der Falkland-Archipel von Amerigo Vespucci, Magellan oder anderen entdeckt wurde, kann nicht mit Sicherheit festgestellt werden. Obwohl bereits 1690 ein englischer Seefahrer, John Strong, auf den Inseln landete und die die Ost- von der West-Insel trennende Wasserstraße mit dem Namen »Falkland-Sund« versah, wurde die Ost-Insel 1764 von einem Franzosen, Louis-Antoine de Bougainville, im Namen Frankreichs in Besitz genommen und besiedelt. Bougainville kam aus St-Malo; daher der Name »Malouines«. Beinahe gleichzeitig machte sich im Auftrage Englands John Byron, Großvater des Dichters, nach den Inseln auf. Ihm folgte ein weiterer britischer Seefahrer, John McBryde, der auf West-Falkland eine Siedlung und ein Fort errichtete, ohne zunächst von der Anwesenheit der Franzosen auf der Ost-Insel zu wissen. Diese französisch-englische Doppelpräsenz führte zu Schwierigkeiten und leitete die zweite historische Phase ein.

Im Jahre 1767 wurde der Archipel von Frankreich vertraglich an Spanien abgetreten. England bestritt jedoch die Rechtmäßigkeit dieser Abtretung. Im Jahre 1770 kam es zur Invasion West-Falklands durch Spanien und damit zur Vertreibung der Engländer. Die darauf folgende diplomatische Krise fand 1771 durch einen spanisch-englischen Notenaustausch ihren vorläufigen Abschluß: Spanien erlaubte die Rückkehr der Briten auf die West-Insel gegen ein Versprechen Englands, die Insel zu einem späteren Zeitpunkt zu räumen. 1774 räumten die Briten West-Falkland tatsächlich – aus Sicherheits- und Ersparnisgründen, wie es damals hieß. Zurück blieb eine Bleiplatte mit der Inschrift, die Falkland-Inseln gehörten weiterhin zum britischen Reich. Etwas später entfernten die Spanier besagte Bleiplatte und zerstörten das britische Fort auf West-Falkland. Die Insel blieb jedoch unbesiedelt, da Spaniens Tätigkeit sich hinfort auf Ost-Falkland beschränkte.

Die dritte geschichtliche Phase begann im Jahre 1810 mit dem Beginn der Loslösung der Provinzen des Rio de la Plata von Spanien. Die Inseln wurden 1811 geräumt, jedoch 1820 von den Provinzen in Anspruch genommen und 1826 wieder besiedelt. Die Konsolidierung des neuen Staatswesens und die damit verbundenen Wirren zogen sich von 1811 bis 1860 hin. Immerhin ist hervorzuheben, daß der neue Staat von Großbritannien durch den Abschluß eines Freundschafts-, Handels- und Schiffahrtsvertrages und die Akkreditierung eines Geschäftsträgers in Buenos Aires schon im Jahre 1825 *de facto* anerkannt wurde, also fünf Jahre nach der Anmeldung des argentinischen Anspruchs auf den Falkland-Archipel. 1829 jedoch protestierte England gegen die Inbesitznahme der Inseln durch Argentinien mit dem Hinweis auf bestehende Hoheitsrechte Großbritanniens.

Die gewaltsame Durchsetzung dieser Rechte leitete die vierte geschichtliche Phase ein. Im Jahre 1833 besetzten britische Streitkräfte die Inseln und vertrieben die Argentinier. Argentinien protestierte wiederholt, doch ohne Erfolg. Die Engländer blieben und besiedelten die Inseln, die 1892 formell zur Kronkolonie erhoben und denen 1908 auch die Dependenzen angegliedert wurden. Die argentinischen Proteste dauerten vorerst bis 1849 und verhallten ungehört; in diesem Jahr teilte Argentinien Großbritannien mit, sein zukünftiges Schweigen dürfe nicht als Anerkennung des britischen Anspruchs gewertet werden. Mit Ausnahme eines Notenwechsels im Jahre 1888 scheint die Kontroverse dann eingeschlafen zu sein, um zwischen den zwei Weltkriegen von Argentinien wieder aus der Mottenkiste geholt zu werden und schließlich vor den Vereinten Nationen zu landen.

Die fünfte Phase der Kontroverse ist gekennzeichnet durch verschiedene, seit 1965 gefaßte Entschließungen der Vollversammlung der Vereinten Nationen. In diesen Entschließungen wurden die Parteien aufgefordert, auf dem Verhandlungsweg eine friedliche Lösung des Problems zu suchen. Die Verhandlungen sollten in erster Linie die Hoheitsfrage zum Gegenstand haben, jedoch gleichzeitig die Dekolonisierungsentschließungen der Vereinten Nationen und damit die Interessen der lokalen Bevölkerung berücksichtigen. Solche bilateralen Verhandlungen haben denn auch seit 1966 stattgefunden. Als erstes Ergebnis dieser Gespräche wurde im Jahre 1971 ein Übereinkommen abgeschlossen, das der Verbesserung des Nachrichten- und Verkehrswesens sowie der wirtschaftlichen und kulturellen Beziehungen zwischen den Inseln und dem Kontinent dienen sollte, also die eigentliche Streitfrage noch ausklammerte. Im Laufe der Verhandlungen, die dem Kern des Problems gewidmet waren und die im Sande verliefen, wurden folgende Lösungsmöglichkeiten geprüft:

– Einfrierung des Konflikts für 25 oder 30 Jahre – eine von den Inselbewohnern befürwortete, von Argentinien selbstverständlich bekämpfte Lösung.

– Errichtung einer gemeinsamen Verwaltung für die Inseln, d.h. eines englisch-argentinischen Kondominiums – diese Rechtsfigur, die bereits in anderen Regionen der Welt angewandt worden war (z.B. in den Neuen Hebriden, heute Vanuatu), wurde von der Inselbevölkerung abgelehnt und hätte unweigerlich zu Schwierigkeiten geführt.

– Unterstellung des Archipels unter argentinische Hoheit mit sofortiger »Rückvermietung« an Großbritannien – ein Vorschlag, der sowohl den Argentiniern wie auch den Briten zu mißfallen schien und sich stark an im 19. Jahrhundert

vor allem im Fernen Osten vorherrschende Kolonialverhältnisse anlehnte.
Neben diesen unfruchtbaren Versuchen zur Lösung der Hoheitsfrage wären noch die ebenfalls gescheiterten Bestrebungen zu erwähnen, auf dem Gebiet der Forschung in den Dependenzen sowie in den Gewässern und auf dem Festlandsockel rund um die Falklands eine britisch-argentinische Zusammenarbeit herbeizuführen. Nachzutragen wäre ebenfalls, daß Großbritannien anfangs der fünfziger Jahre mehrmals vorschlug, den Fragenkomplex der Falkland-Inseln und die Ansprüche beider Länder auf Teile der Antarktis vor den Internationalen Gerichtshof im Haag oder ein Schiedsgericht zu bringen – ein Ansinnen, das von Argentinien zurückgewiesen wurde.
Der schleppende Verhandlungsgang, der Verdacht Argentiniens, Großbritannien verschanze sich hinter die Wünsche der Inselbewohner in der sicheren Annahme, diese würden einer Preisgabe des Archipels nie zustimmen, führte zur argentinischen Forderung nach intensiveren Verhandlungen, verbunden mit der Drohung, Argentinien werde allenfalls die Verhandlungen abbrechen und Wege suchen, »die seinen Interessen am besten gerecht würden«. Diese Drohung wurde offensichtlich in den Wind geschlagen, was einige britische Kabinettsmitglieder später mit dem Verlust ihres Ministersessels zu büßen hatten.
Die sechste und vorläufig letzte historische Phase des Konflikts, die militärische Auseinandersetzung, begann am 19. März 1982, scheinbar harmlos, mit der Landung einer Gruppe von 60 argentinischen Alteisenhändlern in Südgeorgien, die von einer schottischen Firma vertraglich ermächtigt worden war, aufgegebene Walfangstationen zu demontieren, es jedoch unterlassen hatte, die Erlaubnis der britischen Behörden einzuholen. Nach vollbrachter Arbeit verblieben zwölf Argentinier auf der Insel. Auf einen britischen Protest antwortete Argentinien mit der Entsendung eines Kommandos zum Schutz seiner Staatsangehörigen und der Erklärung, Südgeorgien gehöre zu den unter argentinischer Hoheit stehenden Malwinen. Darauf sandte Großbritannien zwei Schiffe an Ort und Stelle, Argentinien einen Eisbrecher. Diese Eskalation führte am 2. April 1982 zur argentinischen Invasion der Falkland-Inseln, zur Besetzung von Südgeorgien und zur Beanspruchung der südlichen Sandwich-Inseln, wo sich einige argentinische Forscher seit 1976

häuslich niedergelassen hatten. Am 3. April brandmarkte der Sicherheitsrat der Vereinten Nationen Argentinien als Aggressor, befahl die sofortige Einstellung der Feindseligkeiten, ordnete den Rückzug Argentiniens an und forderte die Parteien zu Verhandlungen auf. Argentinien machte geltend, eine Aktion zur Durchsetzung eines 150jährigen Rechtsanspruchs nach 15 Jahren erfolgloser Verhandlungen mit einer schlechtgläubigen Gegenpartei falle nicht unter das in Artikel 2, Absatz 4 der Satzung der Vereinten Nationen ausgesprochene Gewaltverbot[1] – ein wohl schwer vertretbares Argument. Der weitere Verlauf der Ereignisse ist noch in frischer Erinnerung: Entsendung einer britischen Streitmacht in den Südatlantik; vergebliche Schlichtungsversuche der Vereinigten Staaten, Perus und des Generalsekretärs der Vereinten Nationen; Schulterschluß der Europäischen Gemeinschaften und schließlich der Vereinigten Staaten mit Großbritannien sowie Solidarisierung der blockfreien und der Mehrheit der lateinamerikanischen Länder mit Argentinien; Invasion und Besetzung der Falkland-Inseln und deren Dependenzen durch britische Streitkräfte, gefolgt von der argentinischen Übergabe von Port Stanley am 14. Juni; Sturz des argentinischen Präsidenten Galtieri am 17. Juni. Gegenwärtig haben sich die englisch-argentinischen Beziehungen soweit beruhigt, daß die gegenseitig verhängten Wirtschaftsmaßnahmen aufgehoben sind und keine Partei die Wiederaufnahme der Feindseligkeiten in Betracht zieht. Als *post scriptum* sei beigefügt, daß die Vollversammlung der Vereinten Nationen, gegen den Wunsch Großbritanniens, aber mit Billigung der Vereinigten Staaten und unter Duldung der Westeuropäer, am 4. November 1982 eine Entschließung gefaßt hat, in welcher die Parteien aufgefordert werden, »die Verhandlungen wieder aufzunehmen, um in kurzmöglichster Zeit eine friedliche Beilegung des Streits um die Hoheit über die Falkland-(Malwinen-)Inseln herbeizuführen«.

Der Rechtsstandpunkt der Parteien

Das militärische Abenteuer, in das die Regierung Argentiniens ihr Land gestürzt hat, ist kaum zu rechtfertigen und soll hier nicht weiter untersucht werden, wobei jedoch nicht übersehen werden darf, daß die umstrittenen Inseln 1982 nicht zum ersten Mal gewaltsam die Hand wechselten. Da auch die bewaffnete Auseinandersetzung von 1982 dem

150 Jahre alten Streit kein Ende zu setzen vermochte, schwelt dieser weiter, vergiftet die internationalen Beziehungen und wird auch weiterhin die Traktandenliste der Vollversammlung der Vereinten Nationen zieren. Es liegt daher auf der Hand, daß früher oder später eine Lösung gefunden werden *muß*. Im Zusammenhang mit der Suche nach einer solchen Lösung ist es unerläßlich, auf den Rechtsstandpunkt der beiden Länder unabhängig von den Kriegshandlungen näher einzugehen, da dieser Standpunkt bei der Beilegung des Konflikts ins Gewicht fallen könnte.

Großbritannien leitet seinen ursprünglichen Rechtstitel aus der Entdeckung der Inseln und aus seiner Besitznahme der West-Insel vor 1770 ab; der englische Rückzug im Jahre 1774 – so Großbritannien – sei aus Gründen der Ersparnis und der Sicherheit erfolgt und habe keinen Hoheitsverzicht in sich geschlossen. Weder Spanien noch Argentinien besäßen einen Rechtsanspruch: Spanien nicht, weil Großbritannien seine Rechte nie aufgegeben habe, Argentinien nicht, weil der Anspruch Spaniens, seines behaupteten Rechtsvorgängers, unbegründet gewesen sei und weil Argentinien sich zum Zeitpunkt seiner Beanspruchung der Inseln noch nicht zu einem richtigen Staat gemausert hätte; Großbritannien habe denn auch im Jahre 1829 gegen die argentinische Besitznahme der Falklands protestiert. Bei der 1833 erfolgten Besetzung handle es sich also nicht um eine Usurpation, sondern um die Durchsetzung eines gültigen Rechtstitels. Auch wenn dem nicht so wäre, habe Großbritannien während 150 Jahren unbestritten über den Archipel geherrscht, währenddem es Argentinien während fast 100 Jahren, von 1849 bis zu der Zeit zwischen den zwei Weltkriegen, unterlassen habe, gegen diese Herrschaft zu protestieren. Nach geltendem Völkerrecht, so Großbritannien, schaffe die tatsächliche, andauernde und unbestrittene Ausübung der Regierungsgewalt einen Rechtstitel, dem alle anderen Ansprüche weichen müßten. Auch die Regeln des Selbstbestimmungsrechts sprächen zugunsten der britischen These: die Bevölkerung der Inseln wünsche, unter britischer Hoheit zu bleiben. All dies klingt sehr überzeugend.

Ebenso überzeugend – und hier liegt das Problem – klingen die Töne aus Argentinien. Durch den vertraglichen Erwerb der Inseln, verbunden mit dem Abzug der Briten im Jahre 1774, sei die bereits aus der Bulle *»Inter caetera«* (1493) von Papst Alexander VI. und aus dem französisch-spanischen

Zessionsvertrag von 1767 abzuleitende spanische Hoheit rechtlich unanfechtbar geworden. Spanien habe während 35 Jahren über die Inseln geherrscht, ohne daß Großbritannien dagegen Einspruch erhoben habe. Ob der Anspruch Spaniens zwischen dem Rückzug im Jahre 1811 und der 1820/1826 erfolgten Beanspruchung und Besetzung der Inseln durch Argentinien erlosch oder nicht, ob damit Argentinien die spanischen Hoheitsrechte kraft des für Lateinamerika geltenden Grundsatzes *uti possidetis juris*[2] erbte oder neue Rechte über im Jahre 1811 herrenlos gewordenes Gebiet begründete, möge dahingestellt bleiben. So oder so sei Argentinien nach 1820 unangefochtener Herr des Archipels geworden. Die damit geschaffene Situation sei für Großbritannien verbindlich, da es 1825 den neuen Staat *de facto* anerkannt habe. Die Gewalthandlung von 1833 sei also – so Argentinien – durch nichts zu rechtfertigen gewesen. Die tatsächliche Ausübung der Regierungsgewalt durch Großbritannien während 150 Jahren hätte daran nur dann etwas geändert, wenn Argentinien diese Ausübung widerspruchslos hingenommen hätte, was nicht der Fall sei, da Argentinien in seiner Protestnote von 1839 ausdrücklich festgehalten habe, sein künftiges Schweigen dürfe keinesfalls als Anerkennung des britischen Anspruchs gewertet werden. Die tatsächliche und andauernde Ausübung der Regierungsgewalt führe nur dann zu rechtlichem Gebietserwerb, wenn diese Ausübung unbestritten bleibe, was hier nicht der Fall sei. Was endlich das Selbstbestimmungsrecht betrifft, so ist nach Argentinien festzuhalten, daß die einschlägigen Entschließungen der Vollversammlung der Vereinten Nationen nicht die Verwirklichung dieses Rechts, sondern die Regelung der Hoheitsfrage in den Vordergrund stellen und daß die Rechtsfigur des Selbstbestimmungsrechts nicht dazu mißbraucht werden darf, die territoriale Substanz eines bereits in die Unabhängigkeit entlassenen Landes wie Argentinien anzugreifen. Weiter wäre festzuhalten, daß die Besiedelung der Inseln durch britischstämmige Ansiedler die Folge einer unerlaubten Handlung, nämlich des Gewaltakts von 1833 war.[3]

Beide Thesen haben einiges für sich. Vom Problem des Selbstbestimmungsrechts abgesehen, scheint die wesentliche Frage die zu sein, ob die tatsächliche und andauernde, wenngleich bestrittene Ausübung der staatlichen Funktionen in einem Gebiet einen gültigen Rechtsanspruch auf dieses Gebiet begründet. Letztlich handelt es sich also hier um eines der Kernprobleme des Völkerrechts, jenes der normativen Kraft des Faktischen, des möglichen Gegensatzes von Legitimität und Effektivität, oder, um es noch allgemeiner auszudrücken, des Verhältnisses zwischen Recht und Macht. In Fragen der Gebietshoheit hat das Völkerrecht dieses Problem nie einer schlüssigen Lösung zuzuführen vermocht. Daraus ergibt sich, daß das Völkerrecht zur Beilegung des Falkland-Konflikts keine ausreichende Grundlage bietet.

Hintergründe des Falkland-Konflikts

Allgemeinpolitische Erwägungen

Rechtliche Thesen dienen oft der Verwirklichung politischer oder wirtschaftlicher Ziele. Dies gilt in der staatlichen Sphäre wie auf zwischenstaatlicher Ebene. Im Folgenden soll versucht werden, einige der von den Parteien verfolgten politischen und wirtschaftlichen Ziele näher zu untersuchen.

Was Argentinien anbelangt, so ist hervorzuheben, daß der Verlust der Inseln im Jahre 1833 nie verschmerzt wurde, daß deren Rückgewinnung für jeden Argentinier ein nationales Anliegen darstellt und daß dieses Anliegen in einem relativ heterogenen Einwanderungsland wie Argentinien einen Einigungsfaktor darstellt. Es mögen teilweise diese, manchmal unter dem Schlagwort »Nationalismus« subsumierten Erwägungen sein, die die argentinische Regierung veranlaßt haben, ein militärisches Abenteuer zu wagen, um die Aufmerksamkeit von innenpolitischen Problemen abzulenken und, wenigstens auf kurze Zeit, die ganze Bevölkerung hinter sich zu scharen. Daß diese Rechnung nicht aufging, lag an einer Fehleinschätzung des Gegners und besonders dessen gegenwärtiger Regierung.

Für die konservative Regierung einer einstigen Weltmacht ging es vordergründig darum, den Fehdehandschuh aufzuheben oder das Gesicht zu verlieren. Die Regierung Thatcher tat das erste. Dabei berief sie sich auf das in Artikel 51 der Satzung der Vereinten Nationen verankerte Recht auf Selbstverteidigung[4] und unterstrich die Notwendigkeit der Aufrechterhaltung der internationalen Ordnung. Von den einen als mutige Haltung gepriesen, von den anderen als Schulmeisterei gerügt, hat das Vorgehen der britischen Re-

gierung für diese wesentliche innenpolitische Dividenden gezeitigt. Trotzdem kann man sich fragen, wie lange noch die britische Regierung sich ihre Politik von der Falkland-Lobby und einer Handvoll von Siedlern vorschreiben lassen will, ob der Zweck der Übung die gigantischen Kosten der »Festung Falkland« rechtfertigt und ob es richtig ist, durch hartnäckiges Festhalten an den Inseln die britische Südamerika-Politik und diejenige der westlichen Industriestaaten langfristig aufs Spiel zu setzen.
Diesen allgemein bekannten politischen Betrachtungen sollen nun einige Erwägungen folgen, die in der Öffentlichkeit wenig Beachtung fanden, jedoch ein zusätzliches Licht auf die Bedeutung der umstrittenen Inseln und deren Dependenzen werfen.

Die neue Seerechtskonvention der Vereinten Nationen

Die am 10. Dezember 1982 zur Unterzeichnung aufgelegte neue Seerechtskonvention der Vereinten Nationen erlaubt es dem Küstenstaat, sein Gebiet und die zugehörigen Inseln mit einer Wirtschaftszone von 200 Seemeilen zu umgürten und in dieser Zone praktisch ausschließliche Fischereirechte auszuüben. Ebenfalls ausschließlicher Natur ist das Recht des Küstenstaats auf Ausbeutung der Bodenschätze des Festlandsockels, d. h. der Teile des Meeresbodens, die die natürliche und unmittelbare Fortsetzung seines Landgebietes bilden; die Ausdehnung dieses Sockels, die bereits im Jahre 1958 durch den Genfer Festlandsockel-Vertrag sehr großzügig bemessen worden war, wird durch die neue Konvention noch erweitert. Wer weiß, daß im ausgedehnten, die Falklands mit Argentinien verbindenden Festlandsockel Ölvorkommen vermutet werden und daß die Gewässer rund um diese kärglichen Inseln nicht fischarm sind, mag den argentinisch-britischen Konflikt in einem neuen, differenzierteren Licht sehen. Der Übergang der Falklands an Argentinien hätte aufgrund der Seerechtskonvention von 1982 die Schaffung einer zusammenhängenden Wirtschaftszone und eines kontinuierlichen Festlandsockels zwischen dem argentinischen Festland und dem Archipel zur Folge (Karte 2), und diese Zonen verheißen reiche Ausbeute. Man kann sich fragen, ob diese Zukunftsaussichten nicht auch im britischen Denken über die Falklands einen gewissen Platz einnehmen.

Figur 2 : Exklusive Wirtschaftszonen Argentiniens, der Falkland-Inseln und ihrer Dependenzen

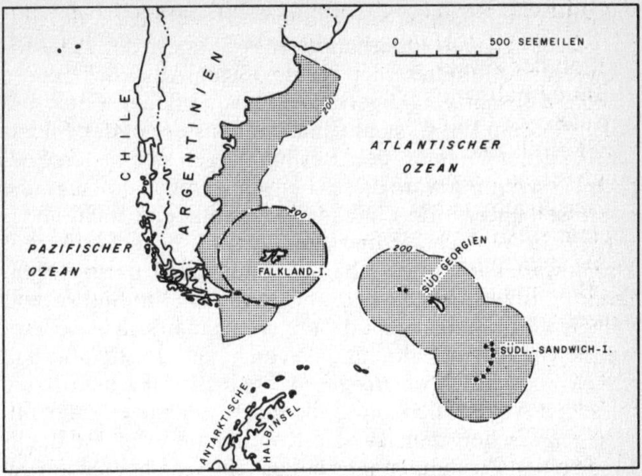

Das Seilziehen um den Beagle Channel

In den 70er Jahren kam ein lange schwelender Streit zwischen Chile und Argentinien zur schiedsgerichtlichen Austragung. Ein ironischerweise von der englischen Königin eingesetztes Schiedsgericht hatte zu befinden, ob drei nördlich von Kap Horn gelegene Inseln (Picton, Nueva und Lennox) Chile oder Argentinien gehören. Mit anderen Worten galt es zu entscheiden, ob die Beagle-Meerenge, die das südliche Feuerland durchquert und die gemäß Artikel 3 eines Vertrages von 1881 die Grenze zwischen Chile und Argentinien bildet, südöstlich oder südwestlich der drei Inseln verläuft (Karte 3). In einem 1977 gefällten Schiedsspruch wurden alle drei Inseln Chile zugeschlagen. Die argentinische Regierung, die sich vorgängig verpflichtet hatte, den Spruch als endgültig und bindend anzuerkennen, ließ verlauten, sie betrachte diesen aus verschiedenen, hier nicht näher zu bezeichnenden Gründen als null und nichtig. Gegenwärtig ist der Streit um den Beagle Channel einem päpstlichen Schlichtungsverfahren unterbreitet.

Der Schiedsspruch von 1977 löste in Argentinien aus drei Gründen eine Welle nationaler Empörung aus. Erstens, weil die argentinischen Thesen offenbar überhaupt keine

Beachtung gefunden hatten, dies ausgerechnet in einem Verfahren gegen den Erzrivalen Chile. Zweitens, weil der Schiedsspruch formell von Elisabeth II. gefällt wurde, also ausgerechnet vom Oberhaupt jenes Staates, der Argentinien seit 150 Jahren seinen rechtmäßigen Anspruch auf die Falkland-Inseln verweigert. Drittens, weil der Entscheid von 1977 dem Pazifikstaat Chile ein Fenster auf den Südatlantik öffnet. Gemäß den Bestimmungen der neuen Seerechtskonvention wäre dieses Fenster ziemlich umfangreich bemessen und würde Chile im Südatlantik eine nicht unbeträchtliche Wirtschaftszone samt Festlandsockel bescheren. Damit wäre die Vorherrschaft der Südatlantikmacht Argentinien von zwei Seiten bedroht: von Chile im Südwesten, von Großbritannien im Südosten. Wenn man sich diese Umstände vor Augen hält und dabei nicht außer acht läßt, daß der Schiedsspruch im *Beagle-Fall* beinahe zu einem Krieg zwischen Argentinien und Chile führte, scheint es kaum abwegig, zwischen dem Beagle-Konflikt und der Falkland-Frage einen Zusammenhang herzustellen: Sicher hat der argentinische Mißerfolg im Beagle-Streit dazu beigetragen, die Atmosphäre so anzuheizen, daß die geringste Reizung in der Falkland-Frage zum Griff zu den Waffen führen konnte oder mußte.

Die Ansprüche Chiles, Argentiniens und Großbritanniens in der Antarktis

Die doppelte Rivalität Argentiniens mit Chile und Großbritannien im Südatlantik hat auch in der Antarktis, dem sechsten Kontinent der Welt, ihren Niederschlag gefunden.

Im Gegensatz zur Arktis, die ein im Zentrum ständig zugefrorenes Eismeer bildet, besteht die Antarktis aus einer zerstückelten Landmasse, deren Oberfläche von einer permanenten, bis 3700 m dicken Eisschicht bedeckt ist. Die Antarktis hat eine Ausdehnung von ungefähr 14 Mio. km^2, mehr als die Vereinigten Staaten und Mexiko zusammengenommen. Theoretisch kann dieser Kontinent besiedelt werden und ist somit für Staaten erwerbbar. Voraussetzung für den Erwerb von Hoheitsrechten über antarktisches Gebiet wäre nach klassischem Völkerrecht die tatsächliche, andauernde und unbestrittene Ausübung staatlicher Herrschaftsgewalt, wobei in einem so unwirtlichen Gelände das Maß der geforderten Effektivität jedoch viel niedriger liegen

Figur 3 : Der Beagle-Kanal

dürfte als auf »normalem« Gebiet, wie es z. B. die Falkland-Inseln sind.

Der antarktische Kontinent, der vom Kreis des 60. südlichen Breitengrades umschlossen ist, hat die Form eines nach Westen geöffneten Halbmonds mit einem nach Nordwesten ragenden Rüssel, der antarktischen Halbinsel (Karte 4), deren Entfernung vom Falkland-Archipel etwa 750, von der Südspitze Feuerlands ungefähr 600 Seemeilen beträgt. Die Öffnung des Halbmondes und die antarktische Halbinsel sind von ständigen Eisschelfs umsäumt. Die Eiskappe der Antarktis ist für das klimatische Gleichgewicht der Erde von großer Bedeutung. Wirtschaftlich ist die Wichtigkeit der Fischerei und des Wal- und Seehundfangs hervorzuheben

sowie die Ausbeutung von Krill, d. h. von kleinen, sehr proteinhaltigen Schalentieren, die von Fischen, Vögeln und Pinguinen verzehrt werden, die sich auch in unseren Regionen als Tier- und Fischfutter eignen und die denn auch heute schon von der Sowjetunion und Japan ausgebeutet werden. Schließlich sind die Mineralvorkommen zu erwähnen, deren Förderung zwar schwierig, jedoch vor allem auf der antarktischen Halbinsel sowie auf dem Festlandsockel des Weddell- und des Ross-Meeres (Öl, Erdgas) möglich scheint.
Damit ist bereits angedeutet, daß auch die Antarktis vor der Habgier der Staaten nicht verschont geblieben ist. Sieben Staaten (Chile, Argentinien, Großbritannien, Norwegen, Australien, Frankreich und Neuseeland) beanspruchen bereits heute den größten Teil des vom antarktischen Kontinent gebildeten Kuchens in der Form von Sektoren, die von Längengraden begrenzt sind und deren Spitzen in der Regel am Südpol zusammenlaufen. Im Zusammenhang mit dem hier behandelten Thema sind vor allem die Forderungen Großbritanniens, Argentiniens und Chiles von Interesse. Der chilenische Sektor überlagert teilweise diejenigen Großbritanniens und Argentiniens, während der argentinische Sektor vom britischen ganz überdeckt wird (Karte 5). Großbritannien und einige andere Sektorstaaten stützen ihren Anspruch auf Entdeckung und einen bescheidenen Grad von Okkupation; der chilenische und vor allem der argentinische Anspruch werden mit der Kontiguität, d. h. der Nachbarlage zwischen den beiden Ländern und den beanspruchten Sektoren begründet. Die Antwort auf die Frage, ob eine solche Nachbarlage einen völkerrechtlichen Gebietsanspruch ausreichend zu rechtfertigen vermag, ist zweifelhaft. Im allgemeinen werden aus der Kontiguität abgeleitete Rechtstitel abgelehnt, da ihre Anerkennung zu absurden Konsequenzen führen könnte: Auf Grund der Kontiguitätstheorie könnte Italien beispielsweise die Hoheit über den Schweizer Kanton Tessin beanspruchen, dessen Gebiet unmittelbar in dasjenige Italiens übergeht und von der Schweiz durch die Alpenkette getrennt ist. Man kann sich jedoch fragen, ob es sich bei der Antarktis nicht um einen Sonderfall handelt, da dieser Kontinent schwer zugänglich und besiedelbar ist, sich mithin für eine tatsächliche Besitznahme und eine andauernde Ausübung staatlicher Herrschaftsgewalt, also für den völkerrechtlichen Gebietserwerb klassischer Art, denkbar schlecht eignet. Daß der

Figur 4 : Mineralvorkommen in der Antarktis

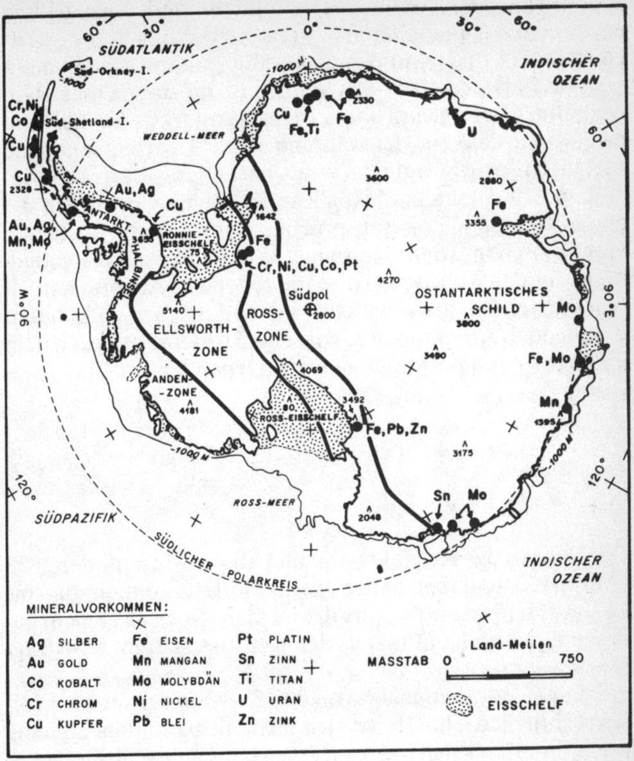

Kontiguität im Sonderfall Antarktis eine gewisse Rolle zukommen könnte, ist also nicht vollkommen ausgeschlossen.

Was all dies mit dem Falkland-Archipel und dessen Dependenzen zu tun hat, ergibt sich aus einer Betrachtung des argentinischen Sektors: Die Basis dieses Sektors und das angesprochene Nachbarschaftsverhältnis ruhen auf dem Südzipfel des argentinischen Festlands, den Falkland-Inseln und deren beiden Dependenzen, Südgeorgien und den südlichen Sandwich-Inseln. Der argentinische Sektoranspruch steht und fällt also weitgehend mit Argentiniens Hoheit über diese Inselgruppen und Inseln. Wenn man sich die besondere wirtschaftliche Bedeutung eben dieses Sektors vor Augen führt – ein Großteil der vermuteten und zugänglichen Mineralvorkommen der Antarktis ist in ihm gelegen – tritt eine weitere, nicht auf den ersten Blick ersichtliche Dimension des Falkland-Konflikts ans Licht. Daß diese Dimension bisher im Hintergrund blieb, ist dem Antarktis-Vertrag von 1959 zu verdanken, der während seiner Laufzeit sämtliche Hoheitsansprüche »eingefroren« hat. Dieser Vertrag ist jedoch ab 1991 kündbar. Mögliche Kündigungen würden die eingefrorenen Gebietsansprüche, insbesondere auch den argentinischen, wieder auftauen lassen. Um seinen weitgehend auf der Kontiguitätstheorie fußenden Anspruch in einer solchen Situation wirksam geltend machen zu können, muß jedoch Argentinien zuvor seine Forderungen nach dem Falkland-Archipel und dessen Dependenzen durchsetzen.

Schlußfolgerungen

Die Spuren des Konflikts um die Falkland-Inseln, der 1833 aufloderte und bis heute weitermottet, können bis ins 18. Jahrhundert zurückverfolgt werden. Noch ist es nicht gelungen, diesen Konflikt aus der Welt zu schaffen. Man fragt sich warum.

Die kurze Würdigung der von den Parteien vertretenen völkerrechtlichen Thesen hat sich nicht als besonders ergiebig erwiesen. Da es sich nicht um einen typischen Fall der Dekolonisierung handelt, der mit den gängigen Begriffen der Selbstbestimmungsdoktrin ausgeräumt werden könnte, ist eine Klärung der Hoheitsfrage unumgänglich. Diese Frage einer rechtlichen Lösung zuzuführen, scheint jedoch schwierig, denn die Argumente beider Parteien sind vertretbar. Die Kernfrage, die diese Argumente aufwerfen – kann die tatsächliche und andauernde Ausübung staatlicher Herrschaftsgewalt einen Anspruch begründen, wenn dieser vom territorialen Vorgänger auf Grund eines Rechtstitels, also wegen mangelnder Legitimität bestritten wird? –, ist völkerrechtlich nie eindeutig geklärt worden. Da also eine Beilegung des Streites auf rechtlicher Basis ausgeschlossen scheint, muß eine politische Lösung gesucht werden. Es liegt auf der Hand, daß der Falkland-Krieg die Positionen

Figur 5: Gebietsansprüche in der Antarktis

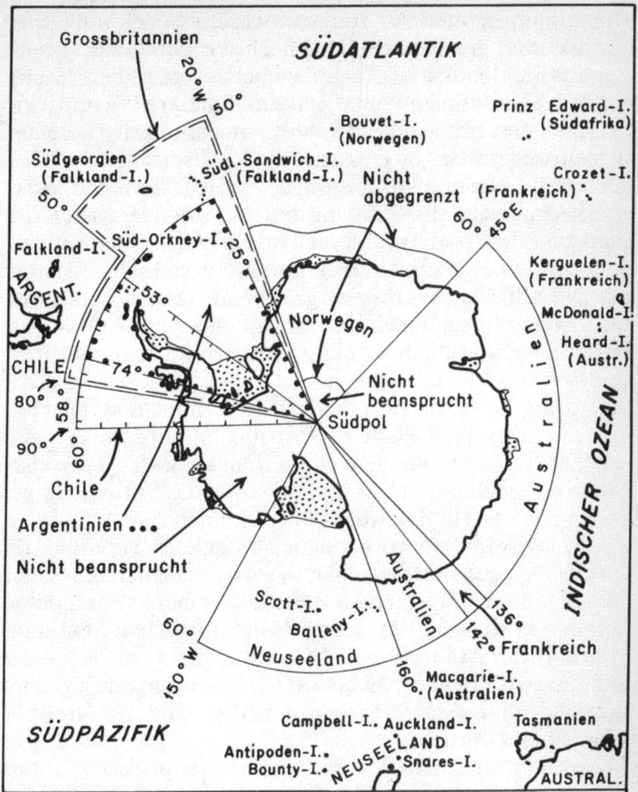

BEANSPRUCHT VON	JAHR		
GROSSBRITANNIEN	1908	NORWEGEN	1939
NEUSEELAND . . .	1923	CHILE	1940
FRANKREICH . . .	1924	ARGENTINIEN . . .	1943
AUSTRALIEN . . .	1933		

der Parteien noch verhärtet und somit die Suche nach einer solchen Lösung weiter erschwert hat.

Welches sind die Gründe, die einer politischen Regelung dieses nunmehr seit 150 Jahren andauernden Konflikts im

Wege gestanden haben und im vergangenen Jahr gar zur Gewaltanwendung führten? Die Frage ist vom argentinischen Standpunkt aus leicht zu beantworten. Innenpolitische Gründe sind genannt worden, auch die politischen Interessen Argentiniens als Regionalmacht, denen die Präsenz einer außerkontinentalen Macht im Südatlantikraum zuwiderläuft, und endlich die Rivalität mit Chile. Dazu gesellen sich wirtschaftliche Interessen – die Fischbestände und Bodenschätze der die Inseln umgebenden 200-Meilen-Wirtschaftszone und des Festlandsockels, vor allem aber die Funktion der Inseln und ihrer Dependenzen als »Aufhänger« für den argentinischen Sektoranspruch in der Antarktis. Die britische Interessenlage scheint weniger durchsichtig. Zweifellos sind auch hier innenpolitische Faktoren von Bedeutung, vor allem wahltaktische Erwägungen, der Einfluß der Falkland Company und das Bestreben, die Inselbevölkerung zufriedenzustellen. Dazu kommen, wenn man von einem gewissen Hang zur Prinzipienreiterei absieht, die möglichen Auswirkungen einer Beilegung der Falkland-Frage auf den Gibraltar-Konflikt, sowie das britische Interesse an den Fisch- und Mineralvorkommen rund um die Inseln. Das zweifellos vorhandene strategische Potential der Inseln hingegen dürfte kaum ins Gewicht fallen, da es bisher weder von Großbritannien noch von seinen Verbündeten genutzt worden ist. Was endlich den britischen Sektoranspruch in der Antarktis betrifft, so fußt dieser, im Gegensatz zum argentinischen, nicht auf dem Kontiguitätsprinzip; auch aus dieser Sicht wären also die Falklands für Großbritannien entbehrlich.

Die eben festgestellte Geringfügigkeit der britischen Interessen wirft die Frage auf, ob sich das zähe Festhalten an den Falkland-Inseln, gekrönt von einer kostspieligen militärischen Intervention, gelohnt hat. Dafür sprechen die Hochhaltung gewisser Prinzipien und vor allem mögliche Rückwirkungen einer Aufgabe der Inseln auf den Gibraltar-Konflikt. Dagegen spricht die Tatsache, daß diese Hartnäckigkeit nicht nur die britische, sondern auch die amerikanische und westeuropäische Lateinamerikapolitik in einen Scherbenhaufen verwandelt hat, dessen Beseitigung Jahre beanspruchen wird. War es richtig, diesen hohen Preis für einige Inseln zu bezahlen, die ohnehin, über kurz oder lang, in der einen oder anderen Form, an Argentinien abgetreten werden müssen?

Die Beantwortung dieser Frage soll dem Leser überlassen werden. Die vorliegende Studie war nicht dazu bestimmt, Recht von Unrecht zu scheiden und Partei zu ergreifen. Ihr Ziel war es, neben den unmittelbaren auch einige schwerer faßbare Hintergründe der Falkland-Krise zu beleuchten. Die gewonnenen Erkenntnisse führen zum Schluß, daß sich auch hinter zwischenstaatlichen Streitfällen, in denen viel von erhabenen Prinzipien wie Legitimität, Souveränität und Gewaltverbot die Rede ist, in der Regel recht handfeste politische und wirtschaftliche Interessen verbergen.

Anmerkungen

1 Artikel 2 Absatz 4 hat folgenden Wortlaut: »Alle Mitglieder unterlassen in ihren internationalen Beziehungen jede gegen die territoriale Unversehrtheit oder die politische Unabhängigkeit gerichtete oder sonst mit den Zielen der Vereinten Nationen unvereinbare Androhung oder Anwendung von Gewalt.«

2 Grundsatz, kraft dessen die in die Unabhängigkeit entlassenen Staaten Lateinamerikas die Grenzen der früheren spanischen Verwaltungsbezirke, d.h. den behaupteten territorialen Besitzstand im Jahre 1810 (1821 für Zentralamerika) als Staatsgrenzen zwischen sich anerkannten. Ein ähnlicher Beschluß wurde am 21. Juli 1964 von der Organisation der afrikanischen Einheit gefaßt.

3 Die vorgehenden Ausführungen beziehen sich auf den Falkland-Archipel. Was die Dependenzen (Südgeorgien und die südlichen Sandwich-Inseln) betrifft, stützt sich Großbritannien auf deren Entdeckung durch Kapitän Cook im Jahre 1775, gepaart mit der tatsächlichen, andauernden und während langer Zeit unbestrittenen Ausübung britischer Herrschaft. Argentinien begründet seinen Anspruch mit seiner Eigenschaft als Nachfolgestaat Spaniens und dem damit verbundenen Eintritt in die Hoheit über die von der Bulle *»Inter caetera«* Spanien zuerkannter Gebiete, sowie auf die Lage der Dependenzen in der Nachbarschaft Argentiniens und auf dessen Festlandsockel.

4 Auf Grund dieser Bestimmung beeinträchtigt die Satzung »im Fall eines bewaffneten Angriffs gegen ein Mitglied der Vereinten Nationen keineswegs das naturgegebene Recht zur individuellen oder kollektiven Selbstverteidigung, bis der Sicherheitsrat die zur Wahrung des Weltfriedens und der internationalen Sicherheit erforderlichen Maßnahmen getroffen hat«. Merkwürdigerweise stützte sich auch Argentinien auf Artikel 51, um sein Verhalten zu rechtfertigen: Die Anfang April 1982 unternommene Invasion der Falklands, so wurde behauptet, sei ein Akt der Selbstverteidigung gegen den im Jahre 1833 erfolgten bewaffneten Angriff. Die Legitimierung von solchen

Selbstverteidigungsaktionen mit »Spätzündern« hätte wohl die weitgehende Aushöhlung des in Artikel 2 Absatz 4 der Satzung ausgesprochenen Gewaltverbots zur Folge.

Literaturhinweise

Auburn, F. M.: Antarctic Law and Politics. London 1982.

Auburn, F. M.: The Falkland Islands Dispute and Antarctica. In: Marine Policy Reports, Bd. 5, Nr. 3 (University of Delaware, Center for the Study of Marine Policy).

Cohen Jonathan, G.: Les îles Falkland (Malouines). In: Annuaire français de droit international, Bd. 18, 1972, S. 235–262.

Franks, O. S. (Lord): Falkland Islands Review: Report of a Committee of Privy Counsellors. London 1983.

Freedman, L.: The War of the Falkland Islands, 1982. In: Foreign Affairs, Bd. 61, 1982, S. 196–210.

Goebel, J.: The Struggle for the Falkland Islands. A Study in Legal and Diplomatic History. New Haven 1927 (Neudruck: Port Washington, New York 1971).

Hassan, F.: The Sovereignty Dispute over the Falkland Islands. In: Virginia Journal of International Law, Bd. 23, 1982, S. 54–71.

Hastings, M./S. Jenkins: The Battle for the Falklands. London 1983.

Keesing's Contemporary Archives, Bd. 28, 1982, S. 31525–31539, 31709–31718 und 31805–31807.

Muñoz Azpiri, J. L.: Historia completa de las Malvinas. Buenos Aires 1966.

Perl, R.: The Falkland Islands Dispute in International Law. A Documentary Sourcebook. London/Rom/New York, Oceana 1983 (mit reichhaltiger Bibliographie auf S. 691–722).

Waldock, C. H. M.: Disputed Sovereignty in the Falkland Islands Dependencies. In: British Year Book of International Law, Bd. 25, 1948, S. 311–353.

Weber, H.: »Falkland-Islands« oder »Malvinas«? Der Status der Falklandinseln im Streit zwischen Großbritannien und Argentinien. Eine völkerrechtliche Fallstudie. Frankfurt 1977 (Veröffentlichungen aus dem Institut für internationale Angelegenheiten der Universität Hamburg, Nr. 5).

PETER WALDMANN

Erfolgsbedingungen der Guerilla[1]

Die Ursachen des Sturzes der Somoza-Diktatur sind inzwischen mehrfach analysiert worden, so daß es möglich erscheint, daran allgemeinere Überlegungen über die Erfolgsaussichten von lateinamerikanischen Guerillabewegungen zu knüpfen. Dies soll im folgenden versucht werden. Im relativ ausführlichen ersten Teil des Referates wird ein Überblick über die wichtigsten Voraussetzungen für den Zusammenbruch der Somoza-Herrschaft gegeben. Im kürzeren zweiten Teil werden fünf Schlüsselbedingungen aufgezählt, die nach den Erfahrungen der 60er und 70er Jahre, einschließlich des Machtwechsels in Nicaragua, vorliegen müssen, damit eine Umsturzbewegung Aussicht auf Erfolg hat. Der dritte und letzte Teil des Referats wirft die Frage nach dem veränderten militärisch-politischen Stellenwert der Guerilla seit dem Sieg der Sandinisten (Juli 1979) auf, wobei der Entwicklung in El Salvador und Guatemala besondere Aufmerksamkeit zugewandt wird.

Bei der Analyse der Chancen von Guerillabewegungen ist zu unterscheiden zwischen *strukturellen, akteurgebundenen* und operationalen Bedingungen. Erstere betreffen die wirtschaftlichen, geographischen, politischen etc. Verhältnisse in den betreffenden Ländern im allgemeinen; akteurbezogene Bedingungen stellen auf das Verhalten politisch wichtiger Gruppierungen und Institutionen ab; »operational« werden schließlich jene Umstände genannt, die sich auf die Vorgehensweise und Taktik der Guerillaorganisationen beziehen. Die hier vorgenommene Reihung: strukturell, akteurbezogen, operational ist keine beliebige, sondern soll zugleich eine Gewichtung zum Ausdruck bringen. Viele Beobachter der latein- und vor allem zentralamerikanischen Szene verfolgen in erster Linie den Wechsel der »operationalen« Bedingungen. Meine Überzeugung dagegen ist, daß letztlich strukturelle Faktoren und die jeweilige sozio-politische Kräftekonstellation für den Ausgang des Kampfes zwischen den Regierungen und den Aufständischen in dieser Region bestimmend sind.

Warum konnte das Somoza-Regime gestürzt werden?

Strukturelle Bedingungen

Mehrere Autoren haben bei der Untersuchung der Ursachen der nicaraguanischen Revolution zu Recht auf *Besonderheiten in der Geschichte dieses Landes* hingewiesen, das im 19. und frühen 20. Jahrhundert wegen seiner strategischen Schlüssellage innerhalb Zentralamerikas wiederholt Invasionen nordamerikanischer Truppen ausgesetzt war. Danach erklärt sich aus der Erfahrung langjähriger Besetzung des eigenen Territoriums, warum es im nicaraguanischen Volk eine lebendige Tradition zähen und kompromißlosen Engagements gegen den nordamerikanischen Imperialismus und für die Wahrung der nationalen Unabhängigkeit gibt.[2] Im Mittelpunkt dieser Tradition steht *Augusto César Sandino*, jener berühmte Guerillaführer, der bei der letzten Intervention der USA (1927–1933) nicht ruhte, bis er die ausländischen Soldaten mit seinen Freischärlern außer Landes vertrieben hatte. Als in den 70er Jahren der bewaffnete Widerstand gegen das Somoza-Regime erstarkte, bot es sich aus mehreren Gründen an, als Symbolfigur Sandino zu wählen: Erstens wegen der Volksverbundenheit des Generals, welche dem Anliegen der Guerilleros, die breite Bevölkerung zu mobilisieren, entgegenkam. Zweitens gab der Nationalismus und Antiimperialismus des Freiheitshelden ein ausgezeichnetes ideologisches Leitmotiv für den Kampf gegen das USA-hörige Somoza-Regime ab. Drittens waren einige persönliche Eigenschaften Sandinos, vor allem seine Unbestechlichkeit und Lauterkeit, geeignet, um ihn gewissermaßen zum Gegenpol der durch und durch korrupten, eigennützigen Sippe der Somozas hochzustilisieren. Und schließlich erschien auch die von Sandino bis zur Perfektion entwickelte Kampftechnik gegenüber einem überlegenen Gegner, die Guerilla, zunächst als einzig erfolgversprechender Weg, um das festgefügte somozistische Herrschaftsgebäude zu erschüttern.

Ein zweiter den Niedergang des Regimes bewirkender

Komplex von Faktoren läßt sich unter dem Stichwort *Legitimitätsverfall* zusammenfassen. Tatsächlich hatte die Diktatur von Anfang an Mühe, die Zustimmung der Bevölkerung zu finden. Dies lag zum einen an ihrem Entstehungsmakel (ging sie doch auf einen Staatsstreich zurück) sowie an der Rücksichtslosigkeit, mit der die regierende Sippe ihre Machtposition behauptete. Daran war aber auch die Unverfrorenheit schuld, mit der sie politische Privilegien für privatwirtschaftliche Zwecke einsetzte, ein Sachverhalt, für den H. Jung (1980) den treffenden Ausdruck Bereicherungsdiktatur geprägt hat. Wenn die Familienherrschaft von der Mehrheit der Nicaraguaner dennoch einige Jahrzehnte lang geduldet wurde, so ist dies vor allem mit der günstigen wirtschaftlichen Konjunktur während der 50er und 60er Jahre zu erklären. Außerdem erlegten sich die Somozas bei der Machtausübung zunächst eine gewisse Mäßigung auf.[3]
Daß sich das Legitimitätsdefizit ab 1970 zum Legitimationsverfall steigerte, hing mit der Reaktion des Regimes auf mehrere Herausforderungen zusammen. Die erste war das Erdbeben von Managua im Jahr 1972, das einen weltweiten Strom von Hilfsgeldern in das von der Katastrophe heimgesuchte Land auslöste. Regierung und Verwaltung waren nicht nur außerstande, diese Gelder sachgerecht zu verteilen und insbesondere den Bedürftigen zukommen zu lassen. Sie profitierten darüber hinaus von der allgemeinen Notsituation, indem sie sich durch Unterschlagung von Spenden und die Ausnützung des bald einsetzenden Baubooms aufs schamloseste bereicherten. Die Wahlfarce von 1974 sowie die Erklärung des Ausnahmezustandes (samt der Einschränkung mehrerer Grundrechte) als Antwort auf einen spektakulären Guerillaanschlag ließen das Regime weiter in die Isolierung geraten. Aufgrund der schonungslosen Unterdrückungskampagnen der Nationalgarde gegen breite Bevölkerungsgruppen ab Mitte der 70er Jahre entfiel schließlich jeglicher Schein einer institutionellen Bindung, entpuppte sich das Regime als reine Zwangsherrschaft.
Der Legitimitätsfirnis blätterte um so schneller ab, als die Regierung sich immer weniger imstande zeigte, für ein angemessenes Wirtschaftswachstum zu sorgen. Die Stagnation der Wirtschaft, die ab 1978 in eine *Wirtschaftskrise* mündete, gilt ebenfalls als einer der Gründe für den Zusammenbruch des Regimes[4]. Die Unterschichten hatten ohnedies nur wenig von dem früheren wirtschaftlichen Aufschwung

verspürt. Mit der Rezession verschlechterte sich ihre Situation noch zusätzlich. Die Zahl der Arbeitslosen kletterte steil in die Höhe, während auch bei den Beschäftigten die steigende Inflationsrate nicht mehr durch Lohnerhöhungen aufgefangen werden konnte. Doch auch die Mittelschicht und das Großbürgertum waren von der Wirtschaftskrise betroffen, die teilweise unmittelbar mit dem Bürgerkrieg zusammenhing (Zerstörung von Fabriken und Geschäften). Die Folge der zunehmenden wirtschaftlichen Unsicherheit war eine intensive Kapitalflucht. Trotz wiederholter Kreditgewährung durch internationale Organisationen hatte das Zahlungsbilanzdefizit zu dem Zeitpunkt, als die Diktatur gestürzt wurde, ein solches Ausmaß erreicht, daß das Land praktisch bankrott war.
Als Strukturvariablen, die für den raschen Niedergang des Regimes von Bedeutung waren, sind schließlich auch die *geringe Größe des Landes*, seine *geographische Lage* sowie das *internationale Klima* in den entscheidenden Jahren der Offensive der Guerilla zu nennen. Alle drei Bedingungen hängen miteinander zusammen: Nur weil Nicaragua so klein und vergleichsweise rückständig war, hatte sich dort bis in die jüngste Zeit hinein ein Typus der Familiendiktatur halten können, den wir uns in den entwickelteren Flächenstaaten des Cono Sur (Argentinien, Uruguay, Chile) heute kaum mehr vorstellen können. Und nur weil diese Diktatur, allgemein sichtbar, das Wohlwollen der USA genoß, konnte die Kampfansage der Guerilla, die sich zugleich gegen den Hegemonieanspruch der nördlichen Supermacht richtete, jene Dimension einer Auseinandersetzung zwischen David und Goliath gewinnen, die den Sandinisten sowohl in Lateinamerika als auch in großen Teilen der europäischen Öffentlichkeit so große Sympathien eintrug. Wie ein Autor bemerkte, fand seit dem Vietnamkrieg kein Befreiungskampf mehr eine so große internationale Resonanz und stieß auf eine solche Teilnahme, vor allem in der westlichen Welt, wie der Kampf des nicaraguanischen Volkes gegen das Zwangsregime der Somoza[5].

Akteurbezogene Bedingungen

Unter den Akteuren, deren Verhalten für den Sturz des Regimes entscheidend war, ist an erster Stelle der letzte regierende Chef des Somoza-Clans, *Tachito Somoza*, zu nennen. Ohne seine Irrtümer und falschen Reaktionen wäre es den

Aufständischen weit schwerer gefallen, die Diktatur zu beseitigen. Nicht nur, daß er durch seine Bereicherungsgier und die Mißachtung der bis dahin gültigen informellen politischen Spielregeln unnötigerweise eine Legitimitätskrise heraufbeschwor. Er erwies sich auch, als diese eingetreten war, als unfähig, ihr wahres Ausmaß zu erkennen. Er unterschätzte die Bedeutung des institutionellen Scheins und überschätzte die Furcht der reformorientierten bürgerlichen Gruppen vor einer kommunistischen Revolution; er vertraute zu sehr auf den Kontrolleffekt der Zwangsmittel (d.h. die Nationalgarde) und täuschte sich hinsichtlich der Aufstandsbereitschaft des Volkes. Er ging von der uneingeschränkten Bereitschaft der USA zur Unterstützung seines Regimes aus, während ihn die Carter-Administration, wenngleich erst zu einem späten Zeitpunkt, zugunsten einer intendierten bürgerlichen Alternativlösung fallenließ. Kurzum, er war den Anforderungen der leichtfertig von ihm heraufbeschworenen Krise in keiner Hinsicht gewachsen.

Als Hauptgarant für die Stabilität der Diktatur galt die *Nationalgarde*.[6] Sie bildete aufgrund ihrer vorzüglichen Ausbildung und Bewaffnung sowie der unbedingten Ergebenheit gegenüber den Somozas (stets stand ein Mitglied der Familie an ihrer Spitze) ein lebendiges Schutzschild zur Verteidigung der regierenden Sippe. Gleichwohl ist nicht zu übersehen, daß diese enge Verquickung von politischer und militärischer Macht die Exponiertheit des Regimes in dessen Niedergangsphase ungemein erhöhte. Denn der Somoza-Clan war in den Augen der Bevölkerung unmittelbar verantwortlich für die blindwütigen, blutigen Vergeltungsfeldzüge, mit denen die Nationalgarde auf jeden erfolgreichen Guerillaanschlag antwortete. Man sollte den stimulierenden Effekt, der von dieser Möglichkeit der eindeutigen Identifizierung des politischen und militärischen Feindes auf die allgemeine Rebellionsbereitschaft ausging, nicht unterschätzen.

Die *Rolle der USA*, und speziell der Administration Carter in der Endphase der Auseinandersetzung muß ebenfalls differenziert gesehen werden. Einerseits besteht kein Zweifel daran, daß der Rückhalt, den das Regime als antikommunistische Ordnungsmacht jahrzehntelang in Washington fand, seine Festigkeit wesentlich erhöhte[7]. Vor allem in den Augen der lokalen Ober- und Mittelschicht dürfte manche Schwäche und Blöße des herrschenden Clans dadurch ausgeglichen worden sein, daß er das Vertrauen der westlichen

Führungsmacht genoß. Auf der anderen Seite war es just diese anbiedernde Haltung der Somozas gegenüber den Vereinigten Staaten, die dem gegen sie erhobenen Vorwurf, Handlanger des nordamerikanischen Imperialismus zu sein, Plausibilität verlieh. Er trug dazu bei, sowohl patriotisch gesinnte Jugendliche aus den Mittelschichten (vor allem Studenten) als auch die Unterschicht gegen das an den nationalen Interessen Verrat übende Regime zu mobilisieren. Angesichts dieser ambivalenten Einstellung der nicaraguanischen Bevölkerung gegenüber den USA wird man zögern, der unsteten, zwischen Stützen und Fallenlassen der Diktatur schwankenden Haltung Carters nach 1977 eine entscheidende Bedeutung für den Ausgang des Konfliktes beizumessen.

Was die *lateinamerikanischen* Staaten betrifft, so wird man hingegen von einem überwiegend den Regimesturz begünstigenden Einfluß sprechen können, der allerdings erst in der »heißen« Phase der Auseinandersetzung zum Tragen kam, und zwar vor allem auf zwei Ebenen: einer militärisch-logistischen und einer politisch-symbolischen. In militärisch-logistischer Hinsicht erwies es sich von großem Vorteil für die Rebellen, daß ihnen die südlichen Nachbarländer, Costa Rica und das angrenzende Panama, als Rückzugs-, Aufmarsch- und Sammlungsgebiet zur Verfügung standen. Auf der politischen Ebene profitierten die Aufständischen von dem neuen Drang der regionalen Mittelmächte, sich aus dem Hegemonieschatten der USA zu lösen und ein eigenes außenpolitisches Profil zu gewinnen.[8] Mexiko und Venezuela sympathisierten offen mit ihnen, das letztgenannte Land lieferte sogar Waffen.

Unter den innenpolitischen Akteuren, deren Verhalten das Regime destabilisierte, ist zunächst der mit dem Somoza-Clan nicht liierte *Teil der Bourgeoisie* zu nennen. Analysen des Machtrückgangs der Somozas weisen stets auf die Schlüsselbedeutung der Spaltung des bürgerlichen Lagers hin.[9] Daß eine Gruppe des Bürgertums sich mit zunehmender Heftigkeit gegen das Regime wendete, geht u. a. auf das bereits erwähnte Erdbeben von 1972 zurück. Hatte die herrschende Sippe bis zu diesem Zeitpunkt eine informelle wirtschaftliche Pfründenteilung akzeptiert, so dehnte sie nun ihr Wirtschaftsimperium auch in die bislang anderen bürgerlichen Gruppen vorbehaltenen »Reservate« (beispielsweise den Bau- und den Banksektor) aus. Das Korruptionswesen und die Unterschlagung staatlicher Gelder erreichten ein Ausmaß, welches die Regeln wirtschaftlicher Konkurrenz außer Kraft setzte und jeglicher rationalen Planung und Kalkulation den Boden entzog.[10] Bedenkt man weiter, daß sich T. Somoza ab 1974 immer ungehemmter über die verbliebenen institutionellen Schranken seiner Machtausübung hinwegsetzte, so liegt folgende Schlußfolgerung nahe: Das langjährige Interessenbündnis zwischen dem Bürgertum und den Somozas zerbrach deshalb, weil der letzte Regierungschef, T. Somoza, bestimmte Minimalforderungen bürgerlicher Gruppen hinsichtlich der Gewährleistung ihrer wirtschaftlichen und rechtlichen Sicherheit mißachtete.

Der Positionswechsel eines Teils der Bourgeoisie von einer systemloyalen Opposition zur offenen Infragestellung der Somoza-Herrschaft ermunterte auch große Teile der abhängigen Mittelschichten (Angestellte, Beamte) und der Freiberuflichen, sich von dem Regime loszusagen. Hingegen waren es andere Motive, welche die Kirche, die lange Zeit gegenüber der Diktatur eine wohlwollende Neutralität gewahrt hatte, dazu bewogen, kritischere Töne anzuschlagen. Der Klerus war über die Brutalität aufgebracht, mit der die Nationalgarde gegen die Bevölkerung im Anschluß an den erfolgreichen Guerilla-Coup vom Dezember 1974 vorging. Dem geharnischten Protest der Kirche gegen die ständige Verletzung der Menschenrechte kam um so größeres Gewicht zu, als er nicht allein vom niederen Klerus vorgetragen wurde. Auch die Bischöfe klagten das Regime wegen der Marterung und Tötung unzähliger Unschuldiger an und mahnten es zur Mäßigung.[11]

In Nicaragua trat auch ein Akteur in Erscheinung, der bei Regimewechseln in Lateinamerika meist auf eine Statistenrolle verwiesen ist: *das Volk*. Wie H. Ortega[12], einer der sandinistischen Führer, berichtet, waren die Guerilleros selbst von der Energie und Spontaneität überrascht, mit der die unorganisierte Bevölkerung, insbesondere Jugendliche aus den städtischen Unterschichten, gegen die Diktatur aufbegehrte. Ursprünglich hatten die Guerillaorganisationen dem Volk nur eine Hilfsfunktion im Kampf gegen das Sippenregime zugedacht, dessen Hauptlast auf ihren eigenen, den Schultern der bewaffneten Avantgarde liegen sollte. Als sie aber bemerkten, daß die Wellen des Volkszorns immer höher stiegen, änderten sie ihre Strategie. Um die Wut, die sich in der Bevölkerung gegen den herrschenden Familienclan angesammelt hatte, nicht wirkungslos verpuffen zu lassen, bepuffen zu lassen, beschlossen sie, die von unten ausgehende Aufstandsbewegung einzurahmen und zu organisieren.

Damit sind wir schließlich bei dem Beitrag angelangt, den die im *FSLN* zusammengeschlossenen *Guerilleros* selbst zum Sturz des Regimes leisteten. Dieser ist nicht leicht zu bestimmen. Kam ihnen nach einigen Autoren[13] eine Schlüsselbedeutung zu, so würde ich ihre Rolle vorsichtiger beurteilen. In meinen Augen waren sie nicht ein Akteur, der imstande gewesen wäre, den revolutionären Prozeß aus eigenen Kräften voranzutreiben, sondern mehr der Katalysator und Koordinator der primär von anderen sozialen Gruppen getragenen politischen Umwälzung. Die Hauptleistung der sandinistischen Partisanen bestand darin, daß sie durch bewaffnete Aktionen die Erinnerung an den Freiheitskampf Sandinos wachhielten. So bewiesen sie, daß die Diktatur verwundbar war, und provozierten sie zu Gegenschlägen, von denen ein breiter Mobilisierungseffekt ausging. Im übrigen unterschied sich der FSLN, was seine soziale Zusammensetzung und Ziele anging, kaum von anderen lateinamerikanischen Guerillabewegungen.[14] Es handelte sich um eine Organisation mit einer sehr begrenzten Mitgliederzahl (bis Oktober 1978 rund 150, vorwiegend Studenten), die an die Stelle des Somoza-Regimes einen sozialistischen Staat setzen wollte (was inzwischen zumindest partiell geschehen ist). Bis 1977 war sie so wenig in breiteren Bevölkerungsschichten verankert wie die meisten ihrer Vorgänger in anderen lateinamerikanischen Ländern. Anschließend zeigte sie jedoch eine bemerkenswerte Fähigkeit, die Umbruchstimmung erfassend, sich an die Spitze der revolutionären Bewegung zu setzen und dieser weitere Impulse zu geben. Mit anderen Worten: Die Hauptfunktion des FSLN lag im operativen Bereich.

Operationale Bedingungen

Da diese in der Literatur und in Tageszeitungen relativ ausführlich behandelt wurden[15], seien hier nur die wichtigsten noch einmal kurz aufgezählt:

1) Es ist wiederholt herausgestellt worden, daß die Schlagkraft der Guerillaverbände erheblich durch ihre *Vereinigung und Unterstellung unter ein gemeinsames Oberkommando* (im Frühjahr 1979) gesteigert wurde. Dieser Zusammenschluß war nur möglich, da jeder der drei Teilver-

bände (»tendencias«) bereit war, Abstriche von seinem politischen und ideologischen Programm zu machen.
2) Die nämliche taktische Offenheit, durch die sich die Sandinisten vorteilhaft von vielen früheren lateinamerikanischen Guerillaorganisationen abhoben, ließ sie sowohl innerhalb Nicaraguas als auch international die Allianz mit gemäßigten, reformorientierten Kräften (man denke etwa an die Sozialistische Internationale) suchen.
3) Wie die Sandinisten ideologische Grundüberzeugungen politischen Nahzielen unterzuordnen verstanden, so waren sie auch in militärischer Hinsicht nicht auf ein bestimmtes Konzept festgelegt. Sie korrigierten ihre ursprüngliche Überzeugung, die Somoza-Herrschaft sei nur durch einen militärischen Sieg nach klassischem Muster zu beseitigen, als sie auf die Rebellionsbereitschaft der Massen aufmerksam wurden. Ab Ende 1977, Anfang 1978 zweigten sie einen beträchtlichen Teil ihrer Kräfte für die Aufgabe ab, die Bevölkerung für die bevorstehende Generalerhebung vorzubereiten (d. h. sie in Nachbarschaftskomitees, Studenten-, Frauen-, Arbeiterverbänden zu organisieren bzw. bereits bestehende Organisationen zu unterwandern). Sie meisterten diese Aufgabe so gut, daß die nicaraguanische Revolution als das erste lateinamerikanische Beispiel einer gelungenen *Kombination von Guerilla und Massenmobilisierung* bezeichnet werden konnte.[16]
Etwas allgemeiner läßt sich die Vorgehensweise der Sandinisten dahingehend charakterisieren, daß sie *nicht blind auf die Eigendynamik der Gewalt* setzten, sondern imstande waren, ihre *Kampfaktionen in politische Zusammenhänge einzuordnen*. Als das Regime beispielsweise 1977 Anstalten machte, gegenüber der bürgerlichen Opposition (u. a. durch die Aufhebung des Ausnahmezustandes) einzulenken, erkannten die Guerillaorganisationen blitzschnell die Gefahr der politischen Isolierung, die ihnen drohte, und begegneten ihr durch eine Intensivierung der Gewaltaktionen.[17] Durch dieses ständige Auf-der-Hut-sein, das unermüdliche Vorantreiben des Konfliktes, erzeugte der FSLN jenes *kontinuierliche Wachstum der Aufruhrbewegung*, das von Mao Tse-tung[18] als eine Schlüsselbedingung der Führung eines erfolgreichen Guerillafeldzuges bezeichnet wird.
Daß ein solch stetiges Wachstum erfolgen konnte, hing freilich auch mit zwei von den Sandinisten unabhängigen operationalen Vorteilen der Revolutionsbewegung zusammen.

Der eine, die *Existenz eines nahen Schon- und Rückzugsraumes* (Costa Rica), wurde bereits erwähnt. Zumal in kleinen Ländern laufen Guerillaverbände, die sich vor gegnerischen Angriffen nicht über die Grenze eines mit ihnen sympathisierenden Landes in Sicherheit bringen können, Gefahr, von den Sicherheitskräften erdrückt zu werden. Ein zweiter wesentlicher Faktor war die *Eindeutigkeit der von der Oppositions- und Widerstandsbewegung verfolgten Ziele*: Die Entmachtung und Enteignung des Somoza-Clans, die Aufhebung des Belagerungszustandes und die Wiederherstellung der Grundrechte, die Auflösung der Nationalgarde und die Beseitigung der Korruption waren so klare, in ihrer unmittelbaren Notwendigkeit einleuchtende Forderungen, daß es darüber auch zwischen ideologisch unterschiedlich orientierten oppositionellen Gruppen kaum eine Auseinandersetzung geben konnte. In dieser Hinsicht finden Guerillabewegungen in anderen lateinamerikanischen Ländern, in denen die Machtverhältnisse undurchsichtiger sind, weniger günstige Handlungsvoraussetzungen vor.

Schlüsselbedingungen für den Erfolg bzw. Mißerfolg revolutionärer Umsturzbewegungen in Lateinamerika

Die sandinistische Revolution ist einer der wenigen Fälle, in denen in Lateinamerika eine revolutionäre Umsturzbewegung gegen ein fest etabliertes Regime zum Erfolg führte (andere Fälle: die mexikanische, bolivianische und kubanische Revolution). Alle anderen Guerillaorganisationen, die in den 60er und 70er Jahren zum Kampf gegen die gesellschaftlich-politische Ordnung ihres Landes antraten und aufriefen, scheiterten über kurz oder lang. Ich habe an anderer Stelle zwei dieser Aufstandsbewegungen etwas genauer studiert, die venezolanische Guerilla zu Beginn der 60er Jahre und die argentinische Guerilla in der ersten Hälfte der 70er Jahre.[19] An dieser Stelle seien nur die allgemeinen Schlußfolgerungen vorgetragen, die sich aus diesen Fällen in Verbindung mit dem Sturz des Somoza-Regimes in Nicaragua ergeben.
Guerillaverbände können in Lateinamerika aus sehr unterschiedlichen Gründen und Konstellationen heraus entstehen: unter Militärregimes oder zivilen Regierungen, in

Phasen wirtschaftlicher Rezession oder wirtschaftlichen Aufschwungs, in abhängigen oder autonomen Ländern, unter dem Einfluß eines international verbreiteten Protesttrends ebenso wie im Zeichen einer nationalstaatlich begrenzten Identitätskrise. Zum Erfolg im Sinne einer politischen Machteroberung führen ihre Gewaltaktionen aber nur unter ganz bestimmten Voraussetzungen:
Zum ersten scheint eine tiefe Erschütterung der Legitimitätsbasis eines Regimes, verbunden mit dem Aufbau einer entsprechenden Gegenlegitimation auf seiten der Rebellen, unabdingbar zu sein. Diktaturen, die ja stets Legitimierungsschwierigkeiten haben, können diese Erschütterungen hervorrufen. Im allgemeinen reicht aber die bloße Mißachtung der Verfassung nicht aus, um einen Aufstand von solcher Wucht zu provozieren, daß nicht nur die betreffende Regierung, sondern das gesamte Herrschaftssystem hinweggefegt wird. Dies ist nur der Fall, wenn erschwerende Umstände hinzutreten. Zu ihnen zählen vor allem ein Übermaß an Korruption und Vetternwirtschaft, eine ungezügelte Repression sowie eine ineffiziente, das Land in die Krise führende Wirtschaftspolitik. Auf der anderen Seite werden nur dann breite Bevölkerungsschichten die Waffen gegen die Regierung erheben, wenn die Führer der Rebellen es verstehen, der Masse ein glaubwürdiges politisches Gegenmodell zu präsentieren, d.h. in ihnen die zwingende Vorstellung von der Überlegenheit und Realisierbarkeit der angestrebten neuen Ordnung zu erzeugen.
Eine zweite, weit weniger präzis bestimmbare strukturelle Voraussetzung eines revolutionären Umschwungs ist darin zu sehen, daß es sich um ein kleines, nicht allzu entwickeltes, wirtschaftlich offenkundig von überlegenen Industriestaaten abhängiges Land handeln muß. Es kann kein Zufall sein, daß in den südamerikanischen Flächenstaaten auch Guerillabewegungen, die bereits eine beträchtliche Größenordnung erreicht hatten, rasch eliminiert wurden, während in Zentralamerika die aufständischen Kampfeinheiten, ob siegreich oder nicht, mehrfach zu einem gewichtigen militärisch-politischen Machtfaktor geworden sind. Dies dürfte sich u.a. daraus erklären, daß in hochindustrialisierten Staaten als subversive Kampfmethode nur die Stadtguerilla infrage kommt, die in keinem der bisher bekannten Fälle zu einem Regimesturz führte; daß moderne Flächenstaaten über einen hochgradig bürokratisierten Sicherheits-

apparat (Militär, Polizei, Geheimdienste etc.) verfügen, für den eine Kaderguerilla keine ernsthafte Gefahr darstellt; und daß schließlich nur kleine Länder jene intensive wirtschaftliche und politische Außenabhängigkeit aufweisen, ohne die nicht mit einem allgemeinen Gefühl nationaler Schmach und Erniedrigung sowie entsprechenden Reaktionen kollektiver Empörung zu rechnen ist.

Drittens gilt für die Ebene der Machtakteure, daß die Rebellen erfolglos bleiben, wenn es ihnen nicht gelingt, einen Teil der gemäßigten, reformorientierten Kräfte in ihr Lager herüberzuziehen. Ohne eine Spaltung des bürgerlichen Blocks können sie allenfalls ein soziopolitisches Machtpatt, jedoch kein Übergewicht erreichen. Unter den aufgeführten Ursachen des Legitimitätsschwundes eines Regimes sind es folgende, auf welche bürgerliche Gruppen besonders sensibel reagieren: die Einschränkung der Meinungsfreiheit, das Überhandnehmen der Korruption sowie eine dilettantische bzw. für ihre Interessen schädliche Wirtschaftspolitik. Dagegen akzeptieren sie um der Aufrechterhaltung der öffentlichen Ordnung willen zumindest zeitweise einen vergleichsweise hohen Pegel staatlicher Repression, solange ihre eigene Sicherheit nicht gefährdet erscheint. Nur ein kleiner Teil der gemäßigten Kräfte, vor allem die Kirche, Intellektuelle und Vertreter freier Berufe, messen die Legitimität eines Herrschaftssystems primär daran, wieweit es die Grund- und Menschenrechte respektiert.

Über die Rolle des »Volkes« im Rahmen erfolgreicher Guerillafeldzüge lassen sich (da es bisher außer in Nicaragua nur ausnahmsweise, insbesondere bei der mexikanischen und bolivianischen Revolution, in Erscheinung getreten ist) nur vorsichtige Mutmaßungen anstellen. Unter diesem Vorbehalt sei viertens die These vertreten, daß ohne die Mobilisierung breiter Bevölkerungsschichten ein revolutionärer Umsturz zum Scheitern verurteilt ist. Diese Mobilisierung ist um so verzichtbarer, je wehrfähiger und in bürokratischen Strukturen verankert das angegriffene Regime ist. Im allgemeinen sind die lateinamerikanischen Unterschichten weniger für radikale Änderungen aufgeschlossen, als Marxisten wahrhaben wollen. Sie können nur unter bestimmten Bedingungen zu kollektiven Aktionen getrieben werden, die über den Schutz ihrer unmittelbaren Interessen oder Gefolgschaftsbekundungen gegenüber einem charismatischen Führer hinausgehen. Solche Voraussetzungen sind u. a.: daß

sie aufgrund extremer Unterdrückung und materieller Not keine andere Überlebenschance sehen als den Anschluß an die Rebellen; daß sie noch nicht in eine bereits bestehende Partei oder sonstige Organisation integriert sind, die Status-quo-Interessen verteidigt; schließlich daß ihre Motivation durch an Emotionen appellierende Ziele geweckt wird, wozu sich nationalistische Parolen im allgemeinen besser eignen als sozialistische Versprechungen.
Die letztgenannte Bedingung leitet bereits zu den operationalen Voraussetzungen erfolgreicher Guerillabewegungen über, von denen nur zwei besonders wichtige herausgegriffen seien. Zum ersten ist dies die Definition eines einprägsamen, verständlichen, realisierbaren Zielkatalogs unter Verzicht auf komplizierte theoretische Ableitungen (ob dies möglich ist, hängt freilich nicht zuletzt von der Durchsichtigkeit der bestehenden Machtverhältnisse ab); zweitens bedarf die Guerilla inner- und/oder außerhalb des eigenen Territoriums ungefährdeter Rückzugs-, Schon- und Aufbauzonen, um nicht, solange sie den Sicherheitskräften unterlegen ist, erdrückt zu werden. Hingegen zählt die »Provokations-Repressionsspirale«, auf die von den Guerilleros in Südamerika so große Hoffnung gesetzt wurde, nicht zu den operationalen Erfolgsprinzipien, handelt es sich dabei doch um ein zweischneidiges Schwert. Nur wo sich bereits ein Kräfteübergewicht der Rebellen abzeichnet, kann durch eine forcierte Polarisierung der Fronten der Sog zu ihren Gunsten verstärkt und das Regime in die Isolierung getrieben werden. Ansonsten laufen die Aufständischen bei einer blinden Steigerung der Gewaltaktionen Gefahr, selbst von ihrer potentiellen sozialen Basis abgeschnitten zu werden oder können bestenfalls eine politisch-militärische Pattsituation erzielen.

Entwicklung der Guerilla in Zentralamerika seit der Revolution in Nicaragua

Der Erfolg der Sandinisten hat zu einer erheblichen Verhärtung der Fronten zwischen den revolutionären Gruppen einerseits, den Verteidigern der gegenwärtigen Ordnung andererseits in Mittelamerika geführt.[20] Die ersteren sehen sich durch das Beispiel Nicaraguas nicht nur erneut in ihren

Hoffnungen auf einen gewaltsamen Systemwandel bestätigt, sondern haben dazu einen konkreten Verbündeten in der Region gewonnen. Die Gegenseite bietet angesichts der gesteigerten Bedrohung ihr gesamtes Unterdrückungspotential auf und sucht ebenfalls nach auswärtiger Unterstützung, um die Gefahr eines Machtwechsels zu bannen. Die wichtigsten Veränderungen gegenüber der Situation vor dem sandinistischen Triumph lassen sich in drei Punkten zusammenfassen.

1) Die Guerillaverbände sind zielstrebiger, durchsetzungsfähiger, umsichtiger geworden. Eine Reihe von Fehlern, die Lamberg in seinem Resümee der Analyse der Guerillabewegungen der 60er Jahre für deren Scheitern verantwortlich macht, sind ausgeräumt, zumindest abgeschwächt worden.[21] Die Guerilleros haben sich in mehr als einer Hinsicht als lernfähig erwiesen. Um nur einige der Züge zu nennen, in denen sich dieser Lernfortschritt manifestiert: Sie suchen nicht mehr in erster Linie die Unterstützung der in Lateinamerika chronisch schwachen Parteien, sondern arbeiten eng mit Massenorganisationen wie Gewerkschaften, Bauernverbänden, Angestelltenvereinigungen und kirchlichen Basisgruppen zusammen, wenden überhaupt der Mobilisierung der Unterschichten größere Aufmerksamkeit zu als ehedem; sie haben ihre frühere Theorielastigkeit abgebaut, konzentrieren sich vermehrt auf konkrete politische Ziele und sind besser dazu imstande, interne ideologische Differenzen im Interesse eines geschlossenen Auftretens nach außen hin zu verdecken und zurückzustellen; sie operieren gleichzeitig auf mehreren Ebenen, einer politischen, einer kommunikativ-propagandistischen, einer militärischen, die jedoch aufeinander bezogen sind, ihren Gewaltaktionen liegt also ein strategisches Gesamtkonzept zugrunde; sie praktizieren intra- und international eine Politik breiter Allianzen, die auch gemäßigte Kräfte einschließt; sie versuchen, die einseitige Abhängigkeit von transnationalen politischen Konstellationen und Stimmungen zu durchbrechen, indem sie mittels gezielter Propaganda (in Form von eigenen Delegationen, Konferenzen, Informationsbroschüren u. dgl.) auf die internationale öffentliche Meinung Einfluß nehmen; und sie haben schließlich, was die Stärke der Verbände, deren Versorgung, Organisation und Ausrüstung betrifft, jene Phase weit hinter sich gelassen, in der Che Gue-

vara mit einem kleinen Häufchen Getreuer etwas ziel- und orientierungslos durch den bolivianischen Urwald irrte. Mit einem Wort: Sie sind in mehreren Staaten zu einem Machtfaktor ersten Ranges aufgestiegen, während sie in der Vergangenheit überwiegend nur von untergeordneter politischer und militärischer Bedeutung waren.

2) Aufgrund ihres erhöhten militärisch-politischen Potentials sind die Guerillaverbände zu *der* Herausforderung für die den Status quo verteidigenden Regierungen dieser Länder geworden, die Auseinandersetzung zwischen beiden Seiten hat eine in den 60er Jahren unbekannte Intensität erreicht. Schon im Rahmen der Stadtguerilla, Ende der 60er und in den frühen 70er Jahren (vor allem in Brasilien und Argentinien) eskalierten Gewalt und Gegengewalt zu neuen Dimensionen der Brutalität. Heute sind eine extreme Roheit, Grausamkeit und Rücksichtslosigkeit, d.h. ein ausgeprägt menschenverachtender Zug, zum allgemeinen Charakteristikum der bürgerkriegsähnlichen Kämpfe in Lateinamerika geworden. In diesem Punkt haben sich Stadt- und Landguerilla einander angeglichen, ist nur ein geringfügiger Unterschied zwischen der Vorgehensweise der Rebellen und der Unterdrücker erkennbar (im allgemeinen setzen die Sicherheitskräfte und Todesschwadronen noch mehr als die Aufständischen auf die einschüchternde, zermürbende Wirkung des systematischen Terrors). Fairness, Ritterlichkeit, Phantasie, die Achtung vor menschlicher Größe und der Respekt vor dem Leben Unbeteiligter, Elemente, die in den Auseinandersetzungen der 60er Jahre noch ansatzweise zu beobachten waren, sind verschwunden. Es gibt keine von beiden Seiten akzeptierten Spielregeln der Konfliktaustragung mehr, nur noch das Recht des jeweils Stärkeren. Und es gibt auch keine am Kampf unbeteiligten Gruppen und Individuen mehr, da jedermann gezwungen wird, Stellung zu beziehen. Die gemäßigten Kräfte, welche sich diesem Polarisierungsdruck nicht beugen, sondern zwischen den Fronten zu vermitteln suchen, werden zermahlen. Das Volk, von beiden Seiten zugleich umworben und drangsaliert, sieht ihrem Wüten meist mit einer Mischung von Indifferenz und Schrecken zu und flieht, soweit möglich, um sich in Sicherheit zu bringen.

3) Diese Verschärfung des Konflikts läßt sich nicht allein aus der Verhärtung der Fronten innerhalb der vom Bürgerkrieg geschüttelten Länder erklären, sondern hängt daneben, insbesondere in Zentralamerika, damit zusammen, daß die Auseinandersetzungen zunehmend eine transnationale Komponente aufweisen. Dabei sind ein regionaler und ein globaler Aspekt zu unterscheiden. In regionaler Hinsicht ergeben sich immer dichtere Vermaschungseffekte sowohl zwischen den verschiedenen Guerillaorganisationen als auch zwischen den Verteidigern des Status quo. Die entsprechenden Gruppen jeder Seite unterstützen sich über die nationalen Grenzen hinweg und nehmen in den Nachbarländern gesammelte Erfahrungen rasch auf. Handelt es sich insoweit um einen beabsichtigten Schulterschluß durch die am Kampf beteiligten Akteure, so haben diese auf den Stellenwert, der von den Supermächten dem Bürgerkrieg in Zentralamerika beigemessen wird, nur einen begrenzten Einfluß. Nachdem die Reagan-Administration entschlossen zu sein scheint, die Region zum Prüfstein des Anspruchs der USA auf Wiederherstellung ihrer internationalen Führungsposition zu machen, setzt sie alles daran, um einen Triumph der Revolutionäre zu verhindern. Die intensive wirtschaftliche Unterstützung, Beratungs- und Waffenhilfe, die sie den Regierungen dieser Länder zukommen läßt, hebt den Konflikt auf eine neue Ebene, lädt ihn »künstlich« auf und verleiht ihm Züge eines Stellvertreterkrieges.
Wie wirken sich die beschriebenen Eskalierungsfaktoren auf die Chancen beider Seiten aus, was kann sich von ihnen vor allem das Lager der Aufständischen versprechen? Eine Antwort auf diese Frage ist ebenso riskant wie schwierig. Riskant, da es sich um erst vor kurzem in Gang gekommene Entwicklungen handelt, deren Tragweite gegenwärtig kaum abzuschätzen ist. Die Schwierigkeit einer fundierten Lageeinschätzung resultiert vor allem aus der ideologischen und politischen Brisanz des Themas, das dem Bemühen um zuverlässige Informationen im Wege steht. Sehr allgemein gesprochen, sehe ich zwei alternative Möglichkeiten künftiger Entwicklung in Zentralamerika; welche von ihnen eintreten wird, hängt vor allem von der weiteren Vorgehensweise der USA ab.
Steigert Washington sein wirtschaftliches und militärisches Engagement in der Zone nicht weiter, sieht es also davon ab, sich direkt in den Konflikt einzumischen, dann dürfte sich

die Situation nicht grundlegend ändern. Vor allem halte ich es unter diesen Umständen für wenig wahrscheinlich, daß die Aufständischen in El Salvador und Guatemala einen definitiven Erfolg, verstanden als Eroberung der politischen Macht, erringen werden. Denn in struktureller Hinsicht sind in keinem dieser beiden Länder die Bedingungen für einen revolutionären Umsturz gegeben. Die wichtigsten Argumente für diese Lageeinschätzung seien stichwortartig aufgezählt:

1. Gewiß handelt es sich in beiden Fällen um kleine, rückständige, abhängige Länder, die unter einer chronischen Legitimitätskrise leiden. Diese hat sich aber noch nicht zum regelrechten Legitimitätsverfall ausgewachsen, weil es innerhalb und außerhalb der Streitkräfte stets auch reformbereite Kräfte gab, gelegentlich Wahlen (wenn auch betrügerische, restriktive) abgehalten wurden und in El Salvador sogar vorübergehend eine Landreform in Angriff genommen wurde. In beiden Ländern haben es die Aufständischen bisher nicht vermocht, ein die breite Masse überzeugendes Alternativmodell zur bestehenden Ordnung zu präsentieren, also Gegenlegitimität zu entwickeln.

2. Von einer ernsthaften Spaltung des bürgerlichen Lagers kann in beiden Ländern bisher nicht die Rede sein; kleine Absplitterungen und ein auch in der Existenz mehrerer Parteien zum Ausdruck kommender Pluralismus innerhalb des bürgerlichen Blocks haben dessen Festigkeit nicht nennenswert beeinträchtigt.

3. Über die Haltung der Bevölkerung findet man sehr widersprüchliche Angaben. Feststehen dürfte jedoch, daß sowohl die ländlichen als auch die städtischen Unterschichten in El Salvador den Aufständischen nur wenig Unterstützung entgegenbringen, während diese in Guatemala größere Gruppen der bislang gesellschaftlich und politisch marginalisierten Indios für sich gewinnen konnten.

4. Im Unterschied zur Situation in Nicaragua, wo es galt, eine Familie zu stürzen, welche die politische und militärische sowie einen großen Teil der wirtschaftlichen Macht in ihren Händen konzentriert hatte, fällt es den Guerilleros in El Salvador und Guatemala viel schwerer, den Feind und die eigenen Ziele klar zu bestimmen. Richtet sich der Kampf in erster Linie gegen das Militär, die traditionelle Oberschicht oder den Hegemonieanspruch der USA? Welche Gruppen dürfen eine Verbesserung ihrer Lage im Fall eines Sieges der

Revolutionäre erwarten, welche müssen mit Einbußen rechnen? Das Fehlen eines »Umverteilungsobjektes«, wie es in Nicaragua in Form des immensen Vermögens des Somoza-Clans existierte, erschwert die Koalitionsbildung auf seiten der Aufständischen.
5. Zusammenfassend bleibt festzuhalten, daß in El Salvador, wo die Guerilla schon rund ein Viertel des Territoriums dauerhaft okkupiert hat, eine Situation des Machtpatts eingetreten ist, die sich in absehbarer Zeit nicht verändern wird. In Guatemala sind die Rebellen zwar den Regierungstruppen noch deutlich unterlegen und haben vor allem keine »befreite Zone« schaffen können. Wenn es ihnen jedoch gelingt, die Indios, immerhin fast die Hälfte der Bevölkerung, zu mobilisieren, können sie längerfristig zu einer schwerwiegenden Bedrohung für das gegenwärtige Herrschaftssystem werden.
Wie sieht die andere Alternative aus? Sollten die USA auf eine militärische Lösung des Konfliktes setzen, wie es augenblicklich immer mehr den Anschein hat, und nicht nur durch Berater und finanzielle Unterstützung, sondern möglicherweise auch durch die Entsendung eigener Truppen den bedrohten Regierungen zu Hilfe kommen, so mag dies kurzfristig die militärische Lage zuungunsten der Aufständischen beeinflussen. Mittel- und längerfristig dürfte sich ein solches Engagement jedoch als Bumerang erweisen. Die lokalen Herrschaftsgruppen würden damit endgültig als Marionettenregierungen entlarvt, dem Kampf ein eindeutiges Ziel, nämlich Zurückdrängung des US-Imperialismus, gegeben werden. Dieses Leitmotiv wäre nicht nur geeigneter, um auf emotionale Resonanz bei den armen Bevölkerungsschichten zu stoßen, als sozialistische Umverteilungsversprechungen; der Widerstand gegen die Einmischung der nördlichen Supermacht würde den Rebellen national und international auch Sympathien von seiten jener Gruppen eintragen, die nach dem, was sich in Nicaragua seit 1979 zugetragen hat, wenig Lust verspüren, ein zweites sozialistisches Experiment in der Region zu unterstützen. Eine Ausweitung des Konfliktes (Einbeziehung von Honduras) sowie ein verstärkter Zusammenschluß der jeweiligen Kombattantengruppen über die nationalen Fronten hinweg wäre vorhersehbar. Mit anderen Worten: Es würde sich nicht mehr nur um Modifikationen in operationaler Hinsicht handeln, sondern die strukturellen Bedingungen würden sich – und

wie ich meine zum Vorteil der Aufständischen – verschieben. Die USA haben schon einmal erfahren müssen, daß es trotz erdrückender militärischer Übermacht so gut wie unmöglich ist, einen Krieg zu gewinnen, der vom Gegner unter dem Motto eines antiimperialistischen Befreiungskampfes geführt wird. Hoffentlich bleibt ihnen eine zweite Erfahrung dieser Art erspart.

Anmerkungen

1 Für einen im Mai 1983 an der ETH Zürich gehaltenen Vortrag gekürzte und überarbeitete Fassung des Aufsatzes »Alte und neue Guerilla in Lateinamerika. Folgen und Folgerungen aus der Revolution in Nicaragua«, in: »Verfassung und Recht in Übersee«.
2 Polo-Cheva/Süßdorf, 1980, S. 21
3 Walker, 1979, S. 316.
4 van Eeuwen, 1980, S. 511 f.; Jung, 1980, S. 142 f.
5 Castillo, 1981, S. 14.
6 Millet, 1977
7 Leo Grande, 1979
8 Grabendorff, 1982, S. 251
9 Statt aller Boris, 1983, S. 282
10 Polo-Cheva/Süßdorf, 1980, S. 27
11 Latin America Bureau, 1979, S. 24 f.
12 Ortega, 1980, S. 11
13 Zum Beispiel Bye, 1982
14 Waldmann 1982, S. 103 ff.
15 Zum Beispiel Bye, 1982
16 Ebda., S. 6 ff.
17 Ortega, 1980, S. 8 f.
18 Mao Tse-tung, 1974, S. 20, 54 f., 154 f.
19 Waldmann, 1978, S. 295 f.
20 Thesing, 1982
21 Lamberg, 1979, S. 165 f.

Literaturhinweise

Boris, Dieter: Nicaragua. In: Ders./Rausch, Renate (Hrsg.): Zentralamerika. Köln 1983, S. 249–345.

Bye, Vegard: The Success of the Nicaraguan Revolution: Why and How? In: Ibero American. Nordic Journal of Latin American Studies, Vol. XI, 1–2, 1982, S. 3–16.

Castillo, Donald: Welche Faktoren haben den Erfolg der Revolution in

Nicaragua möglich gemacht? Arbeitspapier für ein Expertengespräch der Friedrich-Ebert-Stiftung vom 9.–11. 3. 1981.
Grabendorff, Wolf: Konstanten der Lateinamerikapolitik der USA. In: Lindenberg, Klaus (Hrsg.): Politik in Lateinamerika. Hannover 1971, S. 160–175.
Ders.: Mittelamerika als internationale Krisenregion. In: Europa Archiv, Vol. 37, No. 8, April 1982, S. 247–258.
Jung, Harald: Nicaragua: Bereicherungsdiktatur und Volksaufstand. Frankfurt 1980.
Lamberg, Robert F.: Die castristische Guerilla in Lateinamerika. Vierteljahresberichte, Sonderheft 7. Hannover 1971.
Latin American Bureau: Nicaragua. Dictatorship and Revolution. London 1979.
Leo Grande, William M.: The Revolution in Nicaragua: Another Cuba? In: Foreign Affairs, Fall 1979, S. 28–50.
Mao Tse-Tung: Theorie des Guerilla-Krieges (mit einer Einleitung von Sebastian Haffner). Hamburg 1974.
Millet, Richard: Guardians of the Dynasty: A History of the US created Guardia Nacional de Nicaragua and the Somoza Family. Maryknoll 1977.
Ortega, Humberto, Interview, durchgeführt von Marta Harnecker. Costa Rica 1980.
Polo-Cheva, Demetrio/Süßdorf, Erich: Nicaragua: Die historischen Bedingungen einer demokratischen Revolution. In: Lateinamerika, Analysen und Berichte 4. Berlin 1980, S. 15–42.
Thesing, Josef: Zentralamerika im Umbruch. In: Aus Politik und Zeitgeschichte, Beilage zur Wochenzeitschrift Das Parlament, B 46/82, S. 3–20.
Van Eeuwen, D.: Du Somozisme au Sandinisme. In: Cultures et développement, Vol. XII, 3–4, 1980, S. 507–537.
Waldmann, Peter: Ursachen der Guerilla in Argentinien. In: Jahrbuch für Geschichte von Staat, Wirtschaft und Gesellschaft Lateinamerikas, Bd. 15. Köln, Wien 1978, S. 295–348.
Ders.: Vergleichende Bemerkungen zu den Guerilla-Bewegungen in Argentinien, Guatemala, Nicaragua und Uruguay. In: Lindenberg, Klaus (Hrsg.): Lateinamerika. Herrschaft, Gewalt und internationale Abhängigkeit. Bonn 1982, S. 103–124.
Walker, Thomas W.: Nicaragua: The Somoza family regime. In: Wiarda, Howard J. u. Kline, Harvey F. (Hrsg.): Latin American Politics and Development. Boston 1979, S. 316–331.

UTE BIRKENBEIL-STUDER

Frauenwiderstand

Frauenwiderstand in Lateinamerika – da denkt man zunächst an Kuba, an Nicaragua und an die Teilnahme der Frauen am revolutionären Prozeß dieser beiden Länder. Ich möchte daher mit Auszügen aus zwei Reden von männlichen Helden dieser Revolutionen beginnen.
Fidel Castro sagte 1966 in seiner berühmten Rede »Eine Revolution in einer anderen Revolution«:
»Wenn die Frauen in unserem Land doppelt ausgebeutet, doppelt erniedrigt waren, dann bedeutet dies einfach, daß die Frauen doppelt revolutionär sein müssen. ... Wenn wir uns fragen, was uns die Revolution am meisten gelehrt hat, würden wir antworten, daß eine der interessantesten Lektionen, die wir Revolutionäre in der Revolution erhalten, die Lektion ist, die uns die Frauen erteilen. ... Ich glaube, daß wir alle große Vorurteile gegenüber den Frauen hatten.«[1]
Der Innenminister von Nicaragua, Kommandant Tomás Borge, sagte am 29. September 1982 in León: »Wir werden niemanden als revolutionär ansehen, der nicht dazu bereit ist, gegen die Unterdrückung der Frau zu kämpfen. ... So wie die Arbeiter sich bewußt werden über erlittene Ausbeutung und ihre führende Rolle in der Revolution, müssen sich auch die Frauen bewußt werden über die Diskriminierung, der sie noch ausgesetzt sind, und über ihre Rolle im revolutionären Kampf. Wir sagen, daß Frauen dreifach ausgebeutet werden, was meint, daß Frauen revolutionär sein sollten in drei Dimensionen ... Es ist gut, sich zu erinnern, daß die ökonomische Veränderung allein nicht die Befreiung der Frauen hervorbringt, noch allein ihre Organisierung dazu ausreicht. Wir müssen gegen die Gewohnheiten, Gebräuche und Vorurteile von Männern und Frauen kämpfen. Wir müssen uns auf einen schwierigen und langwierigen ideologischen Streit einlassen, der aber gleichermaßen dem Mann und der Frau nützen wird.«[2]

Frauen haben in der kubanischen Revolution wesentlich mitgewirkt, ebenso wie in Nicaragua. Dokumente über die Beteiligung von Frauen an den Kämpfen sind spärlich. Trotz der Vorbehalte der Männer, die Frauen in den bewaffneten Kampf einzubeziehen, war ihr Anteil kurz vor dem Sieg in Nicaragua 30 Prozent.[3]
In den Volksmilizen war der Frauenanteil wesentlich höher. Frauen organisierten vor allem Erste-Hilfe-Kurse für die Bevölkerung in den verschiedenen Stadtteilen, organisierten den Aufbau geheimer Kliniken, führten prophylaktische Massenimpfungen durch, legten Medikamenten- und Nahrungsmitteldepots an, waren tätig in der Übermittlung von Nachrichten und transportierten Waffen. Sie organisierten sog. »Sicherheitshäuser« und bauten Kontaktbomben. Ohne diese Arbeit der Frauen wäre ein erfolgreicher Ausgang der militärischen Aktivitäten in Nicaragua nicht möglich gewesen.
Es entspräche allerdings einer sehr beschränkten Sichtweise, wenn die Befreiung eines Landes wie Nicaragua nur im Militärischen gesehen würde.
Der bewaffnete Kampf ist nur die Spitze eines Eisberges; das, was diese Kampfform erst ermöglicht, ist darunter verborgen: Es ist die Überlebensproduktion insbesondere der Frauen auf dem Land wie in den Städten, welche den Guerilleros erst ihr Dasein ermöglicht. Wenn es heißt, der Revolutionär würde sich wie ein Fisch im Wasser bewegen, dann ist die Überlebensproduktion der Frauen das Wasser. Doch wer spricht von diesem Kampf?
Auch für die Revolutionäre gehört es zur »Natur der Frau«, daß sie kocht, wäscht, putzt, Kinder aufzieht und Männer versorgt, tröstet und pflegt, ja, und neuerdings gehört es auch zur »Natur der Frau«, daß sie mittels tausender Aktivitäten im sogenannten »informellen Sektor« das Überleben der Familien erst ermöglicht. Von den Männern wird gesagt, sie seien mutig und Helden, wenn sie mit ihren Gewehren losziehen. Aber braucht es nicht viel mehr Mut und Kraft, ohne die Möglichkeit, sich in den Wäldern zu verstecken, ohne ein Gewehr in den Händen zu halten, diese Überlebensproduktion zu garantieren?
Was hat diese Revolution nun den Frauen gebracht? Das Beispiel von Lygia entnehme ich den Lateinamerika-Nachrichten[4]:

»*Lygia*, 28 Jahre, hat einen zweijährigen Sohn, lebt von

ihrem Mann getrennt, lebt bei ihrer Mutter und ihren 8 Geschwistern.
Während des Krieges mußte sie ihr Jura-Studium abbrechen, weil sie die Arbeit als Schneiderin, mit der sie das Geld fürs Studium verdiente, verlor. Auch sie stand der Befreiungsbewegung positiv gegenüber und arbeitete in der zivilen Verteidigung mit: wie viele Frauen wirkte sie in geheimen Gesundheitszentren und als Informationskurier. Nach dem Krieg machte sie in der nationalen Alphabetisierungskampagne mit und brachte ihren Nachbarn und ihrer Mutter lesen und schreiben bei.
Ihr Mann, ein aktiver Guerillakämpfer, bekam ein Stipendium für ein Medizinstudium in Kuba und kam selten nach Nicaragua. Mit der Familie ihres Mannes, wo sie nach der Heirat lebte, kam sie nicht zurecht. Sie wollten sie immer wieder auf ihre Rolle als Ehefrau und Mutter verweisen und beschimpften sie als schlechte Mutter, erlaubten ihr nicht, an Versammlungen teilzunehmen. Da sie auch von ihrem Mann keinerlei moralische Unterstützung erhielt, ging sie kurzerhand zu ihrer Mutter zurück und lebt nun mit ihrer Mutter, deren Ehemann und ihren 8 Geschwistern. Das Haus ist zu eng für alle, und das Geld ist knapp. Lygias Stiefvater ist seit 6 Jahren schwer asthmakrank und arbeitsunfähig, ihre Mutter hat einen kleinen Lebensmittelladen und verkauft Früchte aus dem Garten am Markt. Die Kinder müssen alle mitarbeiten, um das Notwendigste zum Essen zu besorgen.
Lygias Traum von einem Jurastudium ist in weite Ferne gerückt. Sie arbeitet nachmittags als Lehrerin in einer Schule (pro Klasse 50 Kinder), obwohl sie keinerlei pädagogische Ausbildung hat. Abends und samstags macht sie in Abendkursen eine Ausbildung als Lehrerin. Abends, wenn alle schon schlafen, sitzt sie am Küchentisch und bereitet den Unterricht für den nächsten Tag vor. Vormittags unterstützt sie ihre Mutter im Haushalt und Laden. Sie wäscht, bügelt, kocht. Doch mindestens zweimal pro Woche geht sie abends zu Milizübungen oder muß auch öfters nachts Wache schieben oder sie geht zu Versammlungen. Fast überall ist ihr zweijähriger Sohn dabei, damit sie ihrer Mutter nicht noch mehr zur Last fällt, die ihr ständig mit Vorwürfen begegnet: Sie sollte ihre politische Arbeit aufgeben, sich mit ihrem Mann versöhnen und als brave Ehefrau und Mutter zu Hause blei-

ben. Mit den Vorwürfen, daß Lygia eine schlechte Mutter sei, bringt sie Lygia in schwere Gewissenskonflikte und Schuldgefühle. Doch Lygia weiß, daß ein Leben, wie ihre Mutter es führt, ihr nicht genügt. Sie weiß, daß sie mehr kann, und es macht ihr Spaß, zu lernen, zu organisieren. Doch von ihrem Lohn als Lehrerin kann sie alleine mit Kind nicht leben. Die Mieten sind zu teuer. So muß sie sich mit ihrer Mutter arrangieren, will aber möglichst wenig von ihrer neuen Lebenseinstellung abgeben. Doch sie tröstet sich: Es sind nur noch einige Jahre, bis es ihr besser gehen wird und ihr Sohn wird später Verständnis dafür haben. Für ihn macht sie das alles.
Von Männern hält sie im allgemeinen nicht viel. Der Machismo ärgert sie. Wie viele andere Frauen ihres Landes sieht sie, daß Frauen wesentlich stärker sind als die Männer, daß die Frauen die Stütze der Familie sind, während die Männer oft nur Nutznießer sind, die sich oft genug von ihren Frauen aushalten lassen, zu faul sind zum Arbeiten, zu labil, um Konflikte durchstehen zu können, keine Verantwortung für Frau und Kinder übernehmen wollen, oft genug Frau und Kinder verlassen, um mit einer jüngeren, hübscheren Frau zusammenzuleben. Die Compañeros sind da ihrer Meinung nach schon etwas bewußter. Da nimmt ihr schon mal einer auf einer Demo oder Versammlung ihren Sohn ab. Doch wenn die Compañeros sich auch nach außen einsichtig zeigen und von der Gleichberechtigung der Frau reden, im privaten Bereich sieht's dann eben doch anders aus. Auch von anderen Freundinnen weiß sie, wenn es an die eigene Betroffenheit und Bequemlichkeit geht, zeigt sich, wie tief der Machismo doch in vielen Männern noch steckt: Hausarbeit und Kinder sind nach wie vor alleinige Sache der Frau, und am liebsten ist es den Männern doch, so Lygia, wenn die eigene Frau nicht politisch aktiv ist, sondern als Heimchen am Herd wirkt.«

»Formamos el hombre nuevo, formamos la mujer nueva.« Den neuen Menschen schaffen, den neuen Mann, die neue Frau, das ist der Slogan der Entwicklungspolitik Nicaraguas. Weit mehr Frauen als Männer waren als Alphabetisatoren in der Alphabetisierungskampagne seit 1980 beteiligt, jedoch nur eine von 23 Lektionen des Alphabetisierungsbuches befaßt sich mit dem Thema »Frau«. Der Inhalt dieser

Lektion lautet: »Die Frau wurde immer ausgebeutet, die Revolution ermöglicht ihre Befreiung.« Wie und warum oder ergänzende Erläuterungen sucht man vergebens.
Wie aus der Rede von Tomás Borge, die ich anfangs zitierte, hervorgeht, ist der »machismo« für ihn eine Sache von Gewohnheiten, Vorurteilen und Gebräuchen, eine Ideologie, die es gilt, abzubauen, zu beseitigen, ein »Mentalitätsproblem«, Rest vorangegangener Zeiten.
Was heißt seine Forderung, die Frauen sollen revolutionär sein?
Das heißt für die Frauen, sie sollen möglichst viel außerhäusliche Arbeit verrichten, kostenlos, für die Revolution und vor allem zusätzlich zur Hausarbeit. Die Familie als Institution wird nicht in Frage gestellt. Der Muttertag wurde abgeschafft, als revolutionärer Akt, und gleichzeitig wieder eingeführt; es hieß: »Der 30. Mai wird zum Tag der Mütter erklärt in Erinnerung an ihre hervorragende Beteiligung am Kampf.«[5] Die Plakate zeigen eine Mutter mit drei Kleinkindern und geschultertem Gewehr. Kein Mann weit und breit! Und die Unterschrift: »Danke, Mutter, daß du unser Glück verteidigt hast.«[6] Sie hat also wieder einmal nicht für sich gekämpft, gelitten, sondern für die Kinder, für den Mann, für das Vaterland.
Und auch am Internationalen Frauentag, am 8. März 1982, wird ihr das von männlich-revolutionärer Seite übermittelt:
»Wir begrüßen sie, um ihnen zu sagen, daß sie heute tausendmal Mütter sind; weil sie die Geburt vollbracht haben, die dem Vaterland so viele Kinder gab, um es zu verteidigen und vom Unterdrückerjoch der Tyrannen zu befreien; weil sie mit dieser Geste an der geschichtlichen Geburt teilgenommen haben, als ihr Bauch sich zusammenzog, um die Sandinistische Volksrevolution zu gebären.«[7]
Noch deutlicher wird die Beteiligung der Frau in einem anderen Regierungsslogan: »Für die Zukunft ihrer Kinder machen die Frauen die Revolution!« Also nicht für sich haben die Frauen gekämpft. Die Männer werden als Helden der Revolution gefeiert, die Frauen als Mütter der Helden. Und diese Ideologisierung der Mutterschaft wird wohl auch die Zukunft prägen. Freie Bestimmung über ihre Gebärfähigkeit hat die Revolution ihnen nicht gebracht. Abtreibung ist nach wie vor offiziell verboten. Sowohl die offizielle Frauenorganisation AMNLAE als auch die FSLN stehen

der Abtreibung ablehnend gegenüber. In den Städten wird zwar in den Gesundheitszentren über Verhütungsmethoden informiert, die Pille ausgegeben, Spiralen eingesetzt, Sterilisationen durchgeführt. In den ländlichen Gebieten gibt es solche Gesundheitszentren für Frauen noch nicht.
Die Mutterschaft soll den Frauen schmackhaft gemacht werden; so schreibt die offizielle Frauenzeitschrift »Voz de la Mujer«:
»Die Schwangerschaft ist ein Grund, sich zu freuen. Die Geburt ein Jubel. Aber uns ängstigt, Babys zu sehen, die mit angeborenen Problemen geboren werden, die man vermeiden könnte. Bereite dich auf die Schwangerschaft vor, indem du alle Medikamente vermeidest. ... Ernähre dich gut, dich und dein Baby. ...
Organisiere dich mit anderen Müttern, um euch gegenseitig zu unterstützen.«[8]

Von Vätern ist dabei nicht die Rede!

Die Prostitution ist seit der Machtübernahme der FSLN verboten. Da den ehemaligen Prostituierten jedoch kaum andere Verdienstmöglichkeiten angeboten werden, wird das offizielle Verbot wenig ernst genommen. Verschiedene Aus- und Weiterbildungszentren sollen ehemaligen Prostituierten, aber auch anderen Frauen helfen, einen Schulabschluß oder eine Berufsausbildung nachzuholen. Die Kurse umfassen die Ausbildung als Näherin, Sekretärin und Erzieherin, also die traditionell typisch weiblichen Berufe, und verfestigen somit eher die traditionelle geschlechtliche Arbeitsteilung, als sie in irgendeiner Form aufzuheben.
Der materielle Kern der Frauenfrage, die Funktion der kapitalistisch-patriarchalischen Kleinfamilie und des daraus entstehenden »machismo« wird nicht transparent gemacht. Das Problem der Unbezahltheit der Hausarbeit wird sozialistisch gelöst, sie wird weiterhin von den Frauen getan, kostenlos, aus Liebe, und diesmal nicht nur aus Liebe zu den eigenen Kindern und zum Mann, sondern auch noch aus Liebe zum Aufbau eines neuen Vaterlandes, als Beitrag zur Revolution, zusätzlich zu den anderen Beiträgen wie Lohnarbeit und Mitarbeit in Gremien, Kampagnen, Milizen, Alphabetisierungsprogrammen etc.
Die geschlechtliche Arbeitsteilung wird nach der Revolution beibehalten, ja, teilweise sogar mit Gewalt wiederher-

gestellt. Der forcierte Industrialisierungsprozeß und damit die Schaffung männlicher Arbeitsplätze wird begleitet von einem Prozeß der Hausfrauisierung der Frauen und der Propagierung der Kleinfamilie. Die gesellschaftliche Arbeitsteilung, deren Basis die geschlechtliche Arbeitsteilung bildet, wird aufrechterhalten bzw. verstärkt. Die Trennung von Produktion = produktive Arbeit und Reproduktion = unproduktive Arbeit nach altbewährtem Muster der Industrieländer ist auch nach der Revolution Basis des Modells gesellschaftlicher Entwicklung geblieben. Die Frauen haben dabei die Verantwortung für den Reproduktionsbereich, was nicht heißt, daß sie nur für diesen Bereich verantwortlich wären, wie wir oben gesehen haben; das bedeutet aber, daß die Männer für diesen Bereich eben nicht verantwortlich sind. Das heißt nichts anderes, als daß Frauen die Doppelbelastung von Hausarbeit und außerhäuslicher Arbeit auch weiterhin, oft sogar in verstärktem Maße, tragen müssen. In Kuba war übrigens ein Großteil der Frauen nicht bereit, diese Doppelbelastung auf sich zu nehmen, sie blieben oder wurden Hausfrauen; so waren denn 1975 in Kuba lediglich 25 % der Lohnarbeiter weiblichen Geschlechts.
Frauenwiderstand in Lateinamerika beschränkt sich aber nicht auf Kuba und Nicaragua, sondern ist und war Teil aller Widerstände in der Geschichte dieses Kontinents. Es ist aber dieser Teil, der in den offiziellen Berichten, in Zeitungsartikeln und in der Geschichtsschreibung weitgehend verschwiegen wird.
Ich habe während meines dreijährigen Aufenthaltes in Peru mit Frauen in mehreren Slumgebieten in Arequipa, der zweitgrößten Stadt des Landes, vielfältige Erfahrung gemacht. Ich möchte diese Erfahrungen im folgenden als Grundlage nehmen, um einige Thesen zum Widerstand von Frauen in Lateinamerika aufzustellen.
Autonome Frauengruppen, wie sie hier in Europa und den USA seit Ende der 60er Jahre existieren, gibt es in Lateinamerika nur sehr wenige, wobei aber zu bemerken ist, daß ihre Zahl in den letzten Jahren ständig zugenommen hat. Meist rekrutieren sich diese Frauen im akademischen städtischen Mittelklassenmilieu. Innerhalb der verschiedenen Frauengruppen gibt es unterschiedliche Ideologien und Einschätzungen hinsichtlich der Postulate von Gemeinsamkeit, Gleichheit und persönlicher Befreiung, wobei unter Gleichheit normalerweise die Gleichstellung der Frau mit dem

Mann verstanden wird. Feministische Gruppen werden (nicht nur von rechts) angefeindet. Auch die Linke steht dem Feminismus sehr kritisch gegenüber.
Die Ablehnung der Linken geht soweit, daß der Begriff Feminismus bereits als Beleidigungs- und Schimpfwort gebraucht wird. Damit entfernt sich die peruanische Linke (und nicht nur die) von einem ihrer Altväter, dem Begründer der kommunistischen Partei Perus, José Carlos Mariátegui, der schon 1924 erkannte: »Man darf im Feminismus keine exotische Idee sehen, eine ausländische. Man muß sie einfach als eine menschliche Idee sehen.«[9]
Es ist jedoch schwierig, eine Trennung zu machen zwischen feministischen Kämpfen von Frauen und nicht-feministischen. Die Frauen der ärmeren städtischen Bevölkerungsschichten, mit denen ich zusammengearbeitet hatte, kämpfen in anderer Form als feministische Gruppen für ihre Interessen bzw. schlichtweg um ihre Existenz. Zunächst einmal werden die Kämpfe von Frauen und Männern gemeinsam geführt. Trotzdem ist zu beobachten, daß geschlechtsspezifische Unterschiede sowohl in Interessen als auch in den Kampfformen fast immer auftreten.
Wie C. v. Werlhof 1980 schreibt, verhalten sich die Frauen bei den Stadtteilkämpfen meist zunächst so, »... als gäbe es gar keine geschlechtlichen Ungleichheiten. Sie reden nicht über Gleichheit, sondern verhalten sich einfach als Gleiche. Sie fangen an zu tun, was sie für richtig halten, und es ist ihnen vollkommen gleichgültig, ob sie dabei gegen irgendwelche männlichen Ideologien oder Interessen ›verstoßen‹. Wer diese Gleichheit jedesmal infrage stellt, sind die Männer. Sie befürchten angesichts dieses eher menschlichen als ›weiblichen‹ Verhaltens der Frauen sofort, daß damit ihre Identität schon grundlegend und vielleicht für immer untergraben ist, während die Frauen an eine solche Möglichkeit gar nicht gedacht haben. Die Frauen haben die gemeinsame Sache, den Kampf als Klasse im Auge, nicht den Geschlechterkampf. Umgekehrt bei den Männern: sie behindern den gemeinsamen Klassenkampf, weil ihnen der Geschlechterkampf oft wichtiger ist, nämlich auch im Kampf ums Überleben noch die Frauen unter sich zu haben, selbst dann, wenn das diesen Kampf zusätzlich erschwert. Erst in diesem Moment der ›Irrationalität‹ (für die Frauen) fangen die Frauen an, die geschlechtliche Ungleichheit direkt in Frage zu stellen und an der ihnen aufgezwungenen zweiten Front auch

noch zu kämpfen, eben weil sonst überhaupt keine Aussicht auf einen Erfolg mehr besteht.«[10]

Ich habe während meines Aufenthaltes in Peru mit Frauen verschiedener sog. »Pueblos Jóvenes«[11] zusammengearbeitet. Anhand der Geschichte der Frauen des »Einzigen Frauenkomitees von La Victoria« – (auf die Bedeutung des Wortes »einzige« wird noch zurückzukommen sein) – möchte ich das oben Gesagte näher erläutern.

La Victoria ist ein ca. 20 Jahre altes Pueblo Jóven, in dem ca. 2000 Familien leben; es liegt rund drei Kilometer außerhalb vom Stadtkern Arequipas in der Lavasandwüste am Fuße des Vulkans Misti. Während der drei Jahre, die ich mich dort aufhielt, versuchte ich, mit einer Gruppe von 30 Frauen verschiedene kleine Produktionskooperativen aufzubauen.

Das »Comité Unico de Mujeres de La Victoria« entstand Ende 1979. Der Anlaß für die Gründung waren einerseits die vielen Gespräche, die ich mit diesen Frauen über die Organisation von Frauen geführt hatte, in denen klar wurde, daß die Frauen ein starkes Interesse hatten, aktiv an den Belangen ihres P. J. teilzunehmen, und andererseits aus einem aktuellen Anlaß, der die Frauen direkt betraf. Ein Busfahrer der Gesellschaft, die die Mikrobuslinie nach La Victoria betrieb, hatte ein Kind überfahren und sich anschließend geweigert, das Kind sofort ins Krankenhaus zu fahren. Stattdessen hat er seine reguläre Tour weitergefahren, und da es lange dauerte, bis man in der Nacht ein anderes Auto aufgetrieben hatte, starb das Kind an den Unfallfolgen. Seit langem schon hatten sich die Bewohner über das Busunternehmen beschwert, weil die Fahrer einfach an Haltestellen vorbeifuhren, wenn zu viele Schüler dort standen, die billigere Tarife bezahlen, oder den Arbeitern nicht den gesetzlichen Sondertarif gewährten. Auf Grund der Beschwerden der Bewohner hatte die Direktion des P. J. mehrere Eingaben an die Stadt geschickt, aber alle ohne Resultat. Der Tod des Kindes brachte dann das Faß der Duldsamkeit der Frauen zum Überlaufen, und sie begannen zu handeln. Sie verbarrikadierten über Nacht die Straße mit dicken Felsbrocken, so daß die Busse nicht mehr ins P. J. hinein konnten. Sicher war das zunächst eine sehr beschränkte Aktion, denn die Bewohner des P. J., die ein Taxi besaßen, mußten damit ja am Morgen das P. J. verlassen, und nach einigen Stunden war in der Steinbarrikade eine Durchfahrt,

auch für die Busse. Trotzdem, sie mußten sich durch die Steinbrocken schlängeln, die wie Mahnmale die Straße zierten. Aus dem Hinterhalt begannen die Frauen, die Mikrobusse mit Steinen zu beschießen, aber nur kurze Zeit, denn man merkte sehr schnell, daß man zu oft die eigenen Leute traf und dem Bus nicht sonderlich Schaden zufügte. Die Busfahrer hatten die Polizei verständigt; und wie eigentlich immer in solchen Fällen, wurden im Morgengrauen des folgenden Tages sämtliche gewesenen und noch im Amt befindlichen Führer des P.J. verhaftet und ins Gefängnis geschleppt. Die Frauen handelten sofort und gingen von Haus zu Haus, um die Bewohner zu einem Protestmarsch zum Gefängnis aufzurufen. Morgens um 8 Uhr marschierten ca. 600 Bewohner des P.J. in einem Zug mit Transparenten den Weg in die Stadt, bis vor das Gefängnis, angeführt von den Frauen. Sie hatten noch in der Nacht einen Rechtsanwalt um Hilfe gebeten, der dann auch vor dem Gefängnis erschienen war. Eine Stunde später waren die Männer aus dem Gefängnis entlassen und wurden im Triumphzug zurückbegleitet. Daraufhin gründeten die Frauen ihr »Einziges Frauenkomitee von La Victoria«.
Es ist wichtig zu sehen, daß die Frauen erst agierten und dann ihr Komitee gründeten, denn bei den Männern ist das meist umgekehrt, die gründen erst ein Komitee und dann handeln sie. Auch die Art, wie die Frauen handelten, war nicht so wie bei den Männern; es gab keinen Führer, sondern die ca. 15 Frauen machten alles zusammen, jede übernahm das, was sie am besten konnte: von Haus zu Haus gehen, Banderolen kleben und malen oder den Kontakt mit dem Rechtsanwalt aufnehmen. Daß sie dann doch nach männlichem Muster eine Präsidentin, eine Schriftführerin und einen Kassenwart wählten, als sie das Komitee gründeten, war eher ein Zugeständnis an die Forderungen des Zentralkomitees des P.J., sprich: an die Männer, als daß es ihrer Organisation entsprach. Auch der Name des Komitees hat seine eigene Geschichte. Die Frauen wollten zunächst sich lediglich »Frauenkomitee von La Victoria« nennen. Die Männer der Leitung des P.J. hatten jedoch sehr schnell die Macht dieses Frauenkomitees erkannt und ihre eigenen Frauen überredet, ebenfalls ein Frauenkomitee zu gründen, um die Frauen des P.J. zumindest zu spalten. Die Frauen reagierten sofort, als sie das hörten, und nannten sich nun »Einziges Frauenkomitee von La Victoria« und luden die

Frauen der Führer öffentlich ein beizutreten, womit sie eine zweite Organisation verhinderten. Lange Kämpfe gab es dann mit der Direktion um das Wort »Frauen« (mujeres). Die Direktion schlug ihnen vor, sich »Comité de madres de familia« (Familienmütter-Komitee) zu nennen; das lehnten die Frauen ab mit der Begründung, daß auch Frauen dabei seien, die keine Kinder hätten und somit der Begriff nicht korrekt sei. Daraufhin schlug die Direktion den Frauen vor, sich »Comité de damas« (Damenkomitee) zu nennen. Das wiederum fanden die Frauen geradezu grotesk, denn sie waren zuvor ja auch nie vom Direktorium wie Damen behandelt worden. Eine der Frauen sagte: »Das würde den Männern so passen, uns als Damen abzustempeln. Hat euch schon einmal ein Mann die schweren Säcke getragen, wenn ihr auf den Markt geht, oder hat sich schon einmal ein Mann eure Manta umgebunden? Hat euch schon einmal ein Mann im Bus einen Sitzplatz angeboten? Oder hat euch schon einmal ein Mann auf Händen getragen, wie man das für Damen alles macht? Sicher nicht! Aber da die Männer uns nicht wie Damen behandeln, sind wir auch keine Damen. Wir sind Frauen, einfach nur Frauen, sonst nichts. Die wollen nur, daß wir uns Damen nennen, damit wir nicht aktiv werden. Dann sagen sie uns jedesmal, wenn wir irgend etwas machen: ›eine Dame tut dies oder das nicht‹. Die Männer haben nicht verstanden, worum es uns geht, aber das werden sie dann jetzt merken, die werden noch merken, daß wir keine Damen sind.« (Silvia)
Dem »Comité Unico de Mujeres de La Victoria« gehörten innerhalb kürzester Zeit über 200 Frauen an als eingeschriebene Mitglieder. Die Frauen gingen zusammen, immer in Gruppen von 5 bis 10 Frauen, zu den Behörden und brachten ihre Beschwerden gegen den Busunternehmer vor. Sie erreichten, daß der Busunternehmer zwei neue Busse einsetzte und den Fahrer, der das Kind überfahren hatte, auswechselte. Sicher war das nicht das, was sie sich als Ziel gesetzt hatten, nämlich, daß die Buslinie einem anderen Busunternehmen gegeben würde, aber trotzdem hatten sie innerhalb einiger Wochen mehr erreicht als die Direktion des P. J. mit ihren jahrelangen Eingaben. Und das war es dann auch, was die Männer schnell merkten: das Komitee der Frauen war für sie eine ernsthafte Gefahr, denn durch die Aktivitäten der Frauen wurde ihre Arbeit, ihre Wichtigkeit in Frage gestellt. Schon bald nach der Gründung des Komi-

tees wurden von den Männern die wildesten Gerüchte in Umlauf gebracht. Dauernd sollten einige der Frauen mit anderen Männern irgendwo gesehen worden sein. In die Versammlungen kamen immer weniger Frauen, den meisten hatten die Ehemänner die Teilnahme verboten. Zwei Monate nach der Gründung des Komitees veranstalteten die Frauen ein großes Fest. Jede bereitete ein Gericht zum Essen vor, aus den großen Schüsseln wurde dann das jeweilige Menü verkauft. Mais mit Käse, Kartoffeln nach Art von Huancayo, gefüllte Paprika, gebratener Fisch, gerösteter Mais usw. Dazu brauten sie aus violettem Mais einen riesigen Tontopf voll Chicha. Außerdem gab es von einem Plattenspieler laute Musik zum Tanzen. Viele Bewohner des P.J. kamen, um teilzunehmen. So gegen sieben Uhr abends hatten die Frauen fast alles verkauft, und das bedeutete, daß das Fest trotz der vielen Arbeit ein Gewinn für die Kasse des Komitees war. Die Frauen waren überglücklich, und als einige Männer kamen und die Frauen zum Tanzen aufforderten, tanzten die Frauen ausgelassen und lachend, obwohl ihnen die Füße vom langen Stehen den ganzen Tag durch schmerzten. So gegen zehn Uhr wurde alles abgebaut und nach Hause getragen und man war sich einig: es war ein gelungenes Fest. Die 2500 Soles Gewinn gingen in die Gemeinschaftskasse, damit wollten die Frauen ein Kinderfest für die Kinder des P.J. mit Schokolade und Kuchen veranstalten zu kommenden Weihnachten.
Am nächsten Tag gingen die Gerüchte erst richtig los. Jeder konnte erfahren, daß die Frauen des Komitees mitten in der Nacht mit fremden Männern auf dem Dorfplatz getanzt hätten. Diese Geschichte wurde immer weiter ausgemalt, und zum Schluß war jedem klar: diese Frauen waren Huren. Die Männer der Frauen wurden beschimpft, als »Schwächlinge«, »Pantoffelhelden« und »Schwule«, weil sie ihren Frauen gestatteten, sich im Komitee zu versammeln. Das gab dann in allen Familien Krach. Die Männer beschuldigten die Frauen, das Komitee nur gegründet zu haben, um sich unter seinem Deckmäntelchen mit anderen Männern zu amüsieren. Die Frauen verstanden die Angriffe der Männer nicht, denn auch bei anderen Dorffesten hatten sie mit anderen Männern getanzt, auf demselben Platz und zur selben Stunde. Sie versuchten, sich zu verteidigen und zu argumentieren, aber in den meisten Fällen lief es darauf hinaus, daß ihnen von den Männern die Teilnahme am Komitee unter-

sagt wurde. Ein harter Kern von ca. 10 Frauen blieb übrig und nahm den Kampf wieder auf, diesmal gegen die Mißstände in der Schule. Sie wollten dafür kämpfen, daß die Lehrer pünktlich zum Unterricht kamen und die angesetzten Schulstunden auch einhielten, denn einige der Lehrer, die alle aus der Stadt kamen, erschienen oft ein bis zwei Stunden später zum Unterricht oder gaben den Kindern morgens Aufgaben und ließen sie dann ohne Aufsicht für Stunden allein. Die zehn Frauen wurden öffentlich auf der Straße beschimpft, ihnen wurde Vergewaltigung angedroht, ihre Grundstücke wurden des Nachts mit Steinen beworfen, und ihre Kinder wurden in der Schule ausgelacht, verprügelt und gehänselt. Aber trotz aller Angriffe seitens der Männer war bei den Frauen, auch bei denen, die nicht mehr teilnehmen konnten, etwas verändert worden. Die Erfahrung des gemeinsamen Kampfes war etwas ganz Wesentliches für sie gewesen, sie hatten die männlichen Führer aus dem Gefängnis geholt, und das gab jeder einzelnen ein Gefühl der Stärke. Viele fingen an, sich für Dinge zu interessieren, die sie vorher nicht beachtet hatten. Sie fingen an, Zeitungen zu lesen, sich nach den Parteien zu erkundigen und ihre Männer auszufragen.

Die Frauen hatten in keiner Phase daran gedacht, gegen die Männer zu kämpfen. Die Männer machten ihnen jedoch von Anfang an Schwierigkeiten, der Geschlechterkampf wurde von den Männern geführt, nicht von den Frauen. Die Männer hatten Angst um ihre Macht: Alle gemeinsam, daß die Frauen ihnen die Macht im Pueblo Jóven streitig machen könnten, und jeder einzelne, daß seine Frau seine private Macht über sie bedrohte, die Kontrolle über das weibliche Arbeitsvermögen. Daher mußte das Frauenkomitee zerstört werden, und es wurde bis auf wenige Frauen zerstört. Vielleicht werden sich die Frauen zu einem anderen Anlaß wieder organisieren.

In vielen Pueblos Jóvenes gibt es ähnliche Kämpfe. Frauen kämpfen überall auf der Welt und haben es immer getan; Frauenwiderstand ist nicht eine Erfindung unserer Zeit, sondern zieht sich durch die ganze Geschichte. Man kann den Frauenwiderstand jedoch nicht abtrennen von anderen Formen des Widerstandes, denn Klassen- und Geschlechterkampf sind nicht trennbar. »Wenn der eine gebremst wird, kommt auch der andere zum Stillstand.«[12]

Ich möchte Nelli sprechen lassen, eine Frau, die Leiterin eines Pueblo Jóven in Lima, der Hauptstadt Perus, ist:

»Das Problem, das wir wirklich als wichtig ansehen, mit dem wir Frauen zu kämpfen haben, um uns zu organisieren, ist das Problem des Machismo. Wir haben das bei vielen Gelegenheiten diskutiert mit den Genossen. Wir sagten ihnen, sie müßten die Frau als soziales Wesen anerkennen und aktiv an den Kämpfen teilnehmen lassen. Wir stellen fest, daß aus dem Zusammenleben *zweier* Personen Kinder geboren werden, und darum sind auch beide verantwortlich dafür und fähig, eine bessere Zukunft für diese Kinder zu suchen. Aber es scheint, als ob die Genossen das nicht zur Kenntnis nehmen. Sie denken, daß die Frau nur ein Haushaltsgegenstand ist oder eine Person, die nur die Kinder produziert und reproduziert, aber sie sehen sie nicht als Frau, als Genossin, sondern sie sehen sie nur als jemanden, die das Bett wärmt, das Essen warm hält und auf die Kinder aufpaßt. Sie sehen überhaupt nicht klar, wie ich wiederhole, daß es beider Aufgabe ist, die Hausarbeit zu übernehmen.

Der Mann bringt der Frau nur seinen Lohn, und die Frau muß schauen, wie sie damit zurechtkommt. Das führt dazu, daß der Mann oft die realen Probleme seiner Frau im Hause ignoriert. Der Lohn ist so gering und die Frau muß davon Lebensmittel kaufen, Medizin, wenn die Kinder krank sind, und auch für die Schule braucht man viele Sachen. Darum ist es auch ein großes Problem, unsere Kinder in den Barriadas in die Schule zu schicken. Die Uniformen kosten sehr viel, die Schulhefte sind sehr teuer, das ist ein Problem, dem die Frauen als Mütter gegenüberstehen, weil die Genossen sich kaum darum kümmern, und sie gehen morgens arbeiten und kommen nachts heim und sagen: ich bin kaputt, ich kann nicht mehr. Deswegen ist dann letztlich die Frau verantwortlich, die Probleme zu lösen.

Sie muß dann allein alle die Probleme, die das Heim betreffen, lösen, auch mit allen Unfähigkeiten, die sie hat.

Ich wiederhole mit Nachdruck, nochmals, am schwersten wiegt der Machismo unserer Genossen, die die Frau nicht als Frau in ihrem Konzept ansehen, nicht als Frau, nicht als Mutter, nicht als Genossin, sondern der Mann für die Straße und die Frau ins Haus, sagen sie. Sie sagen, die Frau braucht nicht teilzunehmen, denn die Probleme betreffen nur die Männer. Die Teilnahme der Frauen ist ein politisches Problem für sie, denn wenn die Frauen sich versammeln, dann sagen die Männer, sie versammeln sich nur, um sich über die Männer lächerlich zu machen und nicht, um etwas Vernünftiges zu tun, denn die Männer sagen verächtlich: was können Frauen schon machen?

Wirklich, alle Frauen haben den Ärger, daß die Männer ihnen verbieten, teilzunehmen oder nur bei der Organisation zu helfen. Sogar als wir Alphabetisierungskurse machten, fragten wir die Genossen, ob ihre Frauen die Kurse mitmachen könnten, und sie antworteten: ›Aber sie ist ja schon zu alt! Meine Kinder gehen zur Schule und sie werden es ihrer Mutter schon beibringen.‹ Da merkten wir, daß sie der Frau keine Bedeutung beimessen, denn wenn die Frauen gleichviel Rechte hätten, hätten sie auch, obwohl sie alt sind, das Recht, Lesen und Schreiben zu können. Wir sehen, daß das ein schwieriges Problem ist und davon profitieren vor allem die rechten Parteien.«[13]

»Wir glauben, daß die Frau das Recht hat teilzunehmen, denn wir glauben, daß die Politik soweit geht, daß selbst die Luft, die wir einatmen, politisch ist. Wir glauben, daß die Frau als soziales Wesen volles Recht hat, in die Kämpfe einzugreifen. Und es ist eine Kraft mehr; denn wenn die Frauen organisiert sind, sind sie fähig, *alle* Schranken niederzureißen.«[14]

Zum Schluß möchte ich nochmals auf die einleitenden Zitate von Fidel Castro und Tomás Borge eingehen; auf ihre Forderung, die Frauen müßten doppelt oder sogar dreidimensional revolutionär sein, d. h. es wird eine Trennung gemacht zwischen ihrer Ausbeutung durch den Imperialismus, ihrer Ausbeutung als Angehörige der arbeitenden Klasse und der Ausbeutung, die sie als Frauen erfahren, so, als seien dies drei verschiedene Ausbeutungsformen, so, als seien imperialistische, kapitalistische und geschlechtliche Herrschaft voneinander trennbar.

Diese Trennung ist typisch für die gesamte lateinamerikanische Linke. Damit sollen die Frauen nicht nur auf ein diffuses »Später« vertröstet werden; vielmehr wird den Frauen vorgeworfen, daß die mit ihrem Kampf verbundenen Forderungen die Revolution behindern würden. Aber antiimpe-

rialistischer Kampf hat genauso etwas mit Klassenkampf zu tun wie der Geschlechterkampf mit beiden; alle drei finden gleichzeitig statt und sind nicht voneinander trennbar. Dabei haben Frauen es in ihren Kämpfen, wie wir gesehen haben, besonders schwer; aufgrund ihres Geschlechts wird ihr Klassennachteil verdoppelt, während dieser sich für die Männer eben dadurch reduziert.
Der Machismo in Lateinamerika ist nicht zuletzt ein Instrument, welches der Imperialismus benutzt, um die Spaltung innerhalb der ausgebeuteten Klassen zu verstärken und eine Harmonisierung zwischen den Herrschenden und einem Teil der Ausgebeuteten zu erreichen; denn der durch den Machismo geschürte Geschlechterkampf schwächt den gemeinsamen Befreiungskampf entscheidend, was ich versucht habe, an einigen Beispielen zu zeigen.
Es geht also nicht darum, daß die Frauen doppelt oder gar dreifach revolutionär sein müßten, sondern darum, daß man von Revolution erst reden kann, wenn alle die zusammenhängenden Ausbeutungsmechanismen in den gemeinsamen Kampf einbezogen werden, eben so, wie die Frauen es bislang versuchen zu tun. Die Männer sollten aufhören, sie permanent daran zu hindern; erst das wäre für die Männer ein Schritt, wirklich revolutionär zu werden.

Anmerkungen

1 Fidel Castro: Una revolución dentro de otra revolución. In: Ders. et al.: La mujer en la revolución. Lima 1972. (Übersetzung d. V.)
2 Gemäß Lateinamerika-Nachrichten (Berlin), Nr. 109/110, Jg. 10 (Dezember 1982), S. 4.
3 Ebda., S. 36.
4 Ebda., S. 30f.
5 Ebda., S. 43.
6 Ebda.
7 Ebda., S. 45.
8 Aus: Voz de la Mujer. Nicaraguanische Frauenzeitung, zit. ebda., S. 40.
9 El Marxismo, Mariátegui y el Movimiento Femenino. Hrsg. von Movimiento Femenino Popular, Lima 1975. (Übersetzung d. V.)
10 Claudia von Werlhof: »Vereint wie eine Schar wütender Adler ...«. Frauenkämpfe und Machismo in Lateinamerika. In: Beiträge zur feministischen Theorie und Praxis 3, München 1980, S. 33f.

11 »Pueblos Jóvenes« = junge Dörfer; peruanische Ausdruck für die Slumgebiete in und um den Städten.
12 v. Werlhof, S. 26.
13 Presencia de la Mujer en las Barriadas. Hrsg. von CIED (Centro de Información Estudios y Documentación). Lima 1980. S. 86f. (Übersetzung d. V.)
14 Ebda., S. 97.

ROMAN BERGER

Zentralamerika: die selbstgebaute Falle der USA

»Wenn die Sturmflut der Revolution ihren Lauf nehmen kann, wird sie alsbald in institutionellen Kanälen gebändigt. Wenn aber die Interventionisten sie aufhalten, wird sie die Vereinigten Staaten noch über Jahrzehnte in Angst und Schrecken versetzen.«
Carlos Fuentes,
mexikanischer Schriftsteller und ehemaliger Diplomat.

Präsident Ronald Reagan kam im Frühjahr 1981 an die Regierung in der festen Überzeugung, die USA müßten nach einer Periode der Schwäche und des Zögerns der Welt wieder ihr Durchsetzungsvermögen unter Beweis stellen. In Zentralamerika und der Karibik, der traditionellen Einflußsphäre der USA, müsse sich das »neue, wieder erstarkte Amerika« zuerst bewähren. Denn hier zeigten sich in den Augen der neuen Regierung die Folgen der einschläfernden Entspannungspolitik am deutlichsten, wie sie von Reagans Vorgängern, Nixon, Ford und vor allem von Jimmy Carter betrieben worden sei.

Jimmy Carters Strategie der Anpassung

Für Präsident Carter hatte sich die Fortsetzung einer ausgeprägten Entspannungspolitik im Interesse der USA geradezu aufgedrängt. Vietnamdebakel, Dollarkrise, Erdölschock und Watergateskandal hatten die USA im Innern und nach außen geschwächt – die Vereinigten Staaten sollten sich deshalb vermehrt auf ihre westlichen Partner (Europa und Japan) abstützen und sich anderseits die neuen, aufstrebenden Mittelmächte in der Dritten Welt (Schwellenländer) als Juniorpartner sichern. Die Dritte Welt mußte zu diesem Zweck so weit als möglich aus dem Ost-West-Spannungsfeld herausgenommen und so dem Einflußbereich der Sowjetunion entzogen werden, die ein viel zu großes politisches Gewicht erhalten hatte, gerade weil die USA während des Kalten Krieges ihre ganze Außenpolitik so stark auf Moskau ausgerichtet hatten. Anstatt im Ost-West-Konflikt festzufahren, sei nun den Problemen des Nord-Süd-Komplexes mehr Aufmerksamkeit zu schenken.

Um das angeschlagene Ansehen der USA in der Dritten Welt wieder aufzubessern, so überlegten Carters Berater, müsse Washington bereit sein, neben den herkömmlichen Sicherheits- und Wirtschaftsinteressen auch moralische Werte (Menschenrechte) in der Formulierung seiner Außenpolitik zu berücksichtigen. Die USA hätten es zum Beispiel nicht mehr nötig, rechtsextreme Diktaturen zu unterstützen, nur weil sie antikommunistisch seien, und könnten es sich erlauben, in ihrem Einflußbereich auch Regierungen mit anderer ideologischer Ausrichtung (Kuba, Jamaica unter Michael Manley) zu tolerieren. Man müsse sich auf die Seite des Wandels stellen, wenn man selber auf den Wandel in der Dritten Welt Einfluß nehmen wolle. In einer sich verändernden Welt, so kann man Carters Weltbild zusammenfassen, müssen die USA ihre gleichgebliebenen wirtschaftlichen und sicherheitspolitischen Interessen mit einer angepaßten Strategie verteidigen.

Ronald Reagans Politik der Wiederbehauptung

Carter hatte diese Politik nur in einer ersten Phase seiner Amtszeit und auch damals nicht konsequent durchgeführt. In den Augen Ronald Reagans gilt nun aber diese Anpassungsstrategie als wichtigster Grund dafür, warum sich die USA vor aller Welt lächerlich gemacht haben. Unter Carters Präsidentschaft wurde der Panama-Kanal »verschenkt«, marschierten die Sowjets in Afghanistan ein, gingen Iran und Nicaragua »verloren« und begann ganz Zentralamerika zu beben. Anstatt die Sowjetunion zu »isolie-

ren«, habe man Moskau geradezu eingeladen, überall auf der Welt aggressiv vorzuprellen. Nationale Befreiungsbewegungen, wirtschaftliche und soziale Konflikte sind in Reagans Weltsicht nur Pseudofronten, hinter denen sich letztlich die Sowjets und ihre Stellvertreter versteckten. Die einzige Realität sei der alles überspannende Ost-West-Konflikt, die Gefahr der »kommunistischen Weltrevolution«. Die Krise in der amerikanischen Außenpolitik hat aus dieser Warte nichts mit den sich verändernden Bedingungen in der Welt zu tun, sondern ist allein auf den mangelnden Willen der USA zurückzuführen, der »kommunistischen Expansion« Einhalt zu gebieten. »Die Vereinigten Staaten ernten nur, was sie in zwei Jahrzehnten der Nachlässigkeit, Kurzsichtigkeit und des Selbstbetrugs gesät haben«, heißt es im Dokument von Santa Fé, einer für die Regierung Reagan verfaßten Analyse konservativer Politologen. Begonnen habe dieser Schwächezustand mit dem Vietnam-Krieg, der nur deshalb in einer schmachvollen Niederlage geendet habe, weil es den US-Regierungen und einer von den Medien irregeführten öffentlichen Meinung am Willen zum Sieg gefehlt habe. Mit der Wahl Ronald Reagans hätten die USA nun aber das Vietnam-Syndrom überwunden. Zentralamerika ist für das konservative Amerika zu einer Art »Gegen-Vietnam« geworden, hier gelte es den neuen Willen zur »Wiederbehauptung« unter Beweis zu stellen.
Für die USA gibt es zwar wirtschaftlich und strategisch wichtigere Regionen in der Welt. Aber Zentralamerika und die Karibik gehören zum ältesten Einflußgebiet. Wenn es den USA hier, in ihrem eigenen »Hinterhof« (von Reagan zum »Vorgarten« umbenannt) nicht gelinge, ihren Willen durchzusetzen, sei ihre Glaubwürdigkeit weltweit in Frage gestellt. Im Gegensatz zum fernen Vietnam ist nun Mittelamerika »Heimterrain«, und dieses »Heimspiel« muß unter allen Umständen gewonnen werden. In einer programmatischen Rede zu Zentralamerika erklärte im September 1982 der Unterstaatssekretär für Politik im Verteidigungsministerium, Fred Iklé: »Wir denken nicht daran, militärische Niederlagen unserer Verbündeten in Kauf zu nehmen. Wir sind auch nicht an einem militärischen Patt interessiert. Wir sind allein an einem Sieg der Kräfte der Demokratie interessiert.«

Die Interessen der USA: Widerspruch zwischen Rhetorik und Realität

Was sind nun die konkreten Interessen der USA in Zentralamerika und in welchem Maß sind sie gefährdet? Zwischen 1973 und 1982 sind die Direktinvestitionen der USA in Mittelamerika und der Karibik nominell von 1,5 auf 4,4 Milliarden Dollar angestiegen. Das entspricht nur einem Zehntel der gesamten US-Auslandsinvestitionen. Auf der anderen Seite beziehen die Länder der Region 40 Prozent ihrer Importe aus den USA und exportieren gleichzeitig 60 Prozent ihrer Güter in die USA. Aus nordamerikanischer Sicht sind also die Wirtschaftsinteressen relativ gering. Die Länder Zentralamerikas und der Karibik hingegen sind von den USA wirtschaftlich abhängig. Normale wirtschaftliche und politische Beziehungen mit den USA sind für sie lebensnotwendig.

Auf den Karten des US-Außenministeriums und des Pentagons gilt das »Karibikbecken« (Zentralamerika und die Karibikinseln) als strategisch wichtiges Vorgelände. Obwohl die Länder dieser Region einen historisch und kulturell verschiedenen Hintergrund haben, bilden sie aus der strategischen Optik der USA eine Einheit. Durch den Panama-Kanal und den Golf von Mexiko passieren mehr als die Hälfte der importierten strategisch wichtigen Metalle sowie zwei Drittel des aus dem Nahen Osten, Venezuela und Alaska eingeführten Öls. Nachschubwege von den USA nach Europa führen ebenfalls durch den Golf und die Karibik. Auch amerikanische Militärexperten geben zu, daß diese Transport- und Verbindungswege angesichts der überragenden militärischen Überlegenheit der USA in dieser Region von einem Gegner nur gestört, nicht aber entscheidend gefährdet werden könnten. Erst ein lange dauernder, weltweit und mit konventionellen Waffen geführter Krieg vermöchte die »vital sealanes« der USA wirklich zu beeinträchtigen. Und auch dieses Szenario würde voraussetzen, daß die Sowjetunion von mehreren Stützpunkten aus in der Region selber operieren könnte und bereit wäre, die enormen Kosten für solche Störaktionen auf dem strategischen »Heimterrain« der USA zu bezahlen. Moskau, das bereits Kuba mit schätzungsweise drei Milliarden Dollar im Jahr über Wasser halten muß, ist laut Sowjetexperten weder materiell im-

stande noch strategisch daran interessiert, in Zentralamerika weitere Kubas zu finanzieren.
Zwischen den selbst geschaffenen Prestige-Interessen, wie sie im rhetorischen Zentralamerika-Einsatz der Administration formuliert werden, und den objektiv vorhandenen Wirtschafts- und Sicherheitsinteressen der USA besteht zweifellos eine Diskrepanz. Wenn für die USA tatsächlich so vitale Interessen in Zentralamerika auf dem Spiele stehen, so fragen sich zum Beispiel ungeduldige Anhänger von Reagans Politik, warum haben die USA nicht schon lange mit eigenen Truppen massiv interveniert?

Die Invasion Grenadas: Zentralamerika im Visier

Amerikanische Truppen intervenierten Ende Oktober 1983. Die Intervention erfolgte aber nicht dort, wo nach Ansicht Reagans dem »kommunistischen Vorstoß« der Riegel vorgeschoben werden muß (El Salvador), oder wo die »faulen Äpfel« liegen, die mit ihrem Keim der Revolution die ganze Region verseuchen (Nicaragua und Kuba), sondern auf der kleinen Karibikinsel *Grenada*.
Die Sicherheit der 400 US-Studenten auf Grenada sei gefährdet gewesen und man habe einem Hilfegesuch der ostkaribischen Staatenvereinigung, nach blutigen Machtkämpfen auf Grenada wieder Ordnung zu schaffen, Folge geleistet. So versuchte die amerikanische Regierung die Invasion zu rechtfertigen. Und nachdem die Invasionstruppen nach ihrer Landung auf unerwartet großen Widerstand der beim Ausbau des Flugplatzes beschäftigten kubanischen Bauarbeiter gestoßen waren, behauptete die US-Regierung, man sei gerade noch zur rechten Zeit gekommen, um Fidel Castro daran zu hindern, die Insel zu einer Festung auszubauen.
In einem Kommentar hielt die »New York Times« einzig das Kuba-Argument als diskussionswürdig und meinte dazu: »Es ist keineswegs sicher, daß die Kubaner und die Waffen, die man auf Grenada dann schließlich zählte, für die USA eine Gefahr bedeuteten ... kubanische Bemühungen, den ›Export des Terrors‹ zu fördern, wären sicher ein ausreichender Grund für eine energische Reaktion. Eine Großmacht, die nicht nur um ihrer Macht, sondern auch um ihrer

Werte willen geachtet werden möchte, nähme ihren ganzen diplomatischen und wirtschaftlichen Apparat zu Hilfe, um der Drohung zu begegnen. Sie sähe die Gewalt als das verzweifelte letzte Mittel an. Und sie brächte Beweise für die Berechtigung ihrer militärischen Aktion bei, statt sich hinter durchsichtigen Vorwänden zu verbergen.«

Maurice Bishop hatte 1979 auf Grenada Blockfreiheit und Sozialismus ausgerufen, nachdem der Diktator Eric Gairy gestürzt worden war. Ökonomisch folgte Grenada einem Mittelweg, der dem Privateigentum viel freien Raum ließ. Im März 1981 hatte Bishop in einem Brief an Präsident Reagan eine Sicherheitsgarantie für alle US-Bürger auf Grenada gegeben und gleichzeitig um gute Beziehungen mit den USA geradezu gebeten. Er erinnerte an frühere Bitten um Gespräche über Wirtschaftshilfe. Bishops Schreiben wurde aber nie beantwortet. Weil sich Reagan verweigerte, war Grenada gezwungen, mit der anderen Seite, Kuba und der Sowjetunion enger zusammenzuarbeiten. Für Washington war das Szenario »Grenada« aber wohl bereits 1981 geschrieben. Im Herbst desselben Jahres übte die »Caribbean Task Force« der USA bei den Manövern »Ocean Venture« in der Nähe der Insel Puerto Rico die Besetzung des fiktiven Inselstaates »Amber and the Amberdines«, eines – so lautete die Lagebeschreibung – »Feindes im ostkaribischen Meer«. Ziel der Manöverübung war die »Installierung einer Regierung, die unserem ›way of life‹ zuneigt« – im Unterschied zu der vorherigen »feindseligen« des Staates »Amber«.

Grenadas Invasion, so schrieb der Reagans Philosophie nahestehende Kolumnist William Safire, sei »eine militärisch und diplomatisch gut vorbereitete Aktion in einem kleinen, begrenzten Raum mit einem klaren Auftrag« gewesen. Grenada war – wie man im Strategen-Jargon sagt, ein »surgical strike«, ein begrenzter chirurgischer Eingriff, der einen sicheren, raschen Erfolg ohne viel Blutvergießen versprach. Die Invasion wurde von der Mehrheit der amerikanischen Bevölkerung prompt als »Erfolgserlebnis« empfunden und – im Gegensatz zur Meinung in der übrigen Welt – begrüßt. In den Augen der Regierung Reagan war Grenada auch nur als stellvertretende Aktion gedacht. Washington hatte mit Grenada die ganze Region im Visier, die Karibik und Zentralamerika, wo ihr der erhoffte leichte und rasche »Heimsieg« bisher versagt geblieben war.

Nicaragua: Eine politische Niederlage soll rückgängig gemacht werden

Seit Präsident Kennedys »Allianz für den Fortschritt« versuchten die amerikanischen Regierungen mit unterschiedlichem Engagement über eine Kombination von Wirtschafts- und Militärhilfe in Lateinamerika ein »zweites Kuba« zu verhindern. Der immer mehr Kräfte absorbierende Vietnamkrieg ließ die wirtschaftliche Komponente der »Allianz« schon unter Präsident Johnson verkümmern. Die Militärhilfe jedoch wurde beibehalten. Hunderte von Offizieren, ein Großteil der heutigen militärischen Führungsschicht in Lateinamerika, haben die amerikanischen Militärschulen in Panama oder in den USA besucht. Dabei wurde diese Elite nicht nur in der taktischen Guerillabekämpfung und Massenaufstandskontrolle geschult. Neben der Technik und den Waffen wurde auch das gesellschaftlich ideologische Weltbild der USA mitgegeben in der Hoffnung, die Militärs könnten in Lateinamerika beim Aufbau der »modernen Gesellschaft« als stabilisierende »nation builders« funktionieren und autonome Alternativen zur Abhängigkeit von den USA verhindern.
Dieser Grundpfeiler in der politisch-militärischen Strategie gegenüber Lateinamerika wurde 1979 mit der Niederlage von Somozas Nationalgarde in Nicaragua erschüttert. Bezeichnend für den schweren Schlag war die Art und Weise, wie die USA trotz der aussichtslosen Lage ihres jahrzehntelangen Verbündeten, des Somoza-Clans, den Schaden zu kontrollieren versuchten. Nachdem Präsident Carter sich vergeblich bemüht hatte, Anastasio Somoza zu Kompromissen und Verhandlungen zu bewegen, hoffte er, daß die bürgerliche Opposition in Nicaragua wenigstens einen totalen Sieg der Sandinisten verhindere. Und kurz vor dem Fall der Diktatur war es die Nationalgarde, die man in Washington intakt zu halten und in eine Nach-Somoza-Zeit hinüberzuretten versuchte.
Heute fehlen den USA in Nicaragua eine Armee oder wenigstens US-freundliche Offiziere, die man – wie 1973 gegen Präsident Allende in Chile – als destabilisierende Elemente im Innern des Landes gegen die Sandinisten-Regierung einsetzen könnte. Statt dessen müssen sich die USA auf geflohene ehemalige Offiziere der verruchten Nationalgarde stützen, denen es mit massiver Hilfe der CIA wohl gelungen

ist, eine Armee von Konterrevolutionären zu organisieren. Aber weder die aus Honduras operierenden Contras der FDN noch die von Costa Rica aus angreifenden Anhänger des abtrünnigen Sandinisten Eden Pastoras (ARDE) vermochten bislang im Lande selber Fuß zu fassen und die Stabilität der Regierung ernsthaft zu gefährden.
Wie beim Sturz Allendes hat die US-Regierung nun auch gegenüber Nicaragua das ganze übrige Instrumentarium offener und verdeckter Destabilisierungsmaßnahmen eingesetzt. Über Handels- und Kreditboykotte soll das Land wirtschaftlich erdrosselt werden. Auf Regierungen und Institutionen, die ihre Hilfe an Nicaragua fortsetzen, wird politischer Druck ausgeübt. Mit Falschmeldungen und Greuelgeschichten über Zustände in Nicaragua wird eine Desinformation betrieben. Während Monaten wurde aus Washington die Behauptung aufrechterhalten, die Guerilla in El Salvador erhalte ihre Waffen aus Nicaragua, obwohl dies im behaupteten Ausmaß nie glaubwürdig bewiesen werden konnte. Im Frühjahr verminte die CIA Nicaraguas Häfen, eine Aktion, die dem Land schweren wirtschaftlichen Schaden zufügte, aber auch die US-Regierung weltweit diskriminierte. Präsident Reagan und seine Mitarbeiter qualifizieren die Sandinisten konstant als »totalitär – marxistisch – leninistisch«. Das sind Etiketten, mit denen sogar die bürgerliche Opposition in Nicaragua selber nicht einverstanden ist, die aber Nicaragua in den USA und weltweit als sowjetischen Satelliten abstempeln sollen. Das Fehlverhalten der Sandinisten gegenüber der Minderheit der Miskito-Indianer, eine harsche Zensur der Oppositionszeitung »La Prensa« sowie Konflikte zwischen der Hierarchie der katholischen Kirche und den Sandinisten boten der US-Regierung für ihre Kampagne allerdings willkommene Munition. Doch schon in der im Sommer 1980 verfaßten Wahlplattform der Republikanischen Partei, also nur ein Jahr nach dem Sturz Somozas, als die politische Situation in Nicaragua noch viel offener war, war das Urteil über die »marxistische Machtübernahme der Sandinisten« gesprochen. In Nicaragua soll Geschichte rückgängig gemacht werden.

El Salvador: Die Suche nach dem nicht vorhandenen Zentrum

In El Salvador verfolgen die USA eine entgegengesetzte Strategie, eine Art »umgekehrte Destabilisierung«. Hier geht es darum, den Zusammenbruch eines Regimes gegen die militärisch immer stärker werdende Aufstandsbewegung um jeden Preis zu vermeiden. El Salvador, das kleinste Land Zentralamerikas (rund halb so groß wie die Schweiz), wurde von Präsident Reagan zum ersten Testfall erklärt, wo die USA den Beweis erbringen müßten, daß sie in der Lage sind, in der Konfrontation mit der Sowjetunion einen Sieg zu erringen. Es darf kein »weiteres Kuba« mehr geben, Nicaragua darf sich nicht wiederholen.

In El Salvador, wo die Regierung 1979 pro Kopf der Bevölkerung für Gesundheit neun Dollars und für das Erziehungswesen 24 Dollars ausgegeben hat, läßt sich heute der amerikanische Steuerzahler den Unterhalt eines einzigen Regierungssoldaten 10000 Dollar kosten. Rechnet man die gesamte US-Hilfe (Militär- und Wirtschaftshilfe) der letzten vier Jahre zusammen (rund eine Milliarde Dollars), so hat die für die Bekämpfung eines einzigen Guerilleros eingesetzte Summe unglaubliche 135000 Dollar erreicht. Die von Präsident Reagan eingesetzte Kissinger-Kommission schlug in ihrem im Januar 1984 erschienenen Bericht über die Krise in Mittelamerika vor, die laufende Hilfe an El Salvador um ein Mehrfaches zu erhöhen.

Je höher der Einsatz der USA, desto geringer erscheinen die Aussichten auf einen Erfolg. Trotz Ausbildung salvadorianischer Elitebatallione in den USA und in Honduras, dem mehrmaligen Auswechseln hoher Offiziere und dem Einsatz von in Vietnam angewandten »Befriedungsstrategien« gelingt den amerikanischen Militärberatern der entscheidende Durchbruch nicht. Den zwangsrekrutierten Soldaten fehlt die politisch-moralische Motivation, das Offizierskorps ist korrupt und unter sich zerstritten. Die Wirtschaft, die das Regime tragen sollte, hat kein Vertrauen in die Armee, hält Investitionen zurück und verschiebt das Kapital ins Ausland. Die einzige Säule, die in El Salvador das Regime noch stützt, ist die US-Präsenz.

Die amerikanische Regierung sieht heute ein, daß sie mit den ehemaligen Verbündeten, der Oligarchie, ihre Interessen in El Salvador und ganz Zentralamerika nicht mehr verteidigen kann. Die extreme Rechte, welche die »Todesschwadrone« organisiert und die Agrarreform torpediert, ist für die USA kontraproduktiv geworden. Washington ist auf der Suche nach einer zentristischen Lösung, einem politischen Zentrum, das gleichzeitig antioligarchisch (reformbereit) und antikommunistisch ist. Ein solches Zentrum, das politisch tragfähig wäre, existiert jedoch nicht mehr. Die Zentrumskräfte von gestern sind entweder nach links abgewandert oder wurden liquidiert, von Amerikas eigenen langjährigen Verbündeten, der extremen Rechten und der Armee. Von den »Kommunisten«, wie die linke Opposition pauschal etikettiert wird, will man in Washington nichts wissen. Denn die Guerilla anerkennen käme einer Revolution gleich, was Reagan mit dem ganzen Einsatz seines internationalen Prestiges verhindern will. Die Opposition, die mit jedem Kriegstag stärker werdende Guerilla (FMLN) und der politische Flügel (FDR), hat nun aber heute mindestens die Rolle einer starken Vetogruppe, ohne die niemand regieren kann. In Washington hingegen glaubt man an entscheidenden Stellen immer noch, die Aufstandsbewegung könnte doch noch militärisch besiegt werden. Das aber hieße nichts anderes, als zusammen mit der Guerilla einen Großteil des Volkes zu liquidieren. Die US-Regierung steht in El Salvador, auch nach der im Mai 1984 erfolgten Wahl Napoleon Duartes zum Präsidenten, vor einem Vakuum, in das sie wegen des von ihr selbst gewählten Ziels immer tiefer hineingezogen wird.

Die wiedererstandene Domino-Theorie

Die Präsidenten Kennedy und Johnson gingen davon aus, in Südostasien werde ein Land nach dem andern »kommunistisch« werden, wenn nicht der erste Domino-Stein, Vietnam, mit allen Kräften gehalten werde. Genau so glaubt Reagan, daß nun – diesmal nur viel gefährlicher, weil im eigenen »Vorgarten« – ein Land nach dem andern dem »Reich des Bösen« (so Reagans schärfste Apostrophierung der Sowjetunion) anheimfallen werde, wenn die sandinistische Revolution ein gutes Beispiel für andere und die Guerilla in El Salvador siegen sollten.
Wenn *ein* Staat von der Gefährlichkeit des »Domino-Ef-

fekts« überzeugt sein müßte, dann müßte das *Mexiko* sein. Die mexikanische Regierung sieht aber die Ursache für die revolutionären Unruhen in Zentralamerika nicht in böswilliger Subversion von außen, sondern im tatsächlichen Zustand der kleinen Länder. Mexiko, Venezuela, Panama und Kolumbien haben sich zur »Contadora-Gruppe« (der Name des ersten Konferenzortes) zusammengeschlossen und fordern für einen Frieden in der Region unter anderem einen Rüstungsabbau, den Abzug aller ausländischen Militärberater sowie die Schließung der Grenzen für Gruppen, die Nachbarländer »destabilisieren«.

Zwar hat Washington die Initiative der »Contadora-Gruppe« begrüßt, es kann aber deren Inhalt kaum zustimmen. Denn im Klartext würde das ein Ende des versteckten Krieges gegen Nicaragua und gleichzeitig den Rückzug der USA aus Honduras und El Salvador bedeuten, was den Kollaps des Regimes in San Salvador und einen Sieg der Guerilla zur Folge hätte.

Im Zeichen der »Domino-Theorie« reaktivierten die USA im Herbst 1983 den zentralamerikanischen Verteidigungsrat (Condeca), einen Militärpakt, der Anfang der 60er Jahre gegen das revolutionäre Kuba gegründet worden war. Condeca gehören heute El Salvador, Guatemala und Honduras an, Costa Rica hat sich im Oktober 1983 als neutral erklärt. Condeca ist diesmal eindeutig gegen das sandinistische Nicaragua gerichtet, könnte aber auch bei einem plötzlichen Kollaps der Armee in El Salvador als Feuerwehr eingesetzt werden. Experten sind sich jedoch einig, daß die Condeca-Länder angesichts der Lage in ihren eigenen Ländern über wenig freie militärische Kapazitäten verfügen. Ein Hilferuf eines der Condeca-Länder könnte aber den USA als Feigenblatt für eine Intervention mit eigenen Truppen dienen.

Das wurde in mehrmonatigen Manövern (Big Pine) im Herbst 1983 bis Frühling 1984 in einem Großeinsatz von amerikanischen Flottenverbänden im Pazifik und im Atlantik mit honduranischen Truppen geübt. Hinter dem Vorhang dieser Manöver ging gleichzeitig der Ausbau von Honduras zu einem neuen Stützpunkt für den antirevolutionären Kampf in ganz Zentralamerika voran. Honduras hat mit allen für die USA konfliktträchtigen Staaten gemeinsame Grenzen und bietet sich mit seinen bisher relativ stabilen Verhältnissen sowie einer Proformademokratie als idealer Stützpunkt geradezu an. Honduras toleriert die von seinem Territorium gegen Nicaragua aus operierenden antisandinistischen Gruppen der FDN, obwohl geschichtlich gesehen Honduras nicht von Nicaragua, sondern von El Salvador bedroht ist. Dessenungeachtet gestattete Honduras den USA, in Puerto Castilla ein Ausbildungslager für salvadorianische Truppen einzurichten. Auf diesem Weg kann die Regierung Reagan die vom US-Kongreß auf 55 beschränkte Anzahl von in El Salvador stationierten Militärberatern umgehen. Der Vertrag für die enge amerikanisch-honduranische Zusammenarbeit wurde zwischen dem Pentagon und dem Oberbefehlshaber der honduranischen Streitkräfte, dem starken Mann in Tegucigalpa, General Alvarez, hinter dem Rücken des Parlaments und des schwachen Staatschefs Suazo Cordova abgeschlossen. Das honduranische Parlament konnte nur noch ja sagen, vier Tage nach der Landung der Green Berets in Puerto Castilla. Die Militarisierung, die Honduras von den USA aufgezwungen wird, stößt dieses ärmste Land Mittelamerikas wieder in die demütigende Abhängigkeit einer Bananenrepublik zurück.

Aus der Sicht der Betroffenen

Der Ausdruck Bananenrepublik ist ein Schlüsselwort für die jahrzehntelange wirtschaftliche Ausbeutung der Länder Zentralamerikas. Mit Hilfe der lokalen Oligarchien – wenn notwendig, unterstützt von US-Kanonenbooten und Marines – wurde jede Regung der Bevölkerung brutal unterdrückt, die den Interessen der USA entgegenlief. Weil die Bananenrepubliken so leicht zu kontrollieren waren, sahen sich die USA auch nie gezwungen, gegenüber Zentralamerika eine Politik zu betreiben, die diesen Namen verdient hätte. Die US-Regierungen haben es aber immer verstanden, der Öffentlichkeit die wahre Natur ihrer imperialistischen Haltung hinter einem verschleiernden Vokabular abstrakter, oft idealistisch tönender Formeln wie »open door policy« – »Good Neighborhood policy« – »Allianz für den Fortschritt« oder Reagans »Karibikbecken-Initiative« zu verstecken. Der Eindruck sollte erweckt werden, die US-Politik sei moralisch besser als die anderer Großmächte. Und immer wurde Washingtons Politik als *defensiv* dargestellt, *gegen* die Aggression aus Europa (Monroe-Doktrin),

Nazideutschlands oder des Sowjetblocks, und immer *zum Schutz* von »Freiheit«, »Demokratie«, »Pluralismus« und »freier Marktwirtschaft«.
Die eigentliche Natur der nordamerikanischen Interventionspolitik in Zentralamerika wird erst aus der Sicht der Betroffenen erkennbar, wenn man, wie der kubanische Freiheitsheld José Martí einmal geschrieben hat, »innerhalb des Monstrums gelebt hat und seine Eingeweide kennt«. Die Unfähigkeit, die Grundbedürfnisse für eine Mehrheit der Bevölkerung zufriedenzustellen, Analphabetismus, hohe Kindersterblichkeit und die niedrige Lebenserwartung sprechen ein deutliches Urteil über die herrschende Ordnung und ihren jahrzehntelangen Schutzherrn im Norden. Das Fehlen echter demokratischer Prozesse, Gewalt, die Ermordung demokratischer Politiker, die Unterdrückung von Massenorganisationen haben die revolutionäre Gärung geschaffen. Die im Namen von »Stabilität« und »Sicherheit« erfolgte Interventionspolitik der USA ist selber für die Revolutionen mitverantwortlich, die sie heute unterdrücken will. »Demokratie«, »Wahlen«, »Pluralismus« wurden zu lange als reine Masken mißbraucht und sind für die politisch bewußte Bevölkerung zu provozierenden Schimpfworten geworden. Und der Marxismus, den die US-Regierung vertreiben will, drängt sich nach der bitteren Erfahrung unter einem rücksichtslosen Kapitalismus für die oppositionelle Elite mindestens als Gesellschaftsanalyse geradezu auf. Er ist kein Produkt sowjetischer oder kubanischer Indoktrination, wie man in Washington wahrhaben will.

Das eingeengte Demokratieverständnis erhöht die Sicherheitsbedürfnisse der USA

Revolutionen in Zentralamerika und der Karibik, darüber besteht kein Zweifel, vermögen das politische System der USA nicht zu erschüttern. Sie sind jedenfalls in ihren Auswirkungen nicht zu vergleichen etwa mit tiefgehenden Strukturveränderungen im sowjetischen »Vorgarten«, in Polen oder der Tschechoslowakei, die von der Sowjetunion sehr wohl als mögliche Gefahr für ihr eigenes System ernst genommen werden müssen. Wie läßt sich nun aber erklären,

warum die USA auf Veränderungen in Zentralamerika immer so überempfindlich reagieren?
In seinen Betrachtungen »Über die Demokratie in Amerika« beglückwünschte der Franzose Alexis de Tocqueville die USA dazu, daß sie nur einen *Unabhängigkeitskampf* gegen eine ferne Kolonialmacht, aber nie einen *sozialrevolutionären Konflikt*, der mit der Überwindung des Feudalismus in Europa zu vergleichen wäre, durchzustehen hatten. Und der amerikanische Historiker Louis Hartz spricht vom Vorteil der USA, im Gegensatz zu Europa »direkt in die Demokratie hineingeboren« worden zu sein. Dieses historische Privileg erweist sich heute für die USA im Umgang mit der Dritten Welt zweifellos als Schwäche, die durch das Fehlen einer starken linken Partei, die in der Außenpolitik Alternativen anbieten könnte, noch verstärkt wird.
Daß in Gesellschaften, die jahrzehntelang von Oligarchien beherrscht waren, zuerst tiefgreifende, meistens gewaltsam verlaufende Machtveränderungen erfolgen müssen, daß revolutionäre Prozesse Zeit benötigen und notwendigerweise andere Gesellschaftsstrukturen hervorbringen, das wird von der politischen Führung in den USA nicht verstanden. Wie kann eine authentische Demokratie ohne angemessene Verteilung des Reichtums und ohne soziale sowie wirtschaftliche Chancengleichheit funktionieren? Diese Problematik wird gerne übersehen. Statt dessen betont man die *formalen* Aspekte der Demokratie, das Vorhandensein von mindestens zwei Parteien und das Abhalten von Wahlen. Im politischen Verständnis der meisten Amerikaner sind Demokratie und Kapitalismus – und zwar die viel härtere Gangart des amerikanischen Kapitalismus – deckungsgleich.
Dieses eingeengte Demokratieverständnis vergrößert nun aber gleichzeitig Amerikas Sicherheitsbedürfnisse. Wer nicht dem »american way of life« huldigt, ist suspekt. Auch die *innere Ordnung* eines Staates wird in den Einflußbereich der USA einbezogen. Präsident Reagan hat es im Falle von Nicaragua sehr geschickt verstanden, die beiden Bereiche, die Gesellschaftspolitik der Sandinisten und ihre Außenpolitik, zu vermischen. Reagan bestraft die Sandinisten vor allem für ihre »internen Sünden«, weil sie in Washingtons Optik zu wenig »demokratisch« und »pluralistisch« sind.

Mit dem Anspruch, auch die innere Ordnung der Staaten in Zentralamerika gehöre zu ihrem Einflußbereich, manövrieren sich die USA aber in eine Sackgasse, an deren Ende nur noch die militärische Intervention und die praktische Übernahme dieser Länder stehen.

- Die Wirtschaftshilfe als Einflußmittel erweist sich als Faß ohne Boden. Reaktionäre Strukturen in den Händen korrupter Militärs und Politiker werden mit Millionen gestützt, die in der von Aufständen überzogenen Region nur neue Korruption und Ungleichheiten hervorbringen.
- Für eine politische Lösung im Sinne der USA (gemäßigte Reformen mit einer Zentrumsregierung) fehlt eine tragfähige politische Basis, weil sie im revolutionären Prozeß aufgerieben worden ist.
- Als einzige Alternative scheint nur noch die militärische Lösung übrigzubleiben. Auf beiden Schauplätzen, in Nicaragua und in El Salvador, hat der Krieg auf niedrigem Feuer, durch indirekte bewaffnete Aggression, nicht die erhofften Ergebnisse erzielt. Eine direkte Invasion mit amerikanischen Truppen wird unumgänglich.

Die USA befinden sich in einer selbst konstruierten Falle. Die Unfähigkeit, zu einer anderen Beurteilung der Probleme Zentralamerikas zu kommen, bringt die USA in Zugzwang, so zu handeln, wie es ihre dramatische Analyse (Amerikas Sicherheit ist in Gefahr) fordert, wenn die Großmacht nicht als Papiertiger erscheinen will.

Natürlich gäbe es Alternativen zu Reagans Interventionsstrategie. Der konservative, der Regierung Reagan aber kritisch gegenüberstehende Politologe Robert W. Tucker, meint, die gegenwärtige Ansicht, eine Politik der Stärke (Intervention) in Zentralamerika sei für die Glaubwürdigkeit der USA notwendig, liege ganz im Interesse der Sowjetunion. »Sie legitimiert das Verhalten Moskaus im eigenen Vorgarten.« Die einzige andere Strategie wäre nach Tucker ein »Hände weg von Zentralamerika«: Keine Hilfe mehr für El Salvador; auch wenn andere, radikale Regierungen an die Macht kommen, diese Entwicklung akzeptieren. Durch eine distanzierte Haltung gäben die USA diesen Regierungen die Möglichkeit, normale Beziehungen mit der Sowjetunion zu unterhalten und nicht in die Fußstapfen Kubas zu treten. Das einzige, was nicht toleriert werden könnte, wäre ein zweites Kuba, das heißt, einen mit der Sowjetunion eng verbündeten Staat. Zur Debatte stehe nicht, ob Zentralamerika weiterhin Einflußsphäre der USA sein sollte oder nicht. Sondern es gehe um die *Art* dieses Einflusses, den die USA in dieser Region ausüben sollte und *wie* dieser Einfluß am besten erhalten werden könne. (Robert W. Tucker in »The New Republic« 24. Oktober 1983)

Die einflußreichen liberalen US-Medien, neue wichtige meinungsbildende Kräfte wie die katholische Kirche (mehr als 20 Prozent ihrer Mitglieder stammen heute aus Mexiko, Zentralamerika und der Karibik) sowie der Kongreß haben auf die Interventionspolitik Washingtons wohl bremsend eingewirkt, aber grundsätzlich daran nichts geändert. Die Demokratische Partei, die nur in *einer* Kammer (Repräsentantenhaus) die Mehrheit besitzt, ist auch in dieser wichtigen außenpolitischen Frage gespalten und unfähig, der Regierung eine glaubwürdige Alternative gegenüberzustellen. Nur der Präsident selber könnte der amerikanischen Öffentlichkeit erklären, daß in Zentralamerika nun die Zeit der Vasallenstaaten vorbei sei, die über US-Botschafter ihre Befehle entgegennehmen, und daß im Interesse der amerikanischen Außenpolitik die Konsequenzen zu ziehen seien.

In seiner bekannten Rede an der Notre Dame University (1977) glaubte Präsident Carter sagen zu können, die Amerikaner hätten ihre »übertriebene Furcht vor dem Kommunismus« überwunden. Die Wahl Ronald Reagans und die Zustimmung, mit der die Invasion der Insel Grenada im amerikanischen Volk aufgenommen worden ist, zeigten aber doch, daß Carters liberalere außenpolitische Strategie (bei gleichgebliebenen Zielen) noch keine breite Basis im Volk hatte und daß die alten Feindbilder aus dem Kalten Krieg wieder leicht reaktiviert werden können. Die übertriebene Furcht gegenüber Konflikten in kleinen Ländern, die Unfähigkeit, sie von innen heraus zu verstehen, weisen auf ein erstarrtes Weltbild hin, hinter dem ein mangelndes Selbstvertrauen und auch Schwächen des eigenen politischen Systems versteckt liegen.

Literaturhinweise

An Alternative Policy for Central America and the Caribbean. Summary and Conclusions of a Policy Workshop in The Hague, June 6–25 1983, Institute of Social Studies, The Hague/Netherlands.

Fuentes, Carlos: Kulturelle Identität und Revolution in Lateinamerika. Rede, gehalten am 9. Juni 1983 an der Harvard-Universität, erschienen in: L'80, Heft 27, München, August 1983.

Hemispheric Crisis: Issues and Options. Nestor Sanchez, Guillermo M. Ungo, Abraham Lowenthal, Tom J. Farer. In: Foreign Policy, Nr. 52, Fall 1983.

Pastor, Robert: Sinking in the Caribbean Basin. In: Foreign Affairs, Summer 1982.

Pearce, Jenny: Under the Eagle, U. S. Intervention in Central America and the Caribbean. London 1982.

The Report of the President National Bipartisan Commission on Central America. Foreword by Henry A. Kissinger. New York 1984.

Tucker, W. Robert: Their Wars, our choices. In: The New Republic, October 24, 1983.

Ullman, Richard H.: At war with Nicaragua. In: Foreign Affairs, Fall 1983.

Workshop on U. S. Policy in Central America. Woodrow Wilson, International Center for Scholars, March 17, 1982, Washington D. C.

DRES BALMER

Kubanische Eindrücke

Es ist nicht leicht, auf wenigen Seiten über Kuba etwas zu sagen, das – auch ohne Anspruch auf Vollständigkeit – einige Aspekte der kubanischen Gegenwart richtig wiederzugeben vermag. Ich muß mich also hier in der Kunst der kurzen Darstellung üben. Zu dieser Schwierigkeit der kurzen Darstellung, die nicht ungerecht sein will, kommt ein anderes Problem, das mit einem gewissen Hermetismus in Kuba selber zusammenhängt: es ist nicht einfach, sich Informationen zu beschaffen, die in den Augen der kubanischen Behörden mit Staatssicherheit im weitesten Sinn zu tun haben. Ich werde im Lauf dieser Darstellung noch zurückkommen auf diesen Hermetismus.
Es geht nicht an, daß man einem Kubareisenden eine gewisse Optik verordnet, mit der er Kuba nun sehen soll, doch ist es nützlich, hier zumindest zwei Optiken zu unterscheiden: man kann nach Kuba reisen und Vergleiche anstellen, sagen wir mit der Schweiz, eine Optik, die man niemandem verübeln kann, die aber wohl der Sache nicht ganz gerecht wird. Ich denke, der hat die angemessenere Optik, welcher von Kolumbien, von Mittelamerika oder von einer anderen Karibikinsel herkommend nach Kuba reist, möglichst noch mit den Bildern aus diesen Ländern auf der Netzhaut, und er wird einen Unterschied feststellen wie zwischen Nacht und Tag. Es fängt an beim Straßenbild, bei den vordergründigen Lebensäußerungen. Trifft man in San Salvador auf Schritt und Tritt Bettler, Versehrte, Losverkäufer und Arbeitslose, ist man in Bogotá am hellichten Tag seines Lebens nicht sicher, auch wenn man nur das Notwendigste auf sich trägt, kann einen in La Habana schon ein erleichtertes Staunen befallen: ich bin in zwei Monaten zwei Bettlern begegnet. Den Versehrten wird nach Möglichkeit Arbeit gegeben: in meinem Viertel, wenn ich so sagen darf, kenne ich eine Werkstatt, wo Dokumente plastifiziert werden. Sie wird von drei Männern betrieben, denen man Beine und Arme ampu-

tieren mußte. Es herrscht annähernde Vollbeschäftigung, es gibt keine Lotterie mehr. Eine Frau kann auch spät nachts durch die dunkelsten Straßen der Stadt gehen, allein und ohne Pfefferstreuer: höchstwahrscheinlich wird ihr nichts passieren, in Kuba gibt es wenig Delinquenz. Ich denke, es ist wichtig, sich einen Moment lang diesen Netzhautempfindungen hinzugeben, wenn man nach Kuba kommt; es ist wichtig zu sehen, daß Kuba im Frieden lebt und daß die Kubaner ein friedliches Volk sind, und das ist wohl der größte Unterschied zu Zentralamerika, einer der Unterschiede, welcher von denen, die in Kuba nur den Kommunismus verteufeln wollen, im allgemeinen verschwiegen wird.

Ich habe gesagt, daß Kuba im Frieden lebt. Das muß etwas genauer umrissen werden. Kuba genießt einen vergleichsweise stabilen inneren Frieden, der allerdings auch seine Krisen durchgemacht hat. Ich meine zum Beispiel die Besetzung der peruanischen Botschaft und den anschließenden Auszug von mehr als 130000 Kubanern, die 1980 in Mariel von Schiffen aus den USA abgeholt wurden. Unzählige Familien wurden zerrissen, Eltern zogen aus, deren Kinder der Revolution treu bleiben wollten; Töchter und Söhne verließen Kuba, ihre Mütter und Väter blieben hier. Es ist möglich, daß es in den nächsten Jahren ein zweites Mariel gibt, selbst leitende Köpfe in Kuba sagen, vielleicht sei es notwendig, daß noch eine halbe oder eine ganze Million »Konterrevolutionäre« (wie sie genannt werden) auswanderten, damit die Revolution weitergeführt werden könne. Dies scheint nun ein gewichtiges Argument zu sein für die Gegner Kubas, die diesem »vergleichsweise stabilen inneren Frieden« einen hohen, einen zu hohen Preis vorwerfen werden, und dieses zu erwartende Argument führt mich zu einem anderen Aspekt der kubanischen Lage, den wir hier in Europa nicht immer mit der notwendigen Deutlichkeit vor Augen haben: Kuba befindet sich in einem Zustand der äußeren Bedrohung. Ja, in Kuba selber spricht man sogar von einem Kriegszustand. Wie man weiß, steht Kuba seit über zwanzig Jahren unter einer von den USA verordneten Quarantäne, die den Zweck hat, Kuba wirtschaftlich zu erwürgen, doch ist es nicht bei dieser Blockadepolitik geblieben, sondern die USA haben auch aktiv versucht, dem kubanischen Prozeß ein Ende zu setzen. Klar bewiesen ist, wo das gescheiterte Schweinebuchtunternehmen im April 1961 ausgeheckt und organisiert wurde, sehr belastende Verdachtsmomente bestehen bei den Anschlägen auf den französischen Frachter *Le Coubre* 1960 in La Habana, auf zahlreiche diplomatische Vertretungen Kubas, auf zwei kubanische Frachter in Perú 1977, auf ein Passagierflugzeug mit kubanischen Sportlern, welches im selben Jahr bei den Barbados-Inseln ins Meer stürzte, um nur ein paar spektakuläre Beispiele zu nennen. Ich zähle das alles auf, weil ich begreiflich machen möchte, wieso sich die Kubaner bedroht fühlen von ihrem mächtigen Nachbarn im Norden, der nur neunzig Seemeilen entfernt liegt.

Wenn man sich einige Zeit in Kuba aufhält, könnte man glauben, der revolutionäre Prozeß habe sich nun in einem Maße gefestigt, das es erlauben könnte, den Ausdruck dieses Kriegsbewußtseins im öffentlichen Leben etwas zu mildern, doch diese Annahme wird von den Kubanern selber entschieden zurückgewiesen. Aber auch die Ereignisse selber belehren einen eines Besseren. Ich weiß nicht, welches Echo die Erklärungen Barry Goldwaters am 22. Mai 1983 hier in Europa auslösten. Herr Goldwater erklärte in einer Fernsehsendung der CBS, Kuba sollte *manu militari* zum 51. Staat der Union gemacht werden. Zwei Tage vorher hatte Ronald Reagan in Miami vor Exilkubanern ähnliche Töne angeschlagen. In Kuba lösten diese beiden Reden helles Entsetzen aus, und sie waren Anlaß zu unzähligen Straßendemonstrationen und Äußerungen in den Medien, die die gemeinsame Entschlossenheit, die Revolution bis aufs Letzte zu verteidigen, bekundeten. Und wir konnten uns in unzähligen Gesprächen mit Kubanern davon überzeugen, daß diese Demonstrationen und Äußerungen nicht ein organisiertes Propagandamanöver waren, sondern spontan den Empfindungen der Kubaner entsprachen. Dabei geht man in seinen Äußerungen mit dem Feind gar nicht zimperlich um, doch fällt auf, daß wiederholt auf den Unterschied zwischen dem »pueblo norteamericano« und der »administración Reagan« hingewiesen wird.

Diesen Kriegszustand müssen wir uns also bei allem, was wir in Kuba sehen und hören, bei manchem Unbegreiflichen auch, vor Augen halten. Diesem Zustand entspricht zum Beispiel das kubanische Versorgungssystem, welches ein Lebensmittelkartensystem ist. Das heißt, jeder Haushalt hat je nach Größe Anrecht auf eine gewisse Menge lebensnotwendiger Produkte zu einem festen und niedrigen Preis. Dazu gehören sowohl Reis, Brot, Fleisch, Frijoles (rote

Bohnen), Milch, Joghurt, Zucker, Öl usw. als auch Kleiderstoff, Schuhe und Tabak. Bei Bezug der zustehenden Waren wird in der »Libreta«, wie das Lebensmittelbuch heißt, die entsprechende Rubrik abgehakt. Auf diese Art und Weise ist es möglich, die vorhandenen Grundlebensmittel an die Bevölkerung zu verteilen. Die Libreta nimmt Rücksicht auf Menschen, die wegen dieser oder jener Krankheit ein bestimmtes Lebensmittel, etwa Hühnerfleisch, vom Arzt als Diät verordnet bekommen. Die kubanische Familie ißt im Durchschnitt – gastronomisch gesehen – sicher weniger fein als die mitteleuropäische, doch steht Kuba auf der Rangliste des Kalorienverbrauchs je Kopf der Bevölkerung im Vergleich mit dem übrigen Lateinamerika ganz weit vorn, an zweiter Stelle nach Argentinien. In Kuba leidet niemand Hunger. Was dieser schlichte Satz in Lateinamerika heißt, weiß jeder Reisende, der genügend Neugier aufbringt, seine Stadtbesichtigungen nicht nur auf die glitzernden Präsentierstraßen der Hauptstädte zu beschränken. Wenn wir von der Ernährungslage Kubas reden, dürfen auch zwei weitere Versorgungsformen, die die Behörden in den letzten Jahren eingeführt haben, nicht unerwähnt bleiben. Neben der Libreta-Versorgung gibt es auch noch die »venta paralela«, den Parallelverkauf, in dem die je nach Jahreszeit und Versorgungslage vorhandenen oder überschüssigen Waren zu einem höheren Preis, der aber fixiert ist, angeboten werden. Zusätzlich gibt es eine dritte Form, die »venta libre«, in der private Produzenten ihre Ware anbieten. In der »venta libre« herrscht Preisfreiheit. Wer auf diesem Markt anbietet, braucht eine Lizenz, die er gegen eine kleine Steuer ohne weiteres bekommt. Diese dritte Marktform gibt im Gespräch mit kubanischen Freunden immer wieder Anlaß zu Diskussionen. Als kapitalistische Handelsform kann sie den Vorwurf einer Abkehr von den Prinzipien provozieren; wir haben auch einige Kubaner getroffen, die die »venta libre« verurteilen. Fest steht, daß sie Versorgungsengpässe überwinden hilft. Man kann täglich beobachten, daß auf dem Parallelmarkt stark beschädigtes Obst ankommt. Dabei muß man daran denken, daß in Kuba Obst natürlich eine kürzere Verfallzeit hat als bei uns, daß auch der Transport noch nicht so schnell bewerkstelligt wird, und daß am schlechten Zustand, in dem der Konsument sein Gemüse oder sein Obst vorfindet, auch die Schlamperei der Verantwortlichen schuld ist. Das ist beim Produzenten und Händler, der ein privates Interesse an seinem Geschäft hat, natürlich anders. Er setzt alles daran, seine Ware in frischem Zustand abzusetzen, und das gelingt ihm auch, weil er selber den Transport organisiert. Der Kunde bezahlt einen Preis, der das Zehnfache des Grundpreises im Libreta-System betragen kann. Diesen drei Marktformen muß, um das Panorama zu vervollständigen, eine vierte hinzugefügt werden, die im Leben der Kubaner eine immer größere Rolle spielt: die »Diplo-Tiendas«, in denen mit US-Dollars viele westliche Produkte gekauft werden können, Blue jeans oder Coca-Cola, Schweizer Schokolade oder Dunhill-Zigaretten. Es kann dem Touristen passieren, daß er von Kubanern gebeten wird, diesen oder jenen Artikel in der Diplo-Tienda zu kaufen, sie würden ihm dann den entsprechenden Pesobetrag zurückzahlen. Es gibt jetzt einige internationale Läden, die auch den Kubanern offenstehen. Ich weise auf dieses Randphänomen hin, weil es schon nur in den letzten zwei Jahren an Wichtigkeit zugenommen hat und einmal zum Problem werden könnte. Es ist auffallend, wie viele Kubanerinnen und Kubaner gute Schuhe oder Blue jeans tragen, die nur in den Diplo-Tiendas erhältlich sind, aber auch außerhalb und unter der Hand zu Preisen um die 150 Pesos gehandelt werden. Um eine Idee zu geben: ein Zimmermädchen in einem Hotel verdient im Monat etwa 120 Pesos. Es gibt einen Schwarzmarkt, und vermutlich wächst er. Wenn es in Kuba gelegentlich Engpässe in der Versorgung gibt, fällt auf, daß die Kubaner anscheinend keinen Mangel an Bargeld haben. Wenn im Parallel- oder Freimarkt nämlich ein Produkt ankommt, stehen die Menschen zu Hunderten Schlange und bezahlen Preise, vor denen es uns graust, zum Beispiel vierzig Pesos für ein Paar dieser Schaumgummizoccholi, aus deren Sohlenmitte zwei Gummibänder zwischen der größten und der zweitgrößten Zehe nach hinten führen und so dafür sorgen, daß die Sohle mehr oder weniger am Fuß bleibt. Daß die Kubaner Geld haben, sieht man auch daran, daß sie gerne im Restaurant essen – vor allen Gaststätten wird Schlange gestanden, auch die zahlreichen Eissalons sind überfüllt; man geht ins Kino (Eintritt ein Peso), und Bücher werden gekauft (sie kosten meistens auch ungefähr einen Peso).

Man kann sagen, und sich dabei nicht nur auf Straßeneindrücke, sondern auch auf Gespräche mit Kubanern stützen, daß das Haushaltsbudget der meisten Familien ausgeglichen ist. Dazu muß bemerkt werden, daß die Wohnungsmiete laut Gesetz höchstens zehn Prozent des Lohnes betragen darf und daß in einem Haushalt meistens mehrere Personen erwerbstätig sind. Steuern werden keine bezahlt, Gesundheit und Schule sind frei, die Busfahrt kostet fünf Centavos. Ich weiß nicht, ob die allgemeine Entspanntheit, die in Kuba herrscht, auf diese Sicherheit in den grundlegenden sozialen Dingen zurückzuführen ist. Vermutlich schon.

Ich habe die grundlegenden sozialen Dinge erwähnt und von der Versorgungssituation gesprochen. Zu diesen grundlegenden sozialen Dingen und Errungenschaften gehört in Kuba natürlich die medizinische Versorgung. Ich denke, daß sie in ihrer Bedeutung nicht genug gewürdigt werden kann, und daß selbst sehr konservative Kreise in der kapitalistischen Welt die kubanische Leistung in diesem Bereich anerkennen. Ich brauche deshalb hier nicht näher darauf einzugehen.

In diese Reihe des grundlegend Sozialen gehört auch die Schule. Der Anfang des modernen Schulwesens im revolutionären Kuba war der Alphabetisierungsfeldzug der ersten Jahre. Seither ist die Zahl der Schüler und Studenten auf allen Schulstufen unaufhörlich angewachsen, daneben gibt es ein umfassendes Erwachsenenbildungsprogramm, so daß man heute sagen kann, daß im Bevölkerungsdurchschnitt zwei von drei Kubanern irgend etwas studieren; eine eindrückliche Zahl, auch wenn man die Bevölkerungsstruktur eines tropischen Landes berücksichtigt. Kuba hat heute einen Mangel an qualifizierten Handwerkern, nicht aber an Akademikern, die es sogar in die sozialistischen Bruderländer exportiert, wenn ich mich so ausdrücken darf. Was in der Erziehung auffällt, ist, daß das Kind und der zukünftige Student in erster Linie aufgefaßt wird als soziales Wesen, das am Aufbau der neuen Gesellschaft mitwirken soll. Die Individualität wird erst in zweiter Linie berücksichtigt. Strenggenommen beginnt der Schulungsprozeß schon ab dem 45. Lebenstag, denn dieses Alter haben die jüngsten Kinder in den »círculos infantiles« (Kinderkrippen), wo sie von ihren werktätigen Eltern morgens um sechs abgegeben und bis abends um acht abgeholt werden. Diese círculos existieren in allen Vierteln der kubanischen Städte. Auf dem Land ist dieses System noch nicht genügend ausgebaut. In den círculos – sie sind fakultativ – werden die Kinder ähnlich wie bei uns in den Kindergärten erzogen, im vierten und fünften Lebensjahr werden sie bereits in einer Art beschäftigt, die sie schon auf die im sechsten Lebensjahr beginnende Schulzeit vorbereitet. Die Kinder verbringen den ganzen Tag in der Krippe, sie essen dort und schlafen ihre Siesta; wenn nötig, werden sie medizinisch betreut, natürlich alles kostenlos. Das kubanische Schulsystem ist dem unseren nicht unähnlich; neun Schuljahre sind Pflicht, ab 7. Schuljahr setzen Berufsschulen und Seminar, ab 10. Obergymnasium ein. Alle Studiengänge sind zwangsläufig ausgerichtet auf die Grundbedürfnisse der Gesellschaft: Gesundheit, Unterricht und Produktion. Universitätsstudenten genießen eine bevorzugte Behandlung in Sachen Militärdienst, indem sie ihre dreijährige Rekrutenzeit in mehreren Etappen absolvieren können, ohne daß das Studium darunter leidet. Man kann in Kuba Schulen ohne allzuviele Komplikationen Besuche abstatten. Uns fällt die Uniform auf. Primarschüler von der ersten bis zur sechsten Schulstufe: rote Röckchen oder Shorts, von der siebten bis zur neunten: gelb, und für jede Fachausbildung eine andere Farbe. Alle diese Farben beleben das Straßenbild in Kuba. Ganz wichtig ist den Erziehern, den jungen Kubanern beizubringen, daß sie nicht bloß zukünftige Konsumenten sind, sondern auch Produzenten. Doch dies bleibt nicht bloße Theorie, sondern man hat in Kuba ein umfassendes Praktikumssystem entwickelt, das jede Schülerin und jeden Schüler alljährlich während einiger Wochen in den landwirtschaftlichen oder industriellen Produktionsablauf einbezieht. Man kann sagen, daß die Fächer teilweise dieselben sind wie auch an unseren Schulen, wenn man sich auf Muttersprache, Mathematik, Geschichte, Geographie, Zeichnen und Turnen bezieht. Der Fremdsprachenunterricht, welcher sich im allgemeinen bis zum neunten Grad auf zwei Jahre Englisch oder Russisch (frei wählbar) beschränkt, scheint noch im argen zu liegen, weil die Kubaner Lateinamerikaner sind und eine gewisse Fremdsprachenfaulheit nicht verleugnen. Sehr früh kommt zu diesen Grundfächern auch eine Schulung in Marxismus-Leninismus hinzu. Dazu wird das sowjetische Handbuch von F. Konstantinov (*Fundamentos de filosofía marxista-leninista*) benützt, in dessen freimütigem Vorwort zur kubanischen Ausgabe denn auch gleich auf die Gefahren eines übertriebenen Dogmatismus hingewiesen wird. Doch auch ohne diese Warnung ist es schwierig, einen Kubaner in ein starres ideologisches System zu pressen, und diese Unmöglichkeit zeigt sich nicht nur im schulphilosophischen, sondern auch in vielen anderen Bereichen, zum Beispiel im kulturellen.

Von Kultur soll nun die Rede sein. Die kubanische Revolution hat die Möglichkeit, zu Kultur zu kommen und Kultur zu praktizieren, als eine Grundforderung erhoben, und man kann heute das vorläufige Resultat sehen. Der kubanische Staat versucht, das musikalische Erbe zu pflegen, und in diesem Bereich ist die Kulturpflege vermutlich am leichtesten, haben doch afrikanische und spanische Musiktraditionen hier eine glückliche Ehe geschlossen. Man hat in Kuba Tag und Nacht mit Musik zu tun, überall, im Radio, auf der Straße, in Innenhöfen, wo ein paar Nachbarn sich zu einer Jam-Session treffen. Meistens ist es kubanische Musik, das heißt eben ein Gemisch aus den genannten Elementen, zu denen noch Einflüsse des nordamerikanischen Jazz hinzugezählt werden können. Musik also in ihren inoffiziellen, beiläufigen Formen. Musik aber auch in organisierter Form, in großen Festivals, die jeweils unter ein Motto gestellt werden; Musikveranstaltungen jeder Art, der »Sábado de la Rumba« – eine eminent afrikanische Sache –, die Darbietungen der Cumba-Orchester in Santiago de Cuba, die Konzerte der Sänger der »Nueva Trova«, die Lieder von Pablo Milanés und Silvio Rodríguez, um nur die zwei bekanntesten zu nennen, die – glaub' ich – ein kubanisches Lebensgefühl eingefangen haben, die die vordergründig-explizite politische Aussage der kubanischen Liedpoesie verfeinert haben, so sehr verfeinert haben, daß diese Lieder oft unpolitisch wirken, was ihnen nichts von ihrem poetischen Zauber nimmt. Über Musik in Kuba wäre lange zu reden, auch über Ballett und Volkstanz, über das diesjährige fünfzigjährige Jubiläum der Erfindung des Chachacha, ein nationales Ereignis; ich glaube, unter spezialisierten Kubareisenden sind die Musikologen am zahlreichsten vertreten und werden Kompetenteres von sich geben als ich. Etwas sei immerhin noch bemerkt: mitten in der Karibik und im mittelamerikanischen Raum wehrt sich Kuba wohl am erfolgreichsten gegen Plastikmusik, die vornehmlich aus kapitalistischen Ländern kommt. Kuba wehrt sich dagegen nicht durch Verbote, sondern durch ein musikalisches Eigenleben. Auf großes Interesse stößt hingegen moderne nordamerikanische und europäische Musik, die sich

irgendwie mit der sozialen Wirklichkeit im Kapitalismus auseinandersetzt.
Bei der Malerei stellt sich dem europäischen Besucher natürlich die Frage, ob denn in Kuba Bilder im Stil des sozialistischen Realismus gemalt werden, und er wird diese Stilrichtung kaum vorfinden. Fragt man die kubanischen Maler danach, lachen sie einem ins Gesicht, wenn sie überhaupt wissen, was sozialistischer Realismus ist. Sie malen, wie es ihnen paßt, oft unter mißlichen äußeren Umständen. Einer der bekanntesten kubanischen Maler, Nelson Domínguez, malt seine Bilder in einer Garage, bei Neonlicht; seine Kunst entsteht mitten in der Wohnungsnot, nur für Lithografien findet er in einem Kollektivatelier Zuflucht; doch er sagt, es gehöre zu seinen Bildern, daß sie eben bei Neonlicht in einer Garage entstehen. Ich denke, daß sich Sänger und Maler einigermaßen entfalten können, sie haben aber genauso wie der Künstler in den kapitalistischen Ländern eine Erfolgshürde zu nehmen, dann sind sie allerdings die gehätschelten Lieblinge des Kulturministeriums, zumal dann, wenn sie Kuba im Ausland vertreten können.
In der Literatur, unter den Schriftstellern, sieht die Lage etwas anders aus. Es gibt da den Vorfall Heberto Padilla, aus dem Jahre 1968. Padilla hatte für einen Wettbewerb der UNEAC (das ist die kubanische Schriftsteller- und Künstlerunion) Gedichte eingereicht, die durch Mehrheitsentscheid der internationalen Jury prämiert wurden. Padilla bekam den Preis, das Buch wurde gedruckt, allerdings um ein geharnischtes Vorwort der UNEAC-Leitung erweitert, in dem Padilla bezichtigt wird, »dem Kult des Individualismus zu huldigen«, in seinen Gedichten kleinbürgerliche, ja faschistische Töne anzuschlagen und den Feinden Kubas das Wort zu reden. Und tatsächlich wurde die Angelegenheit aus dem Ausland aufgegriffen; Padilla betätigte sich aktiv an der antikubanischen Propagandakampagne, wurde deshalb eingesperrt und vollzog dann eine öffentliche Selbstkritik. Anschließend verließ er das Land. Das Gedichtbuch mit dem Titel *Fuera del Juego* (es ist bei Suhrkamp unter dem Titel *Außerhalb des Spiels* erschienen) enthält einige Gedichte, die der Revolution gegenüber eine gewisse kritische Distanz ahnen lassen, eine Distanz, die auch nach Ansicht von vielen Kubanern innerhalb der Revolution Platz gehabt hätte. Dann taten die Behörden genau das, was man in einem solchen Fall nicht tun dürfte: sie konfiszierten das

Buch, und da hieß es natürlich aus dem Ausland: Aha, Kuba ist halt doch ein stalinistischer Polizeistaat. Ich gehe auf den Fall Padilla ein, weil an demselben Wettbewerb ein ebenfalls beanstandetes Theaterstück, *Siete contra Tebas*, von Antón Arrufat eingereicht wurde. Darin wird die ständige Kriegsbereitschaft Kubas als Hysterie verulkt. Arrufat nun vollzog keine Selbstkritik, er blieb in Kuba, wechselte unfreiwillig von seiner Bühnenarbeit auf einen Posten als Bibliothekar, neun Jahre lang. Im Januar 1984 erscheint in Spanien ein Roman desselben Autors, *La Caja Está Cerrada*, eine Art Sozialgeschichte Kubas vor der Revolution. Arrufat hatte die Möglichkeit, ebenfalls auszureisen, kannte die USA schon von einem früheren, langen Aufenthalt, war von dort anläßlich des Triumphs der Revolution 1959 nach Kuba zurückgekehrt. Warum wanderte er nicht aus? Ich frage ihn danach. Er sagt, er ist Kubaner, er liebt sein Land, und er ist Revolutionär, er möchte nirgends sonst leben; Padillas Schicksal scheint ihm nicht erstrebenswert. Ich frage ihn, wie es denn mit der Selbstzensur aussehe. Er sagt: »Ja, ich übe Selbstzensur, oder, anders gesagt: Ich habe nicht das Recht, Dinge zu schreiben, die vom feindlichen Ausland (und wir sind umstellt von Feinden) gegen unsere Revolution verwendet werden können. Genau das hat Padilla getan, genau das haben andere kubanische Autoren getan. In unserer Gesellschaft finden große Diskussionen und Auseinandersetzungen statt, doch im Moment sind Bücher und Zeitungen nicht der Ort, wo sie ausgetragen werden sollten.« – Wir sind also wieder im Krieg. Ich sage das nicht ironisch, aber am Anfang fällt es dem Besucher schwer, von diesem Umstand einen klaren Begriff zu haben, diesen Umstand zu spüren, zu riechen und zu schmecken. Nach einigen Wochen schon verfeinert sich das Gespür. In einem anderen Gespräch wird mir von einem namhaften Kritiker gesagt, im Moment gebe es in Kuba wenig Möglichkeiten für literarische Nuancen in bezug auf die Revolution, entweder schwarz oder weiß, man müsse sich entscheiden. Das ist wohl mit ein Grund, weshalb die Bibliografie der Bücher, die sich kritisch mit der revolutionären Gegenwart Kubas befassen, eher spärlich ist. Dagegen kann man eine starke Tendenz zur vorrevolutionären Vergangenheitsbewältigung feststellen. Ich habe diese Fragen immer wieder in Gesprächen mit Freunden in Kuba aufgeworfen, und einer sagte mir, das Recht, dieses oder jenes zu schreiben, sei ein Recht,

das gesamthaft kaum ins Gewicht falle, eine Frage, mit der sich allenfalls ein paar Dutzend Intellektuelle beschäftigten; doch unter einem Mißbrauch dieses Rechts und dessen Ausnützung durch den Feind hätte das ganze Volk zu leiden. Das sind Erklärungen, die in den revolutionären Leitsatz: »Für die Revolution, alles, gegen die Revolution, nichts« passen. Wenn man aus westlichen Ländern nach Kuba kommt und sich diese Erklärungen anhört, versteht man ihre Logik, weil man beginnt, die Lage Kubas zu begreifen; ein leises Unbehagen bleibt gleichwohl übrig, ein Unbehagen allerdings, das uns in jeder Gesellschaft befallen kann, in der sich Schriftsteller der Selbstzensur bedienen – und wo ist das nicht der Fall? Eine Kubareise kann unter diesem Blickwinkel auch einer Selbsterkennung dienen.
Es gibt in Kuba einen Poeta Nacional, Nicolás Guillén, einen ehrwürdigen älteren Herrn, der der UNEAC als Präsident vorsteht. Auch er bezieht vom Staat keinen regelmäßigen Dichterlohn, sondern wird bezahlt für seine organisatorische Tätigkeit in der UNEAC. Ansonsten leben auch bekannte kubanische Schriftsteller ähnlich wie in Europa – sie haben eine Brotarbeit, und sie schreiben in der freien Zeit. Dabei dürfen sie allerdings durchs Band hinweg mit einer nachsichtigen Behandlung von seiten ihrer Arbeitgeber rechnen. Meistens arbeiten sie in Verlagen und Zeitschriften, machen journalistische Arbeiten oder geben heraus.
Das Wort Zeitschriften ist gefallen, und das kann Vorwand sein, ein bißchen näher auf die Presse einzugehen. Es gibt in La Habana vier große Tageszeitungen: *Granma*, das offizielle Parteiorgan, *Juventud Rebelde, La Tribuna de la Habana* und *Trabajadores*. Außerdem gibt es in den Provinzen ein paar Regionalzeitungen. Für den überflußgewohnten Zeitungsleser aus Westeuropa ist die kubanische Presse langweilig; das trifft jedenfalls auf die Zeitungen in hohem Maße zu, auf die Zeitschriften etwas weniger. Ich führe ein Beispiel an: der Berichterstattung über El Salvador wird großer Raum zugestanden, jeden Tag kann man in *Granma* mindestens eine Viertelseite über die Ereignisse in diesem mittelamerikanischen Land lesen. Die Kämpfe werden immer sehr genau beschrieben, mit geografischen Angaben und Uhrzeiten. Erwähnt werden auch die Verluste auf Regierungsseite. Vom 20. April bis zum 15. Juni 1983 hätten die Rebellen laut *Granma* keinen einzigen Toten zu beklagen, nicht einmal Verletzte. Das ist zu schön, um wahr zu sein,

wenn auch die Fortschritte der salvadorianischen Aufständischen nicht zu bezweifeln sind. Und das ist auf der ganzen Linie so. Es wird das berichtet, was in die Linie paßt. Doch denke ich, es wäre ganz falsch, hinter diesem Umstand dunkle Machenschaften zu vermuten, irgendein Gremium geheimer Zensurherren. Diese ausgeübte Zensur ist überflüssig. Es gibt – wie gesagt – die Selbstzensur, und die journalistische Unfähigkeit besorgt den Rest. Wenn ich das sage, kann ich mich auf Aussagen Carlos Rafael Rodríguez' stützen, eines der leitenden Politiker Kubas, der sich in einem Interview in der Zeitschrift *El Caiman Barbudo* vom Juni 1983 in diesem Sinn geäußert hat. Die Kubaner selbst wissen am besten, wie schlecht ihre Presse ist. Es gibt allerdings Tage, wo sie größeres Geschick zeigt, wenn sie zum Beispiel gewisse Reden Ronald Reagans vollständig im Wortlaut in der spanischen Übersetzung bringt. Wann hat die *New York Times* eine Rede Fidel Castros ganz abgedruckt?

Neben diesen Zeitungen ist natürlich das Fernsehen als wichtiges Medium zu nennen; vielleicht müßte es sogar den ersten Platz verdienen. Das Angebot der Nachrichten aus dem Ausland ist hier etwas breiter gefächert, doch glaube ich, daß dem Fernsehen – zumal in der Provinz – eine Kulturvermittlerrolle zukommt, die nicht zu unterschätzen ist. In Zusammenarbeit mit der Cinemateca Cubana werden täglich Filme mit einigem Niveau gezeigt, Filme, die als sozial wertvoll angesehen werden. In dieser Beziehung – und Spielfilme machen die Hälfte der Sendezeit aus – sind die Kubaner verwöhnte Fernsehzuschauer.

Wenn in Kuba die Berichterstattung über ausländische Themen noch sehr viel zu wünschen übrigläßt, ist es umgekehrt nicht viel besser, das heißt, allzu leicht scheinen unsere Presseagenturen auf antikubanische Propagandamanöver hereinzufallen. Das hat sich am Fall Armando Valladares deutlich gezeigt. Bei uns hieß es in den Zeitungen der ersten Monate dieses Jahres (1983), der Dichter Armando Valladares, krank und gelähmt, schmachte in den Kerkern Fidel Castros. Es wurde eine internationale Kampagne aufgezogen, bis zuletzt sogar François Mitterrand sich einmischte und Valladares' Befreiung verlangte; dieser humanitären Forderung wurde stattgegeben, Valladares konnte ausreisen. Ich fragte in Kuba nach diesem Fall. Valladares ist in Kuba unbekannt, zumindest als Dichter. Bekannt ist er als ehemaliger Polizeioffizier unter Batista. Nach dem Triumph der Revolution beteiligte er sich an einem Komplott gegen Fidel und wurde zu dreißig Jahren Kerker verurteilt. Im Gefängnis fing er an, Gedichte zu schreiben, denn dreißig Jahre sind eine harte Strafe, und vielleicht schafft Gedichteschreiben Erleichterung. In Kuba hat Valladares nie eine Zeile publiziert, auch vor seiner Verhaftung nicht. Und wie wurde der Fall bei uns dargestellt? Der große Dichter Valladares sei wegen seiner Gedichte vom Diktator Castro für dreißig Jahre eingesperrt worden. Übrigens weiß ich nicht, woher die Version von der Lähmung Valladares' stammt; jedenfalls ging er eigenfüßig zum Flugzeug, das ihn ins französische Exil brachte.

Und mit dem Fall Valladares ist die Frage nach den Menschenrechten gestellt. Man kennt den Fall der fünf angeblichen Gewerkschafter, die im April 1983 eine Art Solidarnosč in Kuba gründen wollten. Kuba hat seine Gewerkschaft, die CTC (Central de los Trabajadores Cubanos), der die meisten Werktätigen angehören. Eine andere Gewerkschaft gründen zu wollen ist für Kuba im gegenwärtigen Zeitpunkt ein gefährlicher Angriff auf die Staatssicherheit, ein eigentlich konterrevolutionärer Akt. Man erinnert an das Motto: »Para la Revolución, todo, contra la Revolución, nada.« Die fünf wurden zum Tod verurteilt. Die Strafe wurde nach Intervention der internationalen Gewerkschaftsorganisation in dreißig Jahre Kerker umgewandelt. Über diese Angelegenheit verlautete in Kuba selber nichts, doch einige meiner Gesprächspartner kannten sie über interne Informationskanäle. Ich glaube, nach einigen Gesprächen mit Kubanern die Heftigkeit der Reaktion begriffen zu haben; was auffällt, ist, daß das offizielle Kuba keinerlei Anstrengung unternimmt, die Sache öffentlich zu erklären, weder in Kuba noch im Ausland. Man antwortet mir, die Kubaner bräuchten diese Erklärungen nicht. Was das Ausland anbetrifft: soll man jedesmal, wenn die CIA eine Intrige gegen den kubanischen Sozialismus anzettelt, sich einlassen auf öffentliche Polemiken? Es stellt sich die Frage nach der *Dignidad Nacional*, der nationalen Würde. Man fragt mich: läßt sich etwa die Schweiz ein auf eine internationale öffentliche Debatte in der Frage der Waffendienstverweigerer, die ja auch deshalb eingesperrt werden, weil sie der herrschenden Ideologie nicht entsprechen? Der Schweiz billigt man diese souveräne Würde zu, weshalb nicht Kuba?

Vermutlich wird in jedem Land, in jedem System der Lauf der Dinge mit einem mehr oder weniger hohen Preis bezahlt. Wie hoch ist dieser Preis bei uns, wie hoch ist er in Kuba? Der These, Kuba sei ein stalinistischer Inselgulag, muß entschieden widersprochen werden. Die Kubaner bewegen sich in ihrer Gesellschaft ebenso frei oder unfrei wie wir in unserem Land, doch muß in dieser Bilanz veranschlagt werden, in wie hohem Maße sich die Kubaner mit den Ideen der kubanischen Revolution identifizieren. Die Kubaner haben Glück: viele ihrer Nationalhelden leben noch, ein guter Teil der Bevölkerung erinnert sich an die Tage, in denen die Revolution zu triumphieren begann. Fidel ist eine Persönlichkeit und ein Mensch, der im Herzen der meisten Kubaner lebt, und wenig zahlreich sind die Mächtigen, die von ihrem Volk beim Vornamen genannt werden.
Wie hoch ist also der Preis in Kuba, wie viele Menschen muß die Revolution einsperren, damit sie nicht in Gefahr gerät? Ich weiß es nicht, und ich hätte es gerne erfahren. Ich habe oft nach ihnen gefragt, nach den politischen Häftlingen, ein Ausdruck, der hier genauso wie in jedem anderen Land zurückgewiesen wird. Es handelt sich im offiziellen Sprachgebrauch um Antisoziale oder um Häftlinge, die sich eines Vergehens gegen die Staatssicherheit schuldig gemacht haben. Wie viele werden es sein? Ich habe Zahlen gehört zwischen zweihundert und zweitausend, ich weiß es nicht. Hier zu sagen, dies sei ein vernünftiger Preis, scheint mir gefährlich, weil auch nur ein einziger politischer Häftling zuviel ist, in welchem Land auch immer. Und ich denke an die Kubaner, die mir vorhalten, man merke, daß ich ein Europäer sei, weil ich, weil wir alle einen starken Hang zum Individualistischen zeigten und dabei allzuleicht vergäßen, daß es um die Errungenschaften eines ganzen Volkes gehe, um sozialen Fortschritt für über neun Millionen Menschen, um die Erreichung der neunten Schulstufe auch für Erwachsene, und, so wird man mir sagen, wenn für diesen Weg zweihundert oder zweitausend Menschen im Gefängnis säßen, so sei das zwar bedauernswert wie viele andere Dinge auch, aber sozial erklärbar und notwendig.
Eigentlich sind es fast nur die Funktionäre vom Außenministerium, die offizielle Besucher zu betreuen haben, welche behaupten, in Kuba sei alles prächtig und sozialistisch perfekt. Sobald man mit anderen Kubanern ins Gespräch

kommt, und das geschieht sehr schnell, merkt man, was sie für tägliche Sorgen haben. Sie reden davon, sie diskutieren darüber, sie beschweren sich, sie fluchen. Das ist ihre revolutionäre Aufgabe, kaum jemand versucht, dem Besucher ein perfektes Bild vorzuspiegeln.
Ich verstehe mich nicht als Propagandaträger Kubas, ich bin aus Sympathie ein zweites Mal nach Kuba gereist; meine Sympathie ist während dieses Aufenthaltes noch angewachsen, so sehr, daß ich sicher auch noch ein drittes Mal hinfliegen werde. Vielleicht kann diese Reiserei dazu beitragen, die dumme Erstarrung des Ost-West-Schemas aufzuweichen, und ich möchte allen empfehlen, hinzufahren und selber Beobachtungen anzustellen. Wenn ich Prospekte schweizerischer Reisebüros aufschlage, sehe ich, daß man für den Preis eines zwanzigtägigen Superbadeaufenthalts gute zwei Monate in Kuba zubringen kann, Hin- und Rückflug inbegriffen. Man lernt bei einem solchen Aufenthalt, auf viele Annehmlichkeiten unserer Hochzivilisation zu verzichten, man wird – genau wie die Kubaner – viel Zeit verbringen mit Schlangestehen, doch das bedeutet lange Gespräche mit dem kubanischen Volk, das uns jeden Tag neu beschenkt mit seiner Warmherzigkeit, mit seinem Lachen, und ich glaube, Menschlichkeit, cariño, ist die größte Kraft dieses Landes.

Literaturhinweise

Cardenal, Ernesto: In Kuba. Wuppertal 1980.

Enzensberger, Hans Magnus: Das Verhör von Havanna. Frankfurt 1970.

Franqui, Carlos: Diario de la Revolución Cubana. Paris 1976.

Guevara, Ernesto Ché: El socialismo y el hombre nuevo. México 1977.

Loetscher, Hugo: 10 Jahre Fidel Castro. Zürich 1969.

Sartre, Jean-Paul: Sartre visita a Cuba. Havanna 1960.

Die Autoren

DRES BALMER, Romanist, geboren 1949; war von 1979 bis 1982 Delegierter des Internationalen Komitees vom Roten Kreuz (IKRK) in Zaïre, Thailand/Kambodscha und El Salvador und lebt heute als freier Schriftsteller in Fribourg/Schweiz. Publikationen: Eisdorf (Zürich 1981); Kupferstunde (Zürich 1982, auf Betreiben des IKRK in der Schweiz bis Juni 1984 verboten).

JEAN-MAX BAUMER, Prof. Dr., geboren 1938; lehrt Entwicklungsökonomie an der Hochschule St. Gallen und ist Direktor des Instituts für Lateinamerikaforschung und Entwicklungszusammenarbeit. Wichtigste Publikationen: Charakteristiken lateinamerikanischer Volkswirtschaften (1979); Geld-, fiskal- und wechselkurspolitische Optimierungsprobleme eines Entwicklungslandes: Fallbeispiel Kolumbien (1981); Geschichte der Unterentwicklung Lateinamerikas: Eine Profilskizze (1981); Operation Amazonien (1982). Mitautor von: Transnational Corporations in Latin America (1982).

ROMAN BERGER, Dr., geboren 1940; ist Auslandredakteur am »Tages Anzeiger« (Zürich), war von 1977 bis 1982 Korrespondent in Washington D.C. für diese Zeitung. Zahlreiche Reisen in Süd- und Zentralamerika.

UTE BIRKENBEIL-STUDER, Dipl.-Soz., geboren 1947; war nach dreijährigem Arbeitsaufenthalt in Peru wissenschaftliche Mitarbeiterin an der Universität Bielefeld von 1981 bis 1983; lebt heute in Zürich und arbeitet als Journalistin und Hausfrau. Arbeitsschwerpunkt: Frauen und Dritte Welt.

LUCIUS CAFLISCH, Prof. Dr. iur., geboren 1936; lehrt Völkerrecht am Institut universitaire de hautes études internationales und ist Associé des Institut de droit international. Zahlreiche Veröffentlichungen, insbesondere auf den Gebieten des Seevölkerrechts, der friedlichen Streitregelung und des Investitionsschutzes.

HARTMUT ELSENHANS, Prof. Dr., geboren 1941; lehrt Politikwissenschaft an der Universität Konstanz. Hauptveröffentlichungen: Frankreichs Algerienkrieg (1974); Erdöl für Europa (1974); Migration und Wirtschaftsentwicklung (1978); Agrarreform in der Dritten Welt (1979); Abhängiger Kapitalismus oder bürokratische Entwicklungsgesellschaft. Ein Versuch über den Staat in der heutigen Dritten Welt (1981).

MARIO ERDHEIM, Dr., geboren 1940; Ethnopsychoanalytiker; arbeitet vor allem über Adoleszens Ecuador und Mexiko. Neueste Publikation: Die gesellschaftliche Produktion von Unbewußtheit (Frankfurt 1982).

HARALD FUHR, Dipl.-Pol., geboren 1954; ist wissenschaftlicher Mitarbeiter an der Sozialwissenschaftlichen Fakultät der Universität Konstanz (Internationale Beziehungen) und arbeitet an einer Dissertation über Bauernorganisationen in Peru; Forschungsaufenthalt in Peru von 1980 bis 1982.

URS HAYMOZ, lic. oec. HSG, geboren 1948; war von 1978 bis 1983 leitender Sekretär der entwicklungspolitischen Organisation »Erklärung von Bern«, von 1981 bis 1983 Lehrbeauftragter der Universität Zürich über Entwicklungsökonomie; daneben Beratertätigkeit für internationale Organisationen in Bankfragen. Verschiedene Publikationen zum Finanzplatz Schweiz und Verschuldungsfragen von Entwicklungsländern.

PETER LEUMANN, lic. phil. I, geboren 1956; war tätig als Geschichtslehrer; Redakteur am »Wendekreis« (Zeitschrift für Mission und Dritte Welt); mehrmonatiger Aufenthalt in verschiedenen Ländern Südamerikas.

MARK MÜNZEL, Prof. Dr., geboren 1943; mehrjährige Forschungen bei Indianern Südamerikas; arbeitet jetzt als Kustos der Amerika-Abteilung des Museums für Völkerkunde in Frankfurt am Main. Publikationen: The Aché Indians: Genocide in Paraguay (1973); »Schrumpfkopfmacher«? Jíbaro-Indianer in Südamerika (1977); Die Indianische Verweigerung. Lateinamerikas Ureinwohner zwischen Ausrottung und Selbstbestimmung (Hrsg., Reinbek 1978); Die Aché in Ostparaguay (1983).

DIETER NOHLEN, Prof. Dr., geboren 1939; lehrt Politische Wissenschaft an der Universität Heidelberg; Forschungs- und Lehraufenthalte in Lateinamerika. Zahlreiche Publikationen im Bereich der vergleichenden Analyse politischer Systeme, der Wahl- und der Entwicklungsländerforschung, u. a.: Sistemas electorales del mundo (1981). Herausgeber von: Lexikon Dritte Welt (^{2}1984); Pipers Wörterbuch zur Politik, 6 Bde. (1983 ff.); Wahlen und Wahlpolitik in Lateinamerika (1984); Handbuch der Dritten Welt, 8 Bde. (gem. mit F. Nuscheler, ^{2}1982/83).

HORST PIETSCHMANN, Prof. Dr., geboren 1940; lehrt an der Iberischen und Lateinamerikanischen Abteilung des Historischen Seminars der Universität zu Köln; Aufenthalte zu Forschungs- und Vortragszwecken in Lateinamerika. Zahlreiche Publikationen, u. a.: Staat und staatliche Entwicklung am Beginn der spanischen Kolonisation Amerikas (1980); Die staatliche Organisation des kolonialen Iberoamerika (1980); Lateinamerika: Entdeckung, Eroberung, Kolonisation. Gesammelte Aufsätze von Richard Konetzke (Hrsg., gem. mit G. Kahle, 1983).

GUSTAV SIEBENMANN, Prof. Dr., geboren 1923; lehrt Spanisch und Portugiesisch an der Hochschule St. Gallen; seit 1948 ständiger Mitarbeiter im Feuilleton der »Neuen Zürcher Zeitung« und Übersetzer literarischer Texte aus dem Spanischen und Portugiesischen. Wichtige Veröffentlichungen: Sprache und Stil im Lazarillo de Tormes (1953); Die neuere Literatur Lateinamerikas und ihre Rezeption im deutschen Sprachraum (1972); Los estilos poéticos en España desde 1900 (1973); Estado presente de los estudios celestinescos (1956–1974) (1975); Die moderne spanische Lyrik (Anthologie, 1984).

HANS WERNER TOBLER, Prof. Dr., geboren 1941; lehrt Geschichte an der Eidgenössischen Technischen Hochschule Zürich. Publikationen über Probleme Lateinamerikas im 19. und 20. Jahrhundert, besonders zur Sozialgeschichte Mexikos. Jüngste Veröffentlichung: Die mexikanische Revolution – Gesellschaftlicher Wandel und politischer Umbruch, 1876–1940 (Frankfurt 1984).

PETER WALDMANN, Prof. Dr., geboren 1937; lehrt Soziologie/Sozialkunde an der Universität Augsburg; 1969/70 einjähriger Forschungsaufenthalt in Argentinien, danach wiederholte Reisen in Lateinamerika. Publikationen: Der Peronismus 1943–1955 (Hamburg 1974); Strategien politischer Gewalt (Stuttgart 1977); Politisches Lexikon Lateinamerika (Hrsg., München 1982). Mitautor von: Die geheime Dynamik autoritärer Diktaturen. Vier Studien über sozialen Wandel in der Franco-Ära (München 1982).